Schafft eine lebendige Schule
Adolf Reichwein
1898–1944

Herausgeber:
Max-Traeger-Stiftung, Frankfurt

Redaktion: Jochen Schweitzer

Geschenk

2.9.9 MTS

(2. Ex.)

Schafft eine lebendige Schule

Adolf Reichwein

1898–1944

Dokumentation und Materialien einer Veranstaltung
der Gewerkschaft Erziehung und Wissenschaft
zum 40. Todestag von Adolf Reichwein in Bodenrod
(Butzbach), Taunus

Herausgeber:
Max-Traeger-Stiftung, Frankfurt

HEIDELBERG 1985
CARL WINTER · UNIVERSITÄTSVERLAG

CIP-Kurztitelaufnahme der Deutschen Bibliothek
Schafft eine lebendige Schule: Adolf Reichwein, 1898–1944; Dokumentation u. Materialien e. Veranst. zum 40. Todestag. – Heidelberg: Winter, 1985.
(Max-Traeger-Stiftung; 18)
ISBN 3-533-03703-7
NE: Max-Traeger-Stiftung: Forschungsberichte

ISBN 3-533-03703-7

In Kommission: Carl Winter Universitätsverlag GmbH, Heidelberg

Imprimé en Allemagne, Printed in Germany
Satz und Druck: Carl Winter Universitätsverlag, Abteilung Druckerei, Darmstadt

Inhalt

Vorwort

In der Bundesrepublik Deutschland erleben wir seit geraumer Zeit eine Verstärkung des historischen Bewußtseins. In der Unsicherheit über den historischen Standort und die Vorgeschichte der Bundesrepublik entfalten sich widersprüchliche Bestrebungen. Für Pädagogen, die sich in der Tradition der Arbeiterbewegung sowie der pädagogischen Reformbemühungen sehen, ist die Aufforderung Gustav Heinemanns Verpflichtung, sich insbesondere der republikanischen, freiheitlichen und demokratischen Tradition Deutschlands zu vergewissern. Solche Rückbesinnung kann und muß dazu führen, daß wir unseren eigenen Standort überprüfen, uns im Vergleich mit früheren Generationen messen und durch die Begegnung mit ihnen zum Umdenken bereit werden.

Die Gewerkschaft Erziehung und Wissenschaft hat zusammen mit dem Bildungs- und Förderungswerk der GEW und der Arbeitsgemeinschaft verfolgter Sozialdemokraten am 20. Oktober 1984 in Bodenrod/Taunus eine Gedenkveranstaltung für Adolf Reichwein, den hervorragenden Pädagogen und Widerstandskämpfer, durchgeführt. Im Namen des Vorstandes der Max-Traeger-Stiftung freue ich mich, die dort gehaltenen Vorträge und Diskussionsbeiträge in einer Veröffentlichung der Stiftung einer größeren Öffentlichkeit vorlegen zu können. Die Max-Traeger-Stiftung knüpft damit an die Veröffentlichung über Adolf Reichwein durch Roland Reichwein (Heft 16) an, wesentliche Teile jener Veröffentlichung sind in diesem Heft im Anhang wiedergegeben wie auch Auszüge aus der Reichwein-Schrift „Schaffendes Schulvolk“, die in der Gedenkveranstaltung häufig zitiert wurde.

Wer sich auf das Wagnis einläßt, den Reformpädagogen Adolf Reichwein auf sich wirken zu lassen, wird feststellen: Die Begegnung mit dem Praktiker und Theoretiker Reichwein kann unsere Sichtweise pädagogischer Praxis verändern. Die Wiedergewinnung von Tradition kann belebend wirken.

Dieter Wunder
Vorsitzender der Max-Traeger-Stiftung

Begrüßung

Der 20. Oktober ist heute der Aktionstag der Friedensbewegung. Und er ist der Todestag von Adolf Reichwein.

Kurz vor seiner schweren Verwundung im 1. Weltkrieg schrieb 1917 Adolf Reichwein an seinen Vater:

„Der moderne Krieg wühlt derart alle Kräfte und Gegenkräfte durcheinander, daß keine Partei ohne ernste Krise ihn überstehen kann. Diese Krise birgt unwillkürlich in sich das wirklich positive Kulturmoment des Krieges, indem sie als Heilmittel gegen sich selbst soziale Reformen auslöst. Wenn wir einen kulturellen Gewinn mit in den Frieden nehmen wollen, müssen wir uns diese Reformen sichern."

Angesichts der modernen Zerstörungskräfte für einen 3. Weltkrieg können positive Kulturmomente für die Zeit danach nicht mehr erwartet werden. Adolf Reichwein selbst hat sich ein Jahr später (1918) – wie von Zeitzeugen berichtet wird – demonstrativ von Diskussionen abgewandt, die dem Krieg noch irgendeine positive Interpretation geben wollten. Um jedweden Krieg zu verhindern demonstriert heute die Friedensbewegung.

Im Sinne Adolf Reichweins müssen wir uns heute um so mehr für soziale Reformen einsetzen, die kriegerische Konflikte – auch innerhalb einer Gesellschaft – unmöglich machen.

Heute, am 40. Todestag von Adolf Reichwein, hier in Bodenrod seiner zu gedenken und ihn zu würdigen, ist damit auch ein Beitrag zur Friedensbewegung.

Guten Tag, meine Damen und Herren. Mein Name ist Jochen Schweitzer. Als zuständiges Hauptvorstandsmitglied der Gewerkschaft Erziehung und Wissenschaft darf ich Sie alle zu dieser Gedenkveranstaltung für Adolf Reichwein sehr herzlich begrüßen. Wir freuen uns, daß diese Veranstaltung so viel Interesse gefunden hat und Sie so zahlreich gekommen sind, um Adolf Reichwein zu ehren.

Ich darf als erstes ganz herzlich unseren Ehrengast begrüßen, Frau Rosemarie Reichwein. Sie sind vor einigen Wochen 80 Jahre alt geworden und haben den etwas beschwerlichen Weg nach Bodenrod nicht gescheut. Wir freuen uns darüber und hoffen, daß wir Ihnen mit dieser Veranstaltung auch unsere Hochachtung erweisen können.

Wir freuen uns auch sehr, daß die Geschwister von Adolf Reichwein gekommen sind, Frau Kläre Schneider und Herr Dr. Richard Reichwein, wie auch Frau Renate Martin, die Tochter A. R. und sein Sohn, Prof. Dr. Roland Reichwein, die wir alle sehr herzlich begrüßen. In diesen Gruß möchte ich auch die weiteren Angehörigen der großen Reichwein-Familie mit einschließen.

In diesem Zusammenhang darf ich den ältesten Freund von Adolf Reichwein begrüßen, Herrn Prof. Dr. Albert Krebs, der vor wenigen Tagen 87 Jahre alt wurde und mit Adolf Reichwein seit den Kriegstagen und den schweren Kämpfen in der Champagne zeitlebens eng verbunden war.

Adolf Reichwein zu ehren, aber auch als Ehre für Rosemarie Reichwein und ihre

Familie, sind zahlreiche Gäste gekommen, die ich hiermit herzlich begrüße. An erster Stelle möchte ich Dr. Hans-Jochen Vogel nennen, der die Sozialdemokratische Partei Deutschlands hier heute repräsentiert und gleich ein kurzes Grußwort sprechen wird. Ich möchte aber auch nicht versäumen, den Brief und den Gruß vorzutragen, den uns Willy Brandt geschrieben hat, der – wie Sie wissen – zur Zeit in Lateinamerika eine wichtige Mission erfüllt.

Willy Brandt schreibt:

„Leider ist es mir wegen einer seit langem geplanten Reise nach Süd- und Mittelamerika nicht möglich, an der Gedenkveranstaltung für Adolf Reichwein am 20. Oktober 1984 teilzunehmen. Ich bitte Dich, Frau Rosemarie Reichwein meine besten Wünsche zu übermitteln. Mit freundlichen Grüßen Willy Brandt"

Sein Grußwort lautet:

„Den Teilnehmern der Gedenkveranstaltung für Adolf Reichwein sende ich meine besten Grüße und guten Wünsche. Zu erinnern ist an einen Mann, der den Ideen der Aufklärung verpflichtet war, der Mitmenschlichkeit gelehrt und gelebt hat und den Nazi-Schergen erbärmlich zu Tode brachten.

Politik bedeutete ihm Arbeit für den einzelnen Menschen und war ihm keine Angelegenheit bloßer Macht.

Er war im besten Sinne des Wortes ein Pädagoge, dessen Ideen lebendig bleiben sollten.

Adolf Reichwein war Sozialist, ehe er sich zur Mitgliedschaft in der SPD entschließen konnte. Als Mitglied des Kreisauer Kreises gehörte er dann zu den Männern des 20. Juli und starb mit ihnen.

Die Wahrheit ist konkret, sagt Bert Brecht. Daran soll man denken, um so mehr wenn die Wahrheit Leid, Zerstörung, Folter, Mord und Niederlage hieß.

Lernen wir aus Adolf Reichwein's Leben: Nur ein Staat, der sich den Einsichten und Befürchtungen, der Phantasie und der Tatkraft seiner Bürger nicht beraubt, wird stark genug sein, sich auf Dauer zu behaupten. Deshalb fordere ich immer noch einmal dazu auf, Demokratie zu wagen.

Wir müssen unseren Beitrag leisten, nicht nur unserer selbst willen, sondern weil es inzwischen um das Überleben aller geht. Die Lage ist neu, doch frühere Lehren in den Wind schlagen, wäre verhängnisvoll."

– Soweit Willy Brandt –

Ich begrüße sehr herzlich unsere Referenten, Frau Dr. Susanne Miller, die selbst vom Londoner Exil aus im Sozialdemokratischen Widerstand gearbeitet hat und heute auch den Vorstand der Arbeitsgemeinschaft verfolgter Sozialdemokraten mit repräsentiert; Herrn Prof. Dr. Hellmut Becker, der Adolf Reichwein persönlich noch sehr gut gekannt hat und bei dessen Vater, dem Preussischen Kultusminister Carl-Heinrich Becker, Adolf Reichwein einige Zeit als persönlicher und Pressereferent gearbeitet hat; ich begrüße unseren Vorsitzenden Dr. Dieter Wunder und den Leiter des Adolf-Reichwein-Archivs und Reichwein-Forscher, Prof. Dr. Wilfried Huber aus Münster sowie Prof. Dr. Roland Reichwein, der im Auftrage der Max-Traeger-Stiftung unsere

Gedenkschrift in der Reihe der Max-Traeger-Stifung herausgegeben hat und dem ich sehr viele wichtige Anregungen und Hinweise für diese Veranstaltung verdanke.

Ich begrüße die zahlreichen Abgeordneten aus dem Bundestag und den Landtagen, die unserer Einladung gefolgt sind. Ich begrüße den Vertreter der Hessischen Landesregierung und den Bürgermeister von Butzbach, Herrn Karl-Heinz Hofmann. Ich begrüße die Vertreter der politischen Parteien hier im Kreis Wetterau.

Wir freuen uns besonders, daß der DGB und die Gewerkschaften so zahlreich mit Vorstandsmitgliedern zu unserer Veranstaltung gekommen sind. An ihrer Spitze begrüße ich Horst Morich, den Vorsitzenden der Gewerkschaft Holz und Kunststoff und den Hessischen DGB-Vorsitzenden Jochen Richert sowie Gerhard Pohl, den stellvertretenden Vorsitzenden der Gewerkschaft der Eisenbahner Deutschlands und Georg Dittrich vom Vorstand der Gewerkschaft Leder.

Ich begrüße schließlich meine Kolleginnen und Kollegen aus der Gewerkschaft Erziehung und Wissenschaft, die aus allen Landesverbänden, von Schleswig-Holstein bis Bayern, hierher gekommen sind nach Bodenrod, dem kleinen Taunusdorf, wo Adolf Reichwein nach seinem Studium (1921) zusammen mit seinen Kommilitonen von der Wandervogelbewegung aus Marburg hier eine vierwöchige Arbeitsgemeinschaft mit Industriearbeitern und Bauern veranstaltete und erstmals seine pädagogischen und politischen Ideen als Erwachsenenpädagoge – nach dem Vorbild des dänischen Volksbildners Grundtvig – umsetzte und die Erfahrungen intensiv auswertete.

Ganz besonders herzlich begrüße ich heute die Genossinnen und Genossen der Arbeitsgemeinschaft verfolgter Sozialdemokraten (AvS). Von ihnen haben wir die Anregung zu dieser Veranstaltung bekommen. Stellvertretend für alle, aber auch weil wir ihm sehr viel Unterstützung und Hilfe verdanken, begrüße ich unseren Kollegen Alois Hilbert. Ohne sein großes Engagement, sein – auch handwerkliches – „Können" wäre diese Veranstaltung hier in Bodenrod wohl nicht möglich gewesen. Herzlichen Dank, Alois Hilbert.

Ich begrüße schließlich die Schüler-, Eltern- und Lehrervertreter der Adolf-Reichwein-Schulen in der Bundesrepublik, die von Kiel über Berlin bis Freiburg unserer Einladung gefolgt sind. Sie haben hier erstmals Gelegenheit, untereinander – während der Pause und nach der Veranstaltung – Kontakt aufzunehmen und sich auszutauschen. Wir hoffen, ein lohnenswerter Versuch.

Bodenrod ist damit Adolf Reichwein's erste pädagogische Wirkungsstätte. Er hat diese Ideen und Erfahrungen weiterentwickelt; sie waren prägend für seine weitere Arbeit. Insofern steht Bodenrod auch ein wenig stellvertretend für Tiefensee, denn 1933 waren seine Erlebnisse und Erfahrungen in Bodenrod und Roßbach mit entscheidend für seinen Weg nach Tiefensee und die Ablehnung des Angebotes, an eine türkische Hochschule zu gehen.

Aber darüber hören Sie mehr im Referat von Hellmut Becker, dem ich nicht vorgreifen will und über das wir anschließend gemeinsam auch mit Wilfried Huber und Roland Reichwein, diskutieren können.

Eingerahmt werden diese vielen Wortbeiträge durch Musik, die wir möglichst passend zum Thema und zu Adolf Reichwein aus der Wandervogelbewegung und der Arbeiterbewegung ausgesucht haben und die hier von der Gruppe Lilienthal aus

Göttingen vorgetragen wird. Und noch eine letzte Bemerkung: Wir danken dem Bildungs- und Förderungswerk der GEW (BFW) für die finanzielle Unterstützung dieser Veranstaltung.

Ich darf nun Hans-Jochen Vogel bitten, zu uns sein Grußwort zu sprechen.

Jochen Schweitzer
Mitglied im Geschäftsführenden Vorstand
der Gewerkschaft Erziehung und Wissenschaft

Dr. Hans-Jochen Vogel, Prof. Dr. Hellmut Becker und Dr. Dieter Wunder (v. r.) bei der Begrüßung vor der Adolf-Reichwein-Ausstellung.

Dr. Hans-Jochen Vogel

Sehr verehrte Frau Reichwein, sehr verehrte Angehörige und Freunde der Familie Reichwein, meine sehr verehrten Damen und Herren!

Ich danke der Gewerkschaft Erziehung und Wissenschaft im Deutschen Gewerkschaftsbund für die Einladung hier auf dieser Gedenkfeier für Adolf Reichwein im Namen der Sozialdemokratischen Bundestagsfraktion ein Grußwort zu sprechen. Ich bin dieser Einladung gerne gefolgt, denn diese Gedenkfeier macht deutlich, daß die deutschen Gewerkschaften und die deutsche Sozialdemokratie bei voller Respektierung ihrer wechselseitigen Autonomie und Selbstverantwortung eine gemeinsame Wurzel und eine gemeinsame Geschichte und in dieser Geschichte Persönlichkeiten besitzen, an denen sie sich in übereinstimmender Weise zu orientieren vermögen.

Adolf Reichwein, an dessen erster pädagogischer Wirkungsstätte wir uns hier versammelt haben, ist eine solche Persönlichkeit. Es ist heute nicht meine Aufgabe, den Lebensweg und das Lebenswerk Adolf Reichweins im einzelnen darzustellen, das werden anschließend Berufenere tun. Durch meine Teilnahme an dieser Feierstunde möchte ich vielmehr unsere wechselseitige Verbundenheit und das lebendige Geschichtsbewußtsein deutlich machen und unterstreichen, wie wichtig uns die Erinnerung an das Leben, das Wirken, den Kampf und den Tod der Männer und Frauen des Widerstandes ist. Adolf Reichwein war kein typischer Sozialdemokrat. Er ist nicht von Jugend an in unsere Gemeinschaft hineingewachsen. Er hat sich ihr erst im Herbst 1930 im Alter von 32 Jahren unter dem Eindruck des alarmierenden Ergebnisses der Reichstagswahlen und der heraufziehenden nationalsozialistischen Gefahr angeschlossen. Erst in dieser Krisensituation stellte er seine Vorbehalte gegen den von ihm bei der damaligen SPD vermuteten programmatischen Vulgär-Marxismus, wie er es nannte, zurück. Demokratischer Sozialist, und das hat gerade in seinem Grußwort auch Willy Brandt festgestellt, war er aber schon lange zuvor. Seine Herkunft als Nachfahre westerwälder Bauern und Sohn eines hessischen Dorfschullehrers hatten ihn ebenso dorthin geführt, wie das Erlebnis des Ersten Weltkrieges und für die so gewonnene Überzeugung trat er in Wort und Tat ein. Das gilt für seine publizistische Tätigkeit in den „Sozialistischen Monatsheften" und in den „Neuen Blättern für den Sozialismus". Es gilt aber auch für seine berufliche Tätigkeit als Mitarbeiter des Preußischen Kultusministers Carl Heinrich Becker, in der er ebenso wie später als Professor für Geschichte und Staatsbürgerkunde in Halle, seine bildungsreformerischen Vorstellungen entwickelte und verwirklichte.

Das Jahr 1933 unterbrach Reichweins Werk nur scheinbar. Er blieb, jetzt wieder einfacher Lehrer in Tiefensee bei Berlin, in seinem kleiner gewordenen Wirkungskreis seinen Idealen treu. Nicht nur als Pädagoge, auch als demokratischer Sozialist, der der Gewaltherrschaft des Dritten Reiches aktiv widerstand. Dieser Widerstand führte ihn mit den Sozialdemokraten Carlo Mierendorff, Theodor Haubach, Wilhelm Leuschner, Julius Leber und später auch mit dem Kreisauer Kreis um den Grafen Moltke zusammen. Am 20. Oktober 1944, heute vor vierzig Jahren, hat er dieses Engagement für Frieden, Freiheit und Gerechtigkeit mit seinem Leben bezahlt. Adolf Reichwein verpflichtet jeden von uns in besonderer Weise. Die Pädagogen zur Beschäftigung mit seinen bildungspolitischen Ideen, die noch heute fruchtbar sind. Die Gewerkschafter zur Bekräftigung einer Solidarität, deren Inhalte über die Berufspolitik im engeren Sinn hinausweisen. Uns Sozialdemokraten aber dazu, die Einheit von Überzeugung, Reden und Handeln so zu bewahren, wie Adolf Reichwein sie uns unbeirrt bis in den Tod hinein vorgelebt hat. Diese Einheit von Reden und Handeln, lassen Sie mich das aus aktuellem Anlaß hinzufügen, ist auch heute gefordert. Gefordert insbesondere von denen, die sich um politische Verantwortung beworben und diese politische Verantwortung vom Volk übertragen bekommen haben. Wir erleben gerade jetzt, welche moralischen Verheerungen es anrichtet, wenn die feierlichen Reden von Politikern und ihr persönliches Verhalten weit auseinanderklaffen. Und vergessen wir nicht, die Weimarer Republik, um deren Erhaltung Adolf Reichwein kämpfte, ist auch an diesen Widersprüchen gescheitert. Mehr noch allerdings am großen Geld, das schon damals hemmungslos politische Macht und politischen Einfluß gekauft hat. Adolf Reichwein war sich auch dieser Zusammenhänge bewußt. Er hat auch dagegen gekämpft und zu seinem Vermächtnis gehört auch diese Botschaft. Für die deutschen Sozialdemokraten verneige ich mich im Gedenken an diesen großen und tapferen Mann. Wir Sozialdemokraten sind stolz, daß er unser Genosse war.

Prof. Dr. Hellmut Becker

Adolf Reichwein als politischer Pädagoge

(Wiedergabe nach der Bandaufnahme eines völlig frei gehaltenen Vortrags)

Liebe Familie Reichwein, meine Damen und Herren!

Ich habe versucht, mich zu erinnern. Ich gehe davon aus, daß Sie, die Sie hierhergekommen sind, den Lebenslauf von Adolf Reichwein und dessen Hauptakzente kennen und daß es für Sie wichtig ist, daß man vielleicht mit der einen oder der anderen unmittelbaren Erinnerung etwas deutlich macht, was dieses Leben gewesen ist und geleistet hat. Eine der größten Schwierigkeiten dabei ist für mich die Zahl Hundert. Wer Adolf Reichwein kannte, kann ihn sich ungeheuer schwer alt vorstellen. Er war ein Mann, der sosehr das Jungsein verkörperte, daß sozusagen „der alte Reichwein" für mich schwer vorstellbar ist. Ich habe ihn kennengelernt als er Persönlicher Referent meines Vaters wurde. – Vielleicht ist das auch ein ganz interessanter Beitrag zur Geschichte der Sozialdemokratie. – Mein Vater hatte während seiner fünfjährigen Zeit als Preußischer Kultusminister drei Persönliche Referenten nacheinander. Der erste, ich würde sagen, er war der bürgerlichste, aber er war Mitglied der SPD. Es war Otto Benecke, der später eine große Rolle im Deutschen Städtetag gespielt hat und zum Schluß Generalsekretär der Max-Planck-Gesellschaft gewesen ist. Der zweite war Adolf Grimme, – ein religiöser Sozialist, den ich Ihnen auch nicht weiter zu erläutern brauche – der die Integrität und Ruhe, die zu seiner Person gehörte, ausstrahlte und der von diesem Posten dann Vizepräsident des Preußischen Provinzialschulkollegiums wurde und anschließend Nachfolger meines Vaters. Er hat dann vor dem Preußischen Landtag die berühmte Rede gehalten, in der er gesagt hat, daß nun – mein Vater war parteilos – nurmehr Exponenten von Machtgruppen Minister werden würden. Eine Feststellung, die abrückte von der Tatsache, daß mein Vater fünf oder genaugenommen sogar sechs Jahre Minister war, weil sich Zentrum und SPD dieses Ministerium gegenseitig nicht gönnten und in der Weimarer Koalition deswegen ein parteiloser Minister ein naheliegender Ausweg war.

Und dann kam Adolf Reichwein. Ich muß sagen, daß mir erst im Jahre 1930, als er der SPD beitrat, ganz klar wurde, daß er der SPD noch nicht angehörte. Ich war gewöhnt, daß diese Persönlichen Referenten alle Sozialdemokraten waren. Adolf Reichwein war der, der am geeignetsten für die letzten anderthalb Jahre der Ministertätigkeit meines Vaters war. Die Zeit war gekennzeichnet von den Auseinandersetzungen mit der Studentenschaft, Demonstrationen der nationalistischen Studenten, die ganzen „Linden" entlang gegen meinen Vater, Abschluß des Konkordats, von einer Fülle von politisch dramatischen Ereignissen. Es war ein Persönlicher Referent notwendig, der diese Dramatik aufnahm, aber zugleich mit der Bürokratie des Ministeriums, ich würde mal vorsichtig sagen, nicht ganz so vertraut war, wie seine beiden Vorgänger.

Und nun mache ich einen Sprung: Im Jahr 1930 waren wir Kinder am Abend bei meiner Mutter zusammen mit Reichwein und Zierold. Kurt Zierold, ein Mann der später noch eine Rolle in Adolf Reichweins Leben gespielt hat, späterer Generalsekretär der Deutschen Forschungsgemeinschaft, nach dem Kriege unter Grimme im Niedersächsischen Kultusministerium. – Zierold, Reichwein und wir Kinder, da spielte sich nun etwas ab, was ich bis zum heutigen Tage nicht vergessen habe: Kurt Zierold erklärte uns, warum er den Volkskonservativen beitreten wollte und Adolf Reichwein, warum er jetzt in die SPD eintreten wollte. Es war sehr typisch für die damalige Situation, mit den Nazis vor der Türe, daß man sich überlegte, muß man nicht eigentlich doch in diese Parteien gehen. Adolf Reichwein sah damals außerordentlich klar, am klarsten von uns allen, daß die Nazis zur Macht kommen würden. Er sagte, weil die SPD in dem Moment untergehen wird, muß man ihr beitreten. Diese Wendung des „Gerade trotzdem" eintreten, war bezeichnend für ihn. – Herr Vogel hat gerade angedeutet, daß bei dem früheren Nichteintritt eine gewisse Skepsis gegenüber Formen des Marxismus eine Rolle gespielt habe. Das hat er zwar in Briefen geschrieben, jedoch hat, meiner persönlichen Erinnerung nach, daneben eine bestimmte bürokratische Versteinerung, die sich auch in Preußen mit der Welt von Otto Braun und Carl Severing verbunden hat, die ja nun sehr lange an der Regierung waren, auch eine Rolle gespielt. Ganz klar aber war, daß er in dem Moment, wo es nun schwierig wurde, in die Sozialdemokratie gehörte. Diese Sicherheit, in der unmittelbaren Entscheidung das Richtige zu tun, ist vielleicht überhaupt charakteristisch für ihn.

Eine andere Entscheidung, die mir ebenfalls sehr deutlich in Erinnerung ist, ist die Entscheidung zwischen Ankara und Tiefensee. Ihr war vorausgegangen, daß Zierold, der weiter im Ministerium als Ministerialrat verblieben war, einen der neuberufenen Nationalsozialisten, Herrn Bargher, davon überzeugt hatte, sich mit Reichwein zu unterhalten. Das Ergebnis dieser Unterhaltung, mit allen Zwischenstufen, war das Angebot nach Tiefensee zu gehen. Vielleicht muß ich ein Wort sagen, was das überhaupt in damaliger Zeit hieß. Wir sind ja durch die Bildungspolitik der Nachkriegszeit in der souveränen Verachtung der kleinen Landschule geübt. Deswegen muß man, selbst bei einer Verantstaltung der GEW, wohl doch darauf hinweisen, daß diese alte preußische Einklassenschule, abgesehen von allen Nachteilen, die wir alle genau kennen und die jeder von Ihnen hier beliebig vortragen kann, einen großen Vorteil hatte. Sie konnte nämlich mit dem richtigen Lehrer eine pädagogische Zelle von ungewöhnlicher Wirkungskraft sein. Die Ziele von Peter Petersen, die anderswo erst mühsam mit Hilfe des Team-Teaching erreicht werden; die Erziehung, wie wir das heute auf Englisch sagen, „Peer to Peer", die wir in die Schule eingefügt haben, das war damals dort vorhanden. Man mußte die älteren Schüler dazu verwenden, die kleineren zu beschäftigen. In dieser Klasse, wo alle beieinander saßen, waren eine Fülle von pädagogischen Problemen aufgegeben, die ein großer Teil der Lehrerschaft, der da nie hindurchgegangen war, nur aus der Theorie kannte.

Adolf Reichwein hat damals begriffen, daß Emigration eine politische Möglichkeit war, sicher nicht die einzige, des Widerstandes in einem totalitären Staat. Die Frage inwieweit die Emigration, wenn man nicht wie die Deutschen jüdischer Herkunft dazu gezwungen wird, oder wie führende Sozialdemokraten mit ummittelbarer Verfolgung bedroht war, inwieweit also die Emigration die einzige Möglichkeit der Antwort auf das Dritte Reich war, war damals umstritten. Wir haben alle darüber auch offen diskutiert. Ich weiß, daß zum Beispiel mein Vater entschlossen war, zu emigrieren, aber zehn Tage nach der Machtübernahme starb. Die Familie ist geblieben, weil wir anderswo zunächst gar nicht hätten unterkommen können, also aus ganz vordergründigen Erwägungen.

Diese Frage der Emigration hat Adolf Reichwein zugunsten von Tiefensee entschieden. Ich bin selbst in Tiefensee gewesen, Romai Reichwein könnte uns darüber sehr viel detaillierter erzählen, aber die Primitivität der Lebensumstände mit denen das alles dort begonnen hat, können Sie sich gar nicht krass genug vorstellen. Angefangen dabei, daß es in diesem Haus kein fließendes Wasser gab – wenn ich mich richtig erinnere – und man an den Brunnen gehen mußte, um das Wasser für die ja zahlreicher werdende Familie hereinzubringen. Dieses alles hat sich aber dann zu einem pädagogischen Experiment verbunden. Ich kann nur jedem von Ihnen raten, lesen Sie das „Schaffende Schulvolk" von Adolf Reichwein. Ich halte es nach wie vor, trotz des Widerstands der zeitbedingten Sprache, für ein pädagogisches Grundbuch. Ein Grundbuch, in dem man vernimmt, wie das, was wir als Parole gerne hören, Kopf und Hand, gemeinsame Arbeit, wie das in der Praxis gelebt wird. Gelebt wird von einem Mann, von dem man in der Literatur lesen kann, daß er bestimmt war von einerseits seiner ländlichen Herkunft, andererseits seinem breiten geistigen Erfahrungsbereich und drittens von der Tatsache, daß er eigentlich alles konnte. Wissen Sie, auch damals war ein Lehrer oder Regierungsrat oder junger Professor, der immer wieder versuchte mit einer kleinen Maschine über die Alpen zu fliegen, auch wenn es schiefging, nicht gerade etwas Normales. Wir stoßen bei Adolf Reichwein immer wieder auf diese

Prof. Dr. Hellmut Becker.

Eigenschaft, das Leben als ein Abenteuer zu nehmen. – Ich habe mir sogar erzählen lassen, daß dieses Flugzeug bei der Verlobung von Reichweins eine konstitutive Rolle gespielt hat, aber das ist hier nicht das Thema. –

Adolf Reichwein wurde nun nach Tiefensee versetzt, wobei Tiefensee in der Mark – ich weiß nicht wie es dort heute ist – jedenfalls damals kein Ort war, an dem sich normalerweise Leute aufhielten, die schon in Alaska, in den ganzen Vereinigten Staaten, in Ostasien und in Lappland gewesen waren. Dort lebten im wesentlichen Leute, die aus dem Umkreis von Tiefensee in Glücksfällen bis Berlin vorgestoßen waren. Sie müssen sich das alles vorstellen, das hat er gewählt gegenüber der Emigration. Er hat nun dort – und deswegen empfehle ich dieses Buch so sehr – eigentlich alles in dieser Schule gemacht.

Ich war, glaube ich, beauftragt, über Adolf Reichwein als Mann der politischen Bildung zu reden. Die Schwierigkeit liegt darin, daß man das gar nicht voneinander trennen kann. Die Alltagspädagogik war unmittelbar politisch. In diesem Tiefensee mußte alles selber gemacht werden. Man mußte die Schreinerfähigkeit einiger Schülereltern benutzen und sie sich selber aneignen; man mußte die Unterrichtsmittel selber fabrizieren. Dies sind alles Dinge, die wir idealiter gelegentlich fordern, die aber pädagogisch fast niemand mehr tut. Wenn ich es mal – falls ich das in Anwesenheit des Fraktionsvorsitzenden der SPD tun darf – so sage, in mancher Beziehung wäre Adolf Reichwein ein idealer Pädagoge für die Grünen gewesen. Es läßt sich nicht leugnen, daß diese Fähigkeit, zurück zu der einfachen Handhabung, in der praktischen Pädagogik bei ihm eine große Rolle gespielt hat. Dabei war er nun ein Mann, der schon vorher viel geleistet hatte. – Sie alle wissen, was ein Persönlicher Referent ist.

Er muß alle die politischen Unannehmlichkeiten, die der Minister nicht selber machen will, aushalten. Adolf Reichwein war ein genialer Persönlicher Referent gewesen. Er war Professor an der Pädagogischen Hochschule. – Vielleicht müßte man auch darüber kurz ein Wort sagen: Was waren eigentlich diese Pädagogischen Akademien? Mein Vater hat das einmal so formuliert: „Die Universitäten sind in einem so katastrophalen Zustand, daß man ihnen nicht die Ausbildung der Volksschullehrer anvertrauen kann." Dieses war eine historische Mitteilung, zur Vermeidung von Mißverständnissen. Ich darf nun dazu sagen, wir haben heute manchmal Mühe mit der zum Teil etwas verblasenen neuhumanistischen Begründung dieser Pädagogischen Akademien. Aber man muß bedenken, daß die Universitäten in den Zwanziger Jahren politisch rechts standen, genauso wie die Evangelische Kirche, so schwer das von heute zu begreifen ist. Diese Universitäten, soweit sie nicht sehr konservativ waren, beschäftigten sich vor allem mit positivistischer Wissenschaft. Der Geist war in gewissem Sinne aus den Universitäten ausgewandert. Das hat diese Zeit mit der unseren gemein.

Wenn Sie mich fragen würden, ob Adolf Reichwein ein Wissenschaftler war, so würde ich diese Frage zugleich verneinen und bejahen. Er war sicher kein Wissenschaftler im Sinne der damaligen und auch nicht der heutigen Universität, aber er war ein durch und durch geistiger Mensch. Seine Bücher, z. B. „Die Rohstoffwirtschaft der Erde", das er für die Notgemeinschaft der Deutschen Wissenschaft gemacht hat, zeigen, daß er ein stets denkender Mensch war, der das Repertoire, die Mittel der Wissenschaft, zu benutzen wußte. Er aber wandte sie in seiner Weise an, eingebettet in Probleme der menschlichen Bildung.

Der Professor mit seinen Studenten im Zeltlager.

Im übrigen war Adolf Reichwein weder für seine Freunde, noch für seine Familie ein bequemer Mensch. Auch das muß man, glaube ich, ganz offen aussprechen. Er war ein aufregender Mensch, der gleichzeitig wußte, daß man zusammenhalten mußte. Er hat nirgendwann, auch nicht in der Zeit, in der er unmittelbar in der Politik tätig war, die Verbindung zu jungen Arbeitern abreissen lassen. – Ich bin immerhin achtzehn Jahre Präsident des Deutschen Volkshochschulverbandes gewesen und weiß, wie schwer sich die Volkshochschulen tun, nicht im wesentlichen den deutschen Mittelstand zu versorgen, sondern den Arbeiter. Adolf Reichwein hat dies von Anfang an zur Zielsetzung gehabt und nicht einen Tag unterbrochen.

Sie werden vielleicht fragen, was ist das, was lernen wir davon? Zunächst können Sie anhand des „Schaffenden Schulvolks" und in der Betrachtung von Tiefensee schlicht lernen, was Schule, offene Schule, die trotzdem Leistungen erzeugt, ist und Sie können lernen, was kooperative Pädagogik ist.

Adolf Reichwein kam aus der Jugendbewegung. Das hat mir, der ich nicht aus der Jugendbewegung kam, zu Anfang Schwierigkeiten gemacht. Als er mich als Vierzehnjährigen einlud, mit ihm nach Lappland zu gehen, konnte ich mich nicht dazu entschließen. Vielleicht hatte ich Angst davor, vielleicht waren mir manche seiner Lebensformen, die sich damit verbanden, eher fremd. Diese jugendbewegte Herkunft hat ihn jedenfalls dazu befähigt, daß ihm das Problem, das heute den jungen Lehrern so viele Schwierigkeiten macht, nämlich das der Autorität, Führung und Demokratie, gar keine Schwierigkeiten machte. Es löste sich fast von selbst.

Selbstverständlich ist der Bevölkerung von Tiefensee nicht entgangen, daß Adolf Reichwein kein Nazi war. Selbstverständlich bedurfte es einer Atmosphäre des Vertrauens, denn man wurde ja in dieser Zeit auch gerne denunziert. Dieses alles ging mühelos aufgrund seiner pädagogischen Eigenschaften vonstatten. Als das Entscheidende würde ich bezeichnen, daß für ihn die Erziehung, die Politik, die Begegnung mit der Welt ein Abenteuer waren. Unseren, dank der erfolgreichen Aktivitäten der GEW, gut verbeamteten Lehrern ist die Pädagogik als Abenteuer vielleicht nicht mehr ganz so vertraut. Man könnte gerade aus dem Leben Adolf Reichweins herleiten, was es heißt, die Welt jeden Tag als ein Abenteuer zu empfinden.

Ich habe mir überlegt, ich müßte irgendwann – man muß ja in Reden immer etwas zitieren – und ich dachte nun, was zitiere ich von Adolf Reichwein? Ich habe Ihnen einen Text ausgesucht, der weder pädagogisch noch politisch ist, sondern sich auf sein Flugzeug bezieht. In einem Brief an Ernst Robert Curtius, immerhin einem unserer bedeutendsten traditionellen Universitätsgelehrten, sicher der bedeutendste deutsche Romanist der letzten hundert Jahre, schreibt er folgendes: „Alles hat sich bei mir verzögert. Ich habe dreimal die Alpen in meinem kleinen, tapferen, goldenen Vogel angegriffen und dreimal bin ich zurückgeschlagen worden. Der Kampf war zu ungleich. Ich kam in München an, als West- und Südsturm sich kreuzten. Gestern habe ich den letzten Versuch gemacht, drang gegen wütenden Föhn bis gegen Innsbruck vor und wurde in diesem teuflischen Föhnloch drei Stunden in 3500 Meter Höhe wie ein Blatt Papier herumgeworfen, hilflos der Natur überantwortet. Was Natur ist? Gestern hat sie nur Gnade vor Recht ergehen lassen. Der Föhn warf mich wie einen Spielball achthundert Meter in dieses furchtbare Tal hinab und trieb mich drüben wieder hoch, daß mir die Sinne vergingen. Es hörte auf, ein Kampf zu sein. Weißt Du, solange man

Adolf Reichwein in seiner „Klemm“.

kämpfen kann, aber wenn Dir die Waffen aus der Hand geschlagen sind und der Föhn brüllt nur voller Verachtung über Deine Steuer, die Du ausschlägst bis an die Wände Deiner Luftzelle, und es ist, als ob nichts geschehe, dann erst kommt die tödliche Verzweiflung. Ich glaubte nicht mehr, je die Erde wiederzusehen. Es ist einfach unbeschreiblich und wie schön ist doch die Erde hier in Florenz. Wie ich nach München zurückkam" – das war nämlich das eigentliche Reiseziel – „den Föhn – die Bestie heißt Föhn, ach welch schlechter Scherz der Sprache – wie dieser Föhn im Rücken das Flugzeug steil, kopfunter vor sich hertrieb, das weiß ich nicht. Ich war zerknirscht bis aufs Äußerste, geschlagen, und dann sagten diese edlen bayrischen Offiziere, sie hätten es beim Start für unmöglich gehalten, daß ich je wieder heil zur Erde käme. Wohlan, ich bin wieder da!"

Meine Damen und Herren, es bedarf eigentlich nicht sehr viele Phantasie, sich vorzustellen, daß dieses zugleich Pädagogik und Politik ist. Das heißt, daß dieses ein die Widerstände auf sich nehmen, die Widerstände aushalten und den Widerständen laufend zu begegnen, eine Haltung darstellt, für die dieses kleine Flugzeug nur ein Symbol ist. Diese Haltung könnte man in beliebigen Abschnitten seines Lebens immer wieder finden.

Bei unserem letzten Zusammensein in Straßburg, als er mich im Hause von Carl Friedrich von Weizsäcker besuchte, hat er mir von dem kurz bevorstehenden Zusammenkommen mit Kommunisten erzählt. Sie müssen sich jetzt nicht vorstellen, daß ich ein großer Widerstandsheld war, weil ich solche aufregenden Gespräche geführt habe. Wer das Dritte Reich kennt, der weiß, daß es eine relativ große Anzahl von Menschen gab, eine sich kennende Anzahl von Menschen, die sich fragten, was soll eigentlich werden, wenn der Spuk vorbei ist? Im Rahmen dieser Gespräche berichtete er wiederholt von seinen Aktivitäten im Kreisauer Kreis, der sich ja zum Ziel gesetzt hatte, vorzubereiten, was geschieht, wenn es mit Hitler aus ist. In diesem Zusammenhang hatte gerade Reichwein die Initiative übernommen, auch mit Kommunisten zu sprechen. Das hat dazu geführt, daß in mancher Literatur nach dem Kriege gesagt worden ist, Adolf Reichwein wäre mit Sicherheit heute im Osten. Das halte ich für absolut falsch. Er war jedoch ein Mann, der verstanden hatte, und zwar ganz realistisch verstanden hatte, daß es nötig war, die antifaschistische Front soweit zu verbreitern, wie es überhaupt möglich war. Reichwein erinnerte sich in diesem Gespräch noch an den alten Pieck, den er in der Zeit bei meinem Vater erlebt hatte. Er sagte, man muß sich mal vorstellen auch diese Leute haben einiges erlebt in der Zwischenzeit und vielleicht läßt sich doch eine Brücke schlagen. Das hat gar nichts zu tun mit dem, was heute in der Sowjetunion oder auch in der DDR vor sich geht, sondern es war das Bedürfnis nach einer breiten Front des Sozialismus. Natürlich hatte auch das etwas von dem leisen Hauch des Abenteuers. Es verlockte ihn, zu erfahren, wie denken die jetzt, nach alledem, was sie erlebt haben. Das Schicksal hat es dann so gefügt, daß ausgerechnet bei den Kommunisten ein Gestapo-Spitzel eingeschleust war, wovon die Kommunisten natürlich nichts wußten, der diese ganze Besprechung hat hochgehen lassen.

Diese Frontverbreiterung hat überhaupt etwas mit seinem politischen Wesen zu tun. Es ist vielleicht für Sie schwer verständlich, daß sich die Führung der deutschen Gewerkschaften und Adolf Reichwein 1932 mit Gregor Strasser, dem damals zweiten Mann der NSDAP – vor den zweiten Männern, die Sie in Erinnerung haben – getroffen hat. Dies geschah aus dem Gedanken heraus, man könne den Nationalsozialismus durch Herausbrechen seines sozialistischen Flügels mit einer sozialistischen Front aufhalten. Das klingt rückläufig gesehen alles sehr phantastisch, so phantastisch war das damals nicht. Das war die Zeit, wo auch die Reichswehr unter Schleicher vielleicht eher für so etwas zu gewinnen gewesen wäre, als für das, was nachher erfolgt ist.

Meine Damen und Herren, Reichwein und ich haben uns während dieser Jahre, ich war damals als Referendar in Leipzig, öfters am Wochende in Berlin getroffen. Reichwein war von einem so unmittelbaren politischen Temperament, daß mein Freund Harro Siegel – den vielleicht der eine oder andere von Ihnen auch kennt, einer der nächsten Weggefährten von Adolf Reichwein, interessanterweise ein Künstler, wahrscheinlich der beste Puppenspieler, den wir in diesen Jahren in Deutschland hatten – wir haben manchmal gesagt, Du hast ein präfaschistisches oder ein faschistisches Temperament. Das klingt in Ihren Ohren wahrscheinlich sehr merkwürdig. Was wir gemeint haben, war die Fähigkeit unmittelbar zu begreifen und sich auch in die Situation von Nazis zu versetzen, in die Probleme, die sie hatten und diese mit größter Energie zu erörtern. Wobei Sie sich vorstellen müssen, daß wir damals den „Völkischen Beobachter" so gelesen hatten, wie die Kremlologen heute die Prawda. Das hieß aus einem in sich gleichförmigen, unverständlichen Deutsch doch zu versuchen herauszufinden, was sich unter diesen Menschen eigentlich abspielt. Das war eine Tätigkeit, das mußte eigentlich jeder tun. Man konnte sich gar nicht leisten zu sagen, wir lesen das Zeug von denen einfach nicht. Auch in dieser gleichförmigen Propagandamaschine, genauso wie heute in der sowjetischen Presse, spiegelten sich durch die Nennung von Namen, durch das Erscheinen von Personen – Sie kennen das alles von heute – spiegelten sich Dinge, Adolf Reichwein hat sich damals natürlich auch damit befaßt.

Man muß das alles zusammen sehen, den pädagogischen Einsatz, den politischen Einsatz und die Tätigkeit für die Museen, die ich hier noch gar nicht erwähnt habe, die jedoch auch eine sehr politische war. Wir fangen langsam wieder an zu begreifen, daß Museen ein Politikum ersten Ranges sind. Die Leichtfertigkeit mit der man Geschichtsmuseen heute gründet, macht deutlich, daß man sich das auch in den verschiedensten Richtungen zunutzte machen kann. Museen sind eine gefährliche Welt. Reichwein stand in dieser gefährlichen Welt und hat sie als solche verstanden. Daß ihm Gefahr nichts ausmachte, wäre falsch gesagt. Ein Mann seines politischen Duktus war zugleich ein zarter Mensch, ein empfindsamer Mensch, in hohem Maße zur Freundschaft begabt und auch das gehörte zu seiner Politik. Ich habe ihn mehrfach mit Menschen zusammengebracht, deren menschlicher Zuverlässigkeit man sicher sein konnte, ohne daß man annehmen konnte, daß sie politisch seine Meinung teilen würden. Er konnte mit ihnen ganz vorzüglich umgehen und es besteht gar kein Zweifel, daß ein lebender Reichwein eine zentrale Figur für die Bildungspolitik der Nachkriegszeit geworden wäre. Genau wie ich sagen würde, daß ein aus Amerika zurückkehrender Tillich der Nachkriegsentwicklung der SPD vom religiösen Sozialismus her eine etwas andere Richtung hätte geben können. Leider sind nicht alle Emigranten zurückgekehrt und leider ist unsere Nachkriegszeit in der Person von Adolf Reichwein eines entscheidenden Faktors beraubt worden. Man muß akzeptieren, daß es solche Entscheidungen eben gibt, aber auch, daß nicht alle Personen ersetzbar sind.

Ich habe mich bemüht, Ihnen diese Person etwas lebendiger zu machen und etwas näher zu bringen. Wenn man sich nun fragt, was bleibt für die Erziehung, was bleibt für die Politik? – Ich bin weit davon entfernt, die Frage zu stellen, was bleibt für die SPD? Herr Vogel hat dazu schon Stellung genommen. Für die SPD bleibt bestimmt, das muß ich nun doch sagen, die Weise des Rahmens. Die SPD muß immer so bleiben, daß Adolf Reichwein ihr Mitglied sein könnte. – Die weitere Frage ist, wie muß Universität aussehen? Die Universität muß so aussehen, daß so selbständige Denker wie Reichwein in ihr – unbeschadet, ob sie habilitiert sind – Professor werden können. Ich würde darüber hinaus sagen, daß unsere politische Bildung so werden muß, daß sie die Menschen nicht nur mit Gedanken und Fakten füttert, sondern, wie Reichwein es getan hat, mit den jungen Leuten Unternehmungen macht. Sehen Sie, Studenten, die ein halbes Jahr in einem Entwicklungsland arbeiten, wissen natürlich auch mehr darüber. Auch heute gibt es Reichwein-Unternehmungen aller Art. Sie erhalten nur häufig wenig Hilfe und sie gelten nicht unmittelbar als karierefördernd. Das ist eine der Hauptschwierigkeiten.

Was nun die Alltagspädagogik anbetrifft, so kann man nur sagen, wenn mich etwas im Dritten Reich beeindruckt hat, dann ist das die Tatsache, daß diese Nazis Reichwein den Raum gelassen haben. – Vielleicht haben sie natürlich nicht ganz gesehen, was sich da abspielt, – aber die Möglichkeiten ein Tiefensee, selbst als freundlicher Kultusminister, bürokratisch zu behindern, wären unter heutigen Verhältnissen ungeheuer groß. Das Ausmaß an Planabweichung, um es mal so zu sagen, was da im Detail sich abspielte, die Überraschungen, denen ein eventuell unfreundlicher Schulrat ausgesetzt war, wenn er in diese Schule kam, waren auch nicht unerheblich. Ich habe in „Schaffendes Schulvolk" vor einiger Zeit mal die Stelle gelesen, wo er die Fahrt, die er mit seiner Tiefenseer Schule nach Ostpreußen gemacht hat, schildert, und da steht dann der Satz, ungefähr, ich zitiere das aus dem Gedächtnis: „Leider war kein Sturm, ich hätte den Schülern Sturm gegönnt." Auch das würde ich für unwahrscheinlich im Tagebuch eines modernen Lehrers über seine heutige Klassenfahrt ansehen. Also in einem Wort: Pädagogik und Politik als Abenteuer sind das, was uns Adolf Reichwein gezeigt hat. Dieses „Pädagogik und Politik als Abenteuer", für das er, wie wir alle wissen, schwer bezahlt hat, das ist wohl das, was wir alle für unseren Alltag, in jedem Detail und jeder von uns, jeder an seiner Stelle, übernehmen können.

Ich könnte das noch an sehr vielen Einzelheiten schildern. Ich möchte das hier zum Schluß nur so ausdrücken: In den Worten über den Flug haben sie etwas von der Atmosphäre, dem Hintergrund gespürt. Jemand, der im ganz privaten Bereich, nämlich im Alleinflug, sich so etwas zumutet, der ist auch in der Lage, das in Sachgebiete zu übertragen.

Wenn Sie, zum Beispiel finden, daß im „Schaffenden Schulvolk" einiges zu nationalsozialistisch formuliert sei, dann machen Sie sich einmal klar, unter welchen äußerlichen Bedingungen und Gefährdungen das stattgefunden hat. Gerade unter einem solchen Regime kam man, wenn man etwas tun wollte, nicht daran vorbei, die Sprache der Vögel zu reden. Das Entscheidende ist, daß man nicht selbst so wird und das hat er fortlaufend gezeigt und fortlaufend auch allen seinen Mitarbeitern vermitteln können. Sein Büro im Museum in Berlin war später ein Treffpunkt für Freunde, die der Ermunterung bedurften. Diese Ermunterung ist gerade von seinem, dem Abenteuer immer zugewandten Wesen ausgegangen. Das hat dazu geführt, daß so unterschiedliche Personen, wie zum Beispiel Ernst Robert Curtius, der nun ein klassischer Gelehrter gewesen ist, oder Harro Siegel, der ein großer plastischer Künstler in der Herstellung von Marionetten gewesen ist, zu diesem Freundeskreis gehörten. Dieses „Pädagogik und Politik als Abenteuer“, sollten wir uns alle, jeder an seiner Stelle, zum Vorbild nehmen.

Dr. Susanne Miller, Bonn

Adolf Reichwein – seine Bedeutung im antifaschistischen Widerstand

In den vergangenen Jahren haben sich Forschung, Literatur und Medien eingehender und umfassender mit dem Widerstand gegen den Nationalsozialismus beschäftigt, als das in der Bundesrepublik lange Zeit der Fall war. So entstand ein differenzierteres und genaueres Bild vom Verhalten der Bevölkerung während der NS-Zeit. Darauf und auf eigene Erfahrungen gestützt, unterscheidet Richard Löwenthal drei Formen des antifaschistischen Widerstands: bewußte politische Opposition, gesellschaftliche Verweigerung und weltanschauliche Dissidenz.[1] Die bewußte politische Opposition, deren Ziel die Schwächung und der Sturz des Regimes war, begann in den Reihen der Arbeiterbewegung, bei Kommunisten, Sozialdemokraten, Gewerkschaftlern und kleinen linken Gruppen. Sie mußten sich notwendigerweise konspirativer Methoden bedienen, und sie wurden von den Staatsorganen so systematisch und grausam verfolgt, daß ihre Tätigkeit meistens noch vor Ausbruch des Zweiten Weltkrieges zum Erliegen kam. Eine kollektive gesellschaftliche Verweigerung ging von Teilen der christlichen Kirchen aus, die als einzige Institutionen von der totalen Gleichschaltung und Kontrolle durch die Regierung ausgenommen waren. Individuelle Verweigerung, also die Übertretung von Geboten und Verboten des Regimes, kam in zahllosen Fällen vor; doch diejenigen, die sie begingen, können nicht generell als ausgesprochene Gegner des Nationalsozialismus angesehen werden, obwohl sie von der Nazi-Justiz oft als solche behandelt wurden. Weltanschauliche Dissidenten waren selbstverständlich alle politischen Gegner des Nationalsozialismus und auch die religiösen Institutionen und Gruppen, die den totalen Machtanspruch des Nazi-Staates ablehnten. Hinzu kamen nicht weniger einzelne, vor allem Schriftsteller, Künstler und Wissenschaftler, die sich bemühten, ihre persönliche Identität und Integrität zu bewahren, ohne mit dem Regime in offenen Konflikt zu geraten; sie schufen sich in einem Staat, in dem das Verbrechen zum System geworden war, gewissermaßen Enklaven, um davon unberührt zu bleiben. Die Einteilung des antifaschistischen Widerstands in diese drei Gruppen – politische Opposition, gesellschaftliche Verweigerung und weltanschauliche Dissidenz – halte ich für ein brauchbares Gerüst. Es muß uns jedoch bewußt sein, daß die Übergänge fließend waren und daß wir uns vor schematischen Zuordnungen hüten sollen.

Das wird besonders deutlich bei einer Würdigung von Adolf Reichweins Rolle und Bedeutung im antifaschistischen Widerstand. In welcher Form hat Reichwein seine Ablehnung des Nationalsozialismus in den verschiedenen Stadien seines kurzen, bewegten Lebens zum Ausdruck gebracht? Dies läßt sich nur erkennen auf dem Hintergrund von Reichweins politischer Haltung von der Zeit an, da er in Staat und Gesellschaft der Weimarer Republik bewußt und entschieden Stellung bezog: mit der Tat, mit dem Wort und mit der ungewöhnlichen Ausstrahlung seiner Persönlichkeit.

[1] Richard Löwenthal/Patrik von zur Mühlen, Widerstand und Verweigerung in Deutschland 1933 bis 1945, Berlin-Bonn 1982, S. 14ff.

Religiöser Sozialist

Der Vierundzwanzigjährige, dessen Weg als Volksbildner, der eine soziale und geistige Gemeinschaft zwischen Arbeitern und Akademikern, zwischen Proletariern und Bürgern stiften wollte, schrieb an seinen Vater: „alle Kulturarbeit ist heute politisches Handeln". Und im gleichen Brief erklärte er, daß er sich „am ehesten wohl zur Gruppe der religiösen Sozialisten" rechne.[2] Dies waren Aussagen, deren grundsätzlicher Gehalt für Reichwein stets gültig blieb. Mit religiösen Sozialisten war Reichwein durch persönliche Freundschaften verbunden, dem „Bund der religiösen Sozialisten" ist er jedoch nicht beigetreten, jedenfalls habe ich kein Zeugnis dafür gefunden. Als ein Bekenntnis zu dessen Anliegen ist Reichweins Zugehörigkeit zum Beirat der „Neuen Blätter für den Sozialismus" zu betrachten. Die im Januar 1930 erschienene erste

Adolf Reichwein (links) mit seinen Eltern und Geschwistern Kläre und Richard.

Nummer dieser Zeitschrift wurde eingeleitet durch einen Artikel von Paul Tillich, der mit den Worten schließt, die Reichwein sicherlich aus vollem Herzen bejahte: „Kein Programm, sondern Wagnis aus der letzten Tiefe und in der ganzen Breite dessen, was

[2] Adolf Reichwein. Ein Lebensbild aus Briefen und Dokumenten. Ausgewählt von Rosemarie Reichwein unter Mitwirkung von Hans Bohnenkamp, hrsg. und kommentiert von Ursula Schulz, München 1974, S. 46f. (Brief vom 15. Sept. 1922)

menschlich ist, soll der Sozialismus sein, dem wir dienen als der Grundlage, der Kraft und dem Ziel sinnhafter Gestaltung des Kommenden."[3]

Reichwein zögerte lange, sich der Sozialdemokratischen Partei anzuschließen. Das läßt sich nicht nur mit seiner eigenen Individualität erklären, die in seiner Äußerung, er werde sich „an der Peripherie des Sozialismus als Freibeuter" ansiedeln[4], zum Ausdruck kam. „Verbürgerlichung, Verbonzung, Unjugendlichkeit" hielten viele Zeitgenossen für Merkmale der Weimarer Sozialdemokratie, stellte der Soziologe Sigmund Neumann in seinem 1932 erschienenen Buch über die Parteien in der Weimarer Republik fest.[5] Und daß die SPD dieses Bild bot, wissen manche von uns aus eigener Erfahrung. Kein Wunder, daß neue Lebensformen suchende, auf Taten drängende Menschen dieser Partei wenig abgewinnen konnten. Doch im Oktober 1930 wurde Adolf Reichwein Mitglied der SPD. Veranlaßt dazu hat ihn der alarmierende Erfolg der NSDAP in den vorangegangenen Septemberwahlen zum Reichstag. Er wollte, wie er damals einem Freund erklärte, den Arbeitern nun gegen den Faschismus helfen. Die Einsicht, daß er das überzeugender und nachdrücklicher in den Reihen der organisierten Arbeiterschaft tun würde und daß Kultur- und Bildungsarbeit politisches Handeln nun nicht ersetzen könne, ist Beweis für Reichsweins realistisches Denken und für seine Solidarität mit den Bedrohten. Wie Menschen, deren Überzeugungen Reichwein weitgehend teilte, in jener Zeit zur SPD standen, beschrieb Eduard Heimann in den „Neuen Blättern für den Sozialismus": „Wir sind in der SPD und werden in ihr bleiben, weil hier und hier allein um die objektiv notwendige sozialistische Lösung aus der kapitalistischen Not gerungen werden kann. [. . .] Aus jeder anderen Partei muß man austreten, wenn sie einem nicht gefällt. In diese Partei muß man *eintreten*, auch wenn sie einem in ihrer gegenwärtigen Verfassung *nicht* gefällt." Kurz vor Hitlers Machtübernahme wiederholte Fritz Borinski in der gleichen Zeitschrift diese Worte Heimanns, um sich zu ihnen zu bekennen, nicht nur für sich, sondern auch für seine Freunde. Zu ihnen gehörte Adolf Reichwein.[6]

Die Entscheidung für Tiefensee

Der Anbruch der nationalsozialistischen Herrschaft fiel mit einer Wende in Adolf Reichweins persönlichem Leben zusammen: Er verlobte sich mit Rosemarie Pallat und schloß mit ihr im Frühjahr 1933 die Ehe. Das hatte Einfluß auch auf seine weiteren

[3] Paul Tillich, Sozialismus, in: Neue Blätter für den Sozialismus, Zeitschrift für geistige und politische Gestaltung, 1. Jg./1, S. 12.

[4] So berichtet von Fritz Borinski in: Wilfried Huber/Albert Krebs (Hrsg.), Adolf Reichwein 1898 – 1944. Erinnerungen, Forsc hungen, Impulse, Paderborn-München-Wien-Zürich 1981, S. 76.

[5] Neuauflage: Sigmund Neumann, Die Parteien der Weimarer Republik. Mit einer Einführung von Karl Dietrich Bracher, Stuttgart 1962, S. 32.

[6] Fritz Borinski, Nation und Sozialismus, in: Neue Blätter für den Sozialismus, 3. Jg./10. Okt. 1932, S. 558f.

Entscheidungen, bei denen er die Gründung einer Familie berücksichtigen mußte. Kurz nachdem Reichwein seine Professur an der Pädagogischen Hochschule in Halle durch die neuen Machthaber im Deutschen Reich verloren hatte, erhielt er das Angebot einer Professur in der Türkei. Er nahm es nicht an, sondern bewarb sich um die Lehrerstelle in einer einklassigen Volksschule im märkischen Dorf Tiefensee. Dies als eine Bereitschaft zu deuten, sich mit dem Hitler-Regime abzufinden, oder gar ihm entgegenzukommen, wäre völlig abwegig. Wenn man erlebt hat, wie damals Antifaschisten, darunter auch unmittelbar gefährdete, den Gedanken an eine Emigration weit von sich wiesen, und daß der Entschluß, in der Heimat zu bleiben oder ins Exil zu gehen, in hohem Maße auch von den persönlichen Lebensumständen abhing, wird man für Reichweins Entscheidung Verständnis haben, ja noch mehr als das. Reichwein war ein weitgereister Mann, fremde Länder und Kulturen hatten eine große Faszination für ihn, er hatte Freunde auch im Ausland. Aber nun zog er der reizvollen Möglichkeit, in einer geachteten Position in der Fremde neue Erfahrungen zu sammeln, neue Freunde zu erwerben, das Leben eines Dorfschullehrers in Hitler-Deutschland vor. Das muß, so meine ich, als seine Entschlossenheit gedeutet werden, einem verhaßten Regime auch in direkter Konfrontation standzuhalten, auch in dieser Situation, wie bisher, Menschen geistige Führung und moralischen Halt zu geben.

Es spricht alles dafür, daß sich die Erwartungen, die Reichwein an seine Entscheidung geknüpft haben mag, erfüllten: Sein Familienleben gestaltete sich glücklich, und in seinem Wirken in Tiefensee konnte er seine pädagogischen Ideen umsetzen und seine Kräfte entfalten, ohne den Obrigkeiten Konzessionen, die er vor seinem Gewissen nicht hätte verantworten können, machen zu müssen. Von einer Anpassung an den Nationalsozialismus kann bei Reichweins Tiefenseer Tätigkeit keine Rede sein. Es wäre aber auch nicht gerechtfertigt, diese Tätigkeit als bewußte und aktive Opposition zu interpretieren. Eher könnte man Reichsweins Haltung in jenen Jahren als individuelle Verweigerung bezeichnen, will man sie einer der eingangs genannten Kategorien zuordnen. Auf jeden Fall zutreffen würde die der weltanschaulichen Dissidenz. Reichweins Verhalten glich damals dem Hunderttausender von ehemaligen Angehörigen der von den Nationalsozialisten zerschlagenen Arbeiterbewegung: Sie blieben ihren Überzeugungen treu, bekundeten sie aber nicht durch Aktionen gegen die nationalsozialistische Diktatur, sondern waren bestrebt, diese Zeit zu überstehen, ohne sich selber unmittelbar zu gefährden, doch ohne sich dem Regime zu beugen.

Politische Opposition

Wodurch und wann hat sich dieses Verharren in politischer Abstinenz gegenüber dem NS-Regime bei Reichwein geändert? Offenbar hat zu dieser Änderung sein neuer Wirkungskreis, die damit gegebenen Möglichkeiten der Wiederbegegnung mit alten Freunden und das Knüpfen neuer Beziehungen am meisten beigetragen. Im Mai 1939 wurde Reichwein Leiter der Abteilung Schule und Museum im Volkskundemuseum in Berlin. Er erneuerte nun seine Bekanntschaft mit Helmuth James Graf von Moltke, den er schon 1928 bei einem vom Löwenberger Kreis veranstalteten Arbeitslager für Bauern, Arbeiter und Studenten in Schlesien getroffen hatte. Willi Brundert, der

Susanne Miller würdigte die Bedeutung Adolf Reichweins im antifaschistischen Widerstand: „Reichwein war die Verkörperung des anderen Deutschland, das immun war gegen die Durchdringung durch den Nationalsozialismus."

spätere Frankfurter Oberbürgermeister, der ebenso wie Reichwein 1930 in Halle der SPD beigetreten war und dort Vorsitzender der Sozialistischen Studenten wurde, brachte ihn in Verbindung mit Carlo Mierendorff und Julius Leber. Diese Sozialdemokraten waren nach qualvollen Jahren in Gefängnissen und Konzentrationslagern zu weiterer aktiver Oppostion gegen das NS-Regime entschlossen und standen in Kontakt mit Gesinnungsfreunden; mit Gustav Dahrendorf, Ernst von Harnack, Ludwig Schwamb, Theodor Haubach, Wilhelm Leuschner und anderen. Durch Reichwein wurden Mierendorff und Leber mit Helmuth von Moltke bekannt. Im Schutze seiner Diensträume im Prinzessinnenpalais konnte Reichwein Freunde empfangen, und sein Büro wurde ein Treffpunkt von Regimegegnern. Der Kreis derer, die dort zusammenkamen, erweiterte sich mehr und mehr. So wurde Reichwein in seinem Berliner Wirkungskreis zu Anfang des Zweiten Weltkrieges ein Mann der bewußten politischen Opposition.

Die politisch wichtigste Verbindung Reichweins war die mit dem Grafen von Moltke, dessen Gut Kreisau ein einzigartiges Zentrum des zivilen Widerstands in Deutschland bildete. Dort fanden in den Jahren 1940 bis 1944 fast fünfzig Besprechungen und drei größere Tagungen statt, bei denen so eingehend und systematisch, wie es die äußeren Bedingungen erlaubten, Möglichkeiten, das Regime zu stürzen, erwogen und Pläne für die Zukunft entworfen wurden. Reichwein gehörte bald zu Moltkes engen politischen und persönlichen Freunden. Als Reichweins Berliner Wohnung durch Bomben zerstört worden war, nahmen Freya und Helmuth von Moltke seine Familie in Kreisau auf.

Die Kreisauer Oppositionellen repräsentierten ein breites Spektrum politischer Meinungen und weltanschaulicher Bindungen. In Kreisau trafen sich mit den Angehörigen des preußischen Adels, die den Kern bildeten, Beamte aus der Verwaltung, Jesuitenpatres, evangelische Theologen, Hochschulprofessoren, ehemalige Mandatsträger der SPD und deren Freunde, und ehemals führende Gewerkschaftler. An manchen dieser Zusammenkünfte nahmen auch die Gräfinnen von Moltke und York von Wartenburg sowie andere Familienmitglieder teil. Nur wenige der Männer des Kreisauer Kreises sind der nationalsozialistischen Mordjustiz entgangen. Doch schon ehe die Kreisauer in deren Fänge gerieten, erlitten sie einen schweren Verlust: Carlo Mierendorff kam im Dezember 1943 bei einem Bombenangriff auf Leipzig ums Leben. „Wieviel leerer, atemberaubend leerer Raum ist jetzt da [...] wie hat die nächste Welt um uns sich durch diesen Tod verändert. Und wieviel Erbe gilt es treu zu bewahren", schrieb Reichwein an Brundert, als er ihm den Tod Mierendorffs mitteilte.[7] Auch persönlich war Reichwein tief getroffen, denn Mierendorff war ihm sehr ans Herz gewachsen und er hielt ihn für den vielleicht wichtigsten Mann in seinem Freundeskreis.

Im Kreisauer Kreis

In dem von Freya von Moltke, Michael Balfour und Julian Frisby verfaßten Buch über Helmuth James von Moltke wird darauf hingewiesen, daß die Frage „Wann hat das alles angefangen?" wahrscheinlich ebensowenig klar beantwortet werden könne wie die Frage „Wer gehörte zum Kreisauer Kreis?" Nach Angaben im gleichen Buch läßt sich aber feststellen, daß Reichwein seit 1940 mit Moltke ständig Kontakt hielt, in Berlin und vielleicht auch an anderen Orten häufig Besprechungen mit Kreisauern hatte und mindestens an zwei der drei größeren Zusammenkünfte in Kreisau beteiligt war.[8]

Zur ersten dieser Zusammenkünfte, die im Mai 1942 stattfand, hatte Reichwein zum Thema Schule in der künftigen Gesellschaft einen schriftlichen Entwurf vorbereitet. Dieser Entwurf ist nicht erhalten geblieben, wohl aber die grundsätzlichen Erklärungen, die auf diesem Treffen im Mai 1942 beschlossen wurden. Es ist nicht anzunehmen, daß der darin enthaltene Absatz über die Schule von Reichweins Entwurf sachlich abweicht, denn Reichwein war im Kreisauer Kreis der einzige Fachmann für Schulfragen, und seine Vorschläge wurden sicherlich allgemein akzeptiert. In diesem sowohl für Reichweins eigene Gedanken als auch für die der Kreisauer Freunde aufschlußreichen Dokument wird die Erziehungsaufgabe der Schule betont, die sie

[7] Adolf Reichwein, Ein Lebensbild (siehe Anm. 2), S. 203.

[8] Freya von Moltke/Michael Balfour/Julian Frisby, Helmuth James von Moltke 1907 – 1945. Anwalt der Zukunft, Stuttgart 1975, S. 187 – 193.

gemeinsam mit Familie und Kirche zu erfüllen habe. „Die Charaktererziehung", so heißt es da, „bildet einen anständigen Menschen religiöser Grundhaltung, der gute Sitte und Rechtlichkeit, Wahrheit und Aufrichtigkeit, Nächstenliebe und Treue vor seinem Gewissen zur Richtschnur des Handelns zu machen imstande ist". Über Unterrichtsstoff und -methoden wird nichts ausgesagt, und nur ein einziges Fach wird ausdrücklich erwähnt: „Die staatliche Schule ist eine christliche Schule mit Religionsunterricht beider Konfessionen als Pflichtfach. Der Unterricht wird im Auftrage der Kirchen nach Möglichkeit durch Geistliche ausgeübt."[9] Daß die programmatische Forderung, die Schule eng an die Kirche zu binden, im Gegensatz stand zu den Bestrebungen liberaler und sozialistischer Pädagogen und deren Umsetzung in der Weimarer Republik, brauche ich hier nicht weiter auszuführen. Reichwein, der sich Anfang der zwanziger Jahre als religiösen Sozialisten bezeichnete, war ein betont christlicher geworden. Doch welche Erwägungen, Erfahrungen und inneren Erlebnisse dies bewirkt haben, darüber geben die mir zugänglichen Zeugnisse keinen Aufschluß. Und Vermutungen zu äußern, Interpretationen ohne zulängliche Grundlagen vorzunehmen, halte ich nicht für angebracht. Erlaubt sei mir jedoch festzustellen, daß Reichwein in seinem Schulprogramm alle außerhalb der katholischen und protestantischen Kirche stehenden Gruppen unberücksichtigt gelassen hat. Juden werden in diesem Dokument überhaupt nicht erwähnt, die Existenz von Quäkern, freireligiösen Gemeinden und von Freidenkern – in der Weimarer Republik hatte der Freidenkerverband über eine halbe Million Mitglieder – wird ignoriert.

Welch großes Vertrauen Reichwein den christlichen Kirchen entgegenbrachte, geht aus einem weiteren programmatischen Konzept hervor. Gemeinsam mit dem evangelischen Pfarrer Harald Poelchau schlug Reichwein dem Kreisauer Kreis vor, die Errichtung einer „Deutschen Christenschaft" vorzusehen, die auf jeder Ebene als Partner der zivilen Autoritäten fungieren solle. Damit sollten die konfessionellen Gegensätze überbrückt und die christliche Gestaltung des öffentlichen Lebens intensiviert werden. Offensichtlich hatte Reichwein die Hoffnung, daß die Kirchen für „gute Sitte und Rechtlichkeit", wie es in seinem Schulprogramm heißt, sorgen und das öffentliche Leben vor Unmenschlichkeiten, wie sie im Nationalsozialismus systematisch betrieben wurden, bewahren werden. So verständlich es ist, daß Reichwein in jener heillosen Zeit auf eine spirituelle und sittliche Autorität bauen wollte und sie im Christentum fand, so sei doch kritisch angemerkt, daß das Verhalten der Kirchen in der Weimarer Republik und im Dritten Reich sein Vertrauen nicht rechtfertigte. Für Reichweins Absicht, den kirchlichen Einfluß auf politische Entscheidungen zu verstärken, ist es schon darum schwer, rationale Gründe zu finden, weil Äußerungen von ihm fehlen, die erkennen lassen, daß er eine moralische Erneuerung und politische Umorientierung der Kirchen forderte.

Die Distanz zu Reichweins programmatischen Konzeptionen mindert nicht den tiefen Respekt vor seiner moralischen und geistigen Statur. Sie drückte sich aus in seinem Ringen um eine menschenwürdige Gesellschaft und in der Selbstlosigkeit, mit der er seinen Idealen diente. Respekt ist auch geboten bei der Beurteilung des

[9] Ger van Roon, Neuordnung im Widerstand. Der Kreisauer Kreis innerhalb der deutschen Widerstandsbewegung, München 1967, S. 542f.

Entschlusses, den er gemeinsam mit Julius Leber gefaßt hat, mit einer kommunistischen Gruppe Kontakt aufzunehmen. Dieser Schritt wurde beiden zum Verhängnis. Die Zusammenkunft wurde verraten, Reichwein und Leber wurden verhaftet, gefoltert, verurteilt und hingerichtet. Nicht Sympathie mit den Kommunisten, sondern das Bestreben, der Opposition eine möglichst breite Basis zu verschaffen, war Reichweins Motiv, eine Verbindung mit ihnen zu suchen. Die Bedenken und Warnungen politischer Freunde konnten ihn nicht davon abbringen, das Wagnis zu unternehmen.

Worin bestand Reichweins Bedeutung für den antifaschistischen Widerstand? Wohl vor allem in der Wirkung seiner Persönlichkeit, von der jeder, der mit ihm in Verbindung kam, berührt wurde. „Seine Leistung war sein Wesen", schrieb Susanne Suhr, die Reichwein aus der Jugendbewegung kannte und ihm in Berlin wieder begegnete.[10] Reichweins Wesen war eine Verkörperung des „anderen Deutschland", das immun war und blieb gegen das Gift des Nationalsozialismus. Er schloß sich nicht von Anfang an einer Widerstandsgruppe an, auch entfernte er sich von dem Milieu in Halle, das durch antifaschistische Traditionen geprägt war. Aber gerade weil er politisch in die Isolation ging, erforderte seine Resistenz gegenüber den Verführungen des Nationalsozialismus große innere Kraft.

In der tragischen Geschichte des deutschen Widerstands gewinnen Adolf Reichwein und seine Kreisauer Freunde im Rückblick einen Platz, der nur ihnen gebührt. Durch die Vielfalt ihrer Beziehungen und Verbindungen haben sie einen Kreis gebildet, der schichtenspezifische, parteipolitische und konfessionelle Schranken durchbrach. Reichweins Wiederbegegnung mit Helmuth von Moltke mag mehr oder weniger ein Zufall gewesen sein. Kein Zufall war es, daß diese Begegnung alsbald zu einem Zusammenwirken und einer Freundschaft führte. Denn beiden Männern war die Fähigkeit zu eigen, über Schranken hinwegzureichen. Und ihre Ablehnung des Nationalsozialismus entsprang weitgehend den gleichen rationalen und seelischen Quellen. In Kreisau wurde dann das, was es in Deutschland sonst nie gegeben hat, im Ansatz verwirklicht, allerdings nur im Ansatz: eine antifaschistische nationale Gemeinschaft. Adolf Reichwein war einer ihrer konsequentesten Vertreter.

[10] Adolf Reichwein. Ein Lebensbild (siehe Anm. 2), S. 5.

Dr. Dieter Wunder

Adolf Reichwein – Die aktuelle Bedeutung seiner Pädagogik und seiner politischen Arbeit

Uns erfüllt Ehrfurcht vor Adolf Reichwein, dem vor 40 Jahren die damaligen Gewaltherrscher Deutschlands das Leben wegen seiner demokratischen und antifaschistischen Haltung genommen haben.

In der Gedenkschrift der Max-Traeger-Stiftung weist Roland Reichwein allerdings darauf hin, daß für die GEW ihr Verhältnis zu Adolf Reichwein nicht unproblematisch ist. Anscheinend gehörte er nicht dem Deutschen Lehrerverein, der Vorgängerorganisation der GEW, an.

Dennoch steht außer Frage: Auf den ersten Blick ist der Zugang eines GEW-Funktionärs zu Adolf Reichwein einfach. Er fühlte sich in der Weimarer Republik der politischen Linken zugehörig, auch wenn er erst spät der SPD beitrat. Er arbeitete von Anfang an für eine Aufhebung der Bildungsunterschiede zwischen Arbeitern, Bauern und Bürgertum. Er war einer der führenden Sozialdemokraten des Widerstands und war mit Gewerkschaftern aufs engste verbunden. Innerhalb des Widerstandes war er der einzige Pädagoge von Rang. Die GEW hat also allen Grund, Reichwein zu ehren, nicht, indem wir ihn zum Denkmal machen, sondern indem wir uns auf ihn einlassen.

Allerdings, Reichwein ist – wie wir so verräterisch sagen – außer Mode gekommen. Nach dem Zweiten Weltkrieg, in den 50er Jahren, war dies anders, wie die Veröffentlichungen, die Namensgebung von Schulen, die Arbeit der ihm verbundenen Wissenschaftler und Pädagogen zeigen. Zwar hat sich in den letzten Jahren die wissenschaftliche Beschäftigung mit Reichwein vertieft und verbreitert, aber Wirkung in der Lehrerschaft, in der GEW hat er nicht mehr oder noch nicht wieder. Woran liegt dies?

Wenn ich ein Fazit meiner Beschäftigung mit Reichwein ziehe, so ist es dies: Adolf Reichwein ist nicht als Theoretiker faszinierend, sondern als Mensch, als pädagogischer und politischer Praktiker. Seine Schriften sind die reflektierten Erfahrungen eines bedeutenden Pädagogen, und vor allem als solche sind sie eingehender Beschäftigung wert. Faszinierende Persönlichkeiten üben Einfluß durch ihr Vorbild. Nach ihrem Tode sind sie darauf angewiesen, daß das Erbe durch ihre Anhänger lebendig weitergegeben wird. Solches ist wohl in den Jahren nach dem Zweiten Weltkrieg der Fall gewesen, die vielfältigen Wandlungen unserer Gesellschaft haben inzwischen Distanzen geschaffen, die außerordentliche Anstrengungen notwendig machen, uns Adolf Reichweins zu vergewissern. Seine Freunde, seine Schüler sind Angehörige einer Generation, die das Berufsleben bereits verlassen haben oder sich anschicken, es zu tun. Für den Lehrer von heute ist Adolf Reichwein ferne Vergangenheit.

Der Zugang zu Adolf Reichwein wird dadurch erschwert, daß – zumindest bei vielen von uns Jüngeren – historische Persönlichkeiten wenig gelten. Im reflektierten Umgang mit der Geschichte haben wir Hemmungen gegenüber eindrucksvollen Persönlichkeiten; denn die historische Forschung der letzten Jahrzehnte hat uns gezeigt, wie fragwürdig Idealisierungen sind. Vermutlich leiden wir aus dieser Einstellung heraus unter einem Mangel, der uns nur allmählich ins Bewußtsein kommt: Erziehung ist auf vorbildliches Handeln angewiesen, zum moralischen Handeln gehört nicht allein die Einsicht in das Richtige, sondern auch die Erkenntnis davon, wie Menschen in schwierigen Lagen ein ganzes Leben hindurch versucht haben, als richtig erkannte Werte in praktisches Handeln umzusetzen. Ohne solchen Bezug muß Erziehung problematisch sein. So wie Begriffe ohne Anschauung leer sind, fehlt der Moral, die keine Vorbilder hat, die Überzeugungskraft. Wir ehren heute nicht nur den Widerstandskämpfer, sondern wagen auch den Versuch, das Wirken eines großen Pädagogen, seine vorbildliche, gestaltende Kraft in unser Bewußtsein aufzunehmen, um die anstehenden Aufgaben besser als bisher zu bewältigen.

In diesem Versuch gehe ich einen sehr persönlich gefärbten Umweg. Solche Subjektivität erscheint mir in der Auseinandersetzung mit einer bedeutenden Persönlichkeit angemessen und berechtigt. Meine erste Reaktion auf Reichwein war distanziert: Dieser Mann gehört einer völlig anderen Welt an als der, in der wir jüngeren Lehrer großgeworden sind, in der wir wirken. Daher nähere ich mich Adolf Reichwein, indem ich zuerst einmal das Trennende benenne, zugleich also historisch vorgehe. Das spontane Gefühl, das beim Adolf-Reichwein-Symposion 1980 in Osnabrück ein respektloser Professor äußerte, Reichwein stehe den Nazis geistig doch nahe, mag als bezeichnender Fehlgriff für den direkten, den unhistorischen Zugang stehen.

Reichwein gehört einer Welt an, die in mehrfacher Hinsicht nicht mehr die unsere ist. Die deutsche Geschichte weist Brüche auf, die wichtige Traditionslinien gekappt hat.

1. Reichwein gehörte einer linken Tradition an, die in dieser Form 1933 von den Nazis zerstört wurde. Die deutsche Linke nach 1945 hat ein anderes Gesicht entwickelt als die des Volkshochschulpädagogen und religiösen Sozialisten Reichwein.
2. Reichwein war Linker und Weltbürger, aber zugleich von einem tiefen Nationalgefühl durchdrungen. Die Nationalsozialisten haben die Grundlagen dieses Nationalgefühls zerstört. Deutschland als politische Gestalt ist 1945 wenn nicht für immer, dann doch für unabsehbare Zeit aus der Geschichte verschwunden.
3. Reichwein kam aus der Jugendbewegung. Ihre Haltungen und Ideen prägten in hohem Maß seine ganze Arbeit. Die Nationalsozialisten haben aus dieser Bewegung vieles übernommen und pervertiert. Sie haben damit diese Tradition für die Nachkriegsentwicklung Deutschlands zwar nicht völlig unterbunden, aber da sie – so mein Eindruck – in den 50er Jahren in das konservative Milieu der Bundesrepublik eingebunden wurde, ist diese wichtige Traditionslinie in der Lehrerschaft zunehmend zur Un-Tradition geworden.
4. Reichwein schreibt in einer Sprache, die uns fremd geworden ist. Er war kein Marxist im üblichen Wortsinn, auch wenn er den Weg Deutschlands aus der Not mit, nicht gegen Marx gehen wollte. Er wandte sich gegen den Intellektualismus der Universitäten und forderte die Ausbildung des Lehrers zum Volkserzieher an den Pädagogischen Akademien. Er war von „Gemeinschaft" überzeugt und trat für eine syndikalistisch anmutende Gewerkschaftsbewegung ein.

Reichwein verkörpert Traditionen deutschen Denkens, die durch den nationalsozialismus diskreditiert und die im Laufe der Nachkriegsentwicklung an den Rand gedrängt, ja vergessen wurden. Zumindest für die in der GEW jetzt maßgebende Generation von Lehrern, aber auch weit darüber hinaus, sehe ich in unserem Selbstbewußtsein eine Entwicklung, die man vereinfachend als Amerikanisierung unseres Denkens bezeichnen könnte, die Richard Löwenthal, einer der einflußreichsten politischen Denker der Nachkriegszeit, als endgültig gelungene Einbindung in die westlichen Denktraditionen preisen würde. Die Methoden und Denkhaltungen der empirischen Sozialwissenschaften sind bei uns – sei es durch die Rückkehr ins Exil gezwungener Deutscher, sei es durch direkte Übernahme aus den Vereinigten Staaten – eingebürgert worden. Auch die seit der Studentenbewegung wiederbelebte marxistische Tradition korrespondiert mit gängigen westlichen Denktraditionen. In jedem Fall sind es Denkweisen, die mit denen Adolf Reichweins nicht übereinstimmen.

Die Beschäftigung mit Reichwein führt also zentral in die deutsche Geschichte und deren Verwerfungen, die der Faschismus in Deutschland erzwungen oder zur Folge gehabt hat. Reichwein steht für die abgebrochenen Traditionen. Er hat sie glaubhaft und konsequent gelebt. Dies verpflichtet, diese Tradtionen nicht nur unter dem Blickwinkel faschistischer Mißbrauchsmöglichkeiten zu sehen; dies gibt die Freiheit, solche Traditionen unvoreingenommen daraufhin zu prüfen, ob sie uns im Lichte der geschichtlichen Erfahrungen, die wir seit 1933 und nach 1945 gemacht haben, Hinweise für die Gestaltung unseres gesellschaftlichen Lebens und des Erziehungswesens geben.

Für Reichwein hatte das Bildungswesen eine nationale Aufgabe. Insbesondere die Gemeinschaft von Arbeitern, Bauern und Intellektuellen, die Überwindung der Bewußtseinsdifferenzen, was mehr bedeutet als die Überwindung der Bildungsbarrieren, also die Schaffung einer einheitlichen Nationalkultur, oblag dem Bildungswesen. Wenn es uns heute aufgrund der selbstverschuldeten Teilung Deutschlands an nationalem Bewußtsein gebricht, dann ist dieser Mangel nicht durch Berufung auf Reichwein zu beheben, wohl aber kann die Bundesrepublik auf Dauer ohne ein Äquivalent für das abhandengekommene Nationalbewußtsein nicht leben. Die Fersehkultur von ARD und ZDF ist da wenig hilfreich. Wenn wir ganz im Sinne von Adolf Reichwein auf internationale Zusammenarbeit und übernationale Zusammenschlüsse stolz sind, so sind selbstbewußte Staaten vorausgesetzt. An diesem Selbstbewußtsein, zu dem das Bildungswesen einen wesentlichen Beitrag leisten müßte, gebricht es uns. Die hilflose Diskussion um die Bedeutung von Geschichte und Sozialkunde an der Schule steht beispielhaft dafür. Reichwein mahnt: Unser Bildungswesen, unsere Schule bedarf einer unser staatliches Selbstbewußtsein prägenden Idee. Also, die Bundesrepublik bedarf eines überzeugenden Selbstbewußtseins.

Natürlich sind wir mißtrauisch, wenn jemand von Gemeinschaft spricht. Wir wittern nicht zu Unrecht romantische Ideale, die eine Einheit dort herbeiwünschen, wo sie aufgrund sozialer Gegebenheiten und historischer Entwicklungen nicht möglich ist.

Dr. Dieter Wunder.

Zusätzlich werden aufmerksame Leser Reichweins bedenklich, wenn sie auf die politisch zentrale „Kategorie" der verschiedenartigen Interessen und der Austragung von Konflikten bei Reichwein nicht stoßen. Dennoch, wer wagt zu behaupten, daß die Arbeit, die Reichwein 1921 hier in Bodenrod begonnen hat, Arbeiter, Bauern und Studenten zusammenzubringen, heute überflüssig geworden sei? Wir lieben es nicht, wenn jemand von Klassen spricht; dies tat übrigens Reichwein offensichtlich schon ungern. Auch wenn wir wissen, daß es verschiedene soziale Schichten gibt – wir sind immer wieder bereit, dies faktisch zu leugnen. Jedenfalls ist unser Schulwesen nicht davon bestimmt, über die verschiedenen sozialen Schichten hinweg eine einheitliche Kultur zu schaffen. Was Heinrich Roth und die Bildungsreformer dem Schulwesen als Einheit zugrunde legten, den Wissenschaftsbezug, möchten und dürfen wir nicht mehr missen, aber dies kann die Einheit der Kultur nicht ersetzen. Reichwein mahnt, der Schule, ja dem gesamten Bildungswesen, die gesellschaftliche Aufgabe der Überwindung der Klassengegensätze zuzumuten.

Die Erziehung stand im Vordergrund der praktischen Arbeit Reichweins, sei es an den Heimvolkshochschulen in Thüringen, sei es an der Lehrerbildungsstätte Halle, sei es an der Volksschule Tiefensee, sei es im Museum in Berlin. Sicherlich mutet uns Reichweins Bericht über die Arbeit in Tiefensee fremd an, nicht nur deswegen, weil hier jemand antifaschistischen Vorstellungen im faschistischen Staat in verdeckender Sprache darstellt, sondern auch, weil diese Sprache einer anderen Tradition angehört. Aber aus dem Bericht über Tiefensee wird eines deutlich: Hier hat ein Pädagoge offensichtlich all' das, was unseren Schulalltag unproduktiv, widersinnig, lästig kennzeichnet, produktiv überwunden. Die Schule in Tiefensee war gegenüber der Außenwelt geöffnet und bezog das tatsächliche Leben voll mit ein. Der Unterricht war von Projekten bestimmt; 45-Minuten-Stunden sind dort undenkbar. Der Lehrer begeisterte seine Schüler und hat, um ein berühmtes Zitat zu wiederholen, sie „frei" gemacht. Da wurde durch praktisches Tun und Erfahren gelernt, und Theorie erwuchs aus dieser Praxis. Ich wiederhole hier nicht im einzelnen, was Reichwein in Tiefensee geleistet hat; kritische Anmerkungen liegen nahe: Die Landschule galt Reichwein als eigenständige Schulform neben dem, was für den städtischen Industriearbeiter und das Bürgertum notwendig war; das Dorf stellte für ihn fast eine ideale Lebensform dar. Aber solche Einwände dürfen über einen zentralen Punkt nicht hinwegtäuschen: Reichwein hat vorbildlich Schule gemacht, hat seine Schüler zu freien Menschen erzogen, die ihrem Alter und ihren Möglichkeiten gemäß ein lebendiges Verständnis von Gesellschaft und Kultur hatten. Wir haben allen Anlaß, unter den heutigen, völlig andersartigen Umständen, diese Ziele in unsere Sprache zu übersetzen und mit unseren Mitteln entsprechend vorbildlich Schule zu machen. Lernen durch praktisches Tun, lernen im Zusammenhang der jeweiligen Sache, lernen bezogen auf die Lebenswirklichkeit – welche Schulverwaltung müßte nicht ihre Richtlinien und Lehrpläne und ihre Organisationsvorstellungen von Schule vergessen, wenn sie solches in der Praxis zulassen sollte? In diesem Zusammenhang scheint mir auch gerade für die GEW Reichweins Konzeption der Pädagogischen Adakemien in einem Punkt von hoher Aktualität. Sicherlich entspricht seine Vorstellung von einer Lehrerausbildung an der Pädagogischen Akademie nicht den GEW-Vorstellungen, aber ist das von ihm anvisierte Ziel nicht unseres, eine „Erzieherausbildung in einer Hochschule, die in der beständigen Spannung von Theorie und Praxis existiert und durch die Geschlossenheit ihrer inneren Anlage die Gewähr einer ebenso geschlossenen, nicht durch Vielseitigkeit verwirrenden Bildung bietet"?

Die Ausfüllung des Erziehungsbegriffes durch Reichwein kann aus der heutigen Sicht nicht ohne Kritik bleiben. Wie in der Jugendbewegung selbstverständlich, war für Reichwein die starke Persönlichkeit, die Autorität, maßgebend; er selber muß außerordentlich eindrucksvoll und auf seine jugendlichen oder erwachsenen Schüler fordernd gewirkt haben. Er legte der Erziehung in der Volkshochschule, in der Pädagogischen Akademie, in Tiefensee eine Gemeinschaft zugrunde, die strikte Einordnung verlangte. Er betonte zudem – wie wir heute sagen würden – die Sekundärtugenden. Ist solches nicht überholt, konservativ, gar reaktionär? Es wäre unhistorisch, Denkens- und Verhaltensweisen einer völlig anderen Zeit auf die unsrige zu übertragen, dennoch kann Reichwein in aller Zeitbedingtheit uns darauf aufmerksam machen, daß wir eventuell bestimmte Anforderungen an den Lehrer fälschlicherweise beiseite schieben. Wer sich in der Schule umschaut, weiß, daß ein guter Lehrer seinen Schülern Vorbild ist, auch wenn wir uns scheuen, dies ausdrücklich zu sagen. Weil wir diese Scheu haben, führt dies, meine ich, dazu, daß sich viele Lehrer der Aufgabe, ihren Schülern Vorbild zu sein, nur verschämt oder indirekt annehmen. Das Gespräch mit den Eltern, das Verständnis für den Lehrerberuf in der Öffentlichkeit leidet darunter. Es wäre – behaupte ich – wünschenswert und gut, wenn sich Lehrer nicht nur ausdrücklich zu ihrer Erziehungsaufgabe bekennen, sondern sich selbst als Vorbild verstehen, sicherlich nicht in dem Sinne, daß sie mit ihrer Persönlichkeit ihre Schüler prägen sollen – solches hielte ich für eine unreflektierte Weitertragung jugendbewegter Traditionen –, wohl aber, indem sie beispielsweise partnerschaftliches Verhalten vorleben, indem sie die Übereinstimmung der Wertüberzeugungen und des Handelns immer wieder beispielhaft nachweisen, indem sie etwa Toleranz für Minderheiten tagtäglich praktizieren.

Reichwein sollte uns Mut machen, Frontstellungen in der heutigen Pädagogik, die wir uns angewöhnt haben, als typisch links und typisch rechts zu bezeichnen, zu überwinden. Mag uns seine Vorstellung von Gemeinschaft gefährlich anmuten: Dennoch haben wir uns zu fragen, ob die bei uns weitverbreitete Vorstellung, als sei es alleinige Aufgabe von Erziehung, den jungen Menschen aus tradierten Abhängigkeiten zu befreien und zur Selbstbestimmung zu führen, nicht auch Einseitigkeiten aufweist, insbesondere, ob solches Denken nicht im Widerspruch zu dem steht, was wir im Alltag praktizieren. Für nicht wenige linke Pädagogen ist die Klassenreise ein Höhepunkt der pädagogischen Arbeit. Weist diese empirische Tatsache nicht darauf hin, daß es uns an einer angemessenen Theorie der praktischen Pädagogik fehlt? Haben wir uns vielleicht fälschlicherweise aufschwätzen lassen, daß die Kategorien der Gesellschaft, die Kategorien von Emanzipation, Interesse, Konflikt die alleine maßgebenden sind? Haben wir vielleicht darüber vergessen, daß solche Kategorien nur dann Sinn haben, wenn sie relativiert werden und wenn an der richtigen Stelle die Kategorien, in denen Reichwein lebte, der Gemeinschaft, der Einordnung, der Solidarität untereinander ebenfalls ihren Platz finden? Arthur Rosenberg warf der politischen Linken in der Weimarer Republik vor, daß sie die Emotionen der Rechten überlassen habe. Müssen wir heute nicht ebenfalls kritisch feststellen, daß die pädagogische Linke sich allzu einseitig Fragestellungen empirischer und rationalistischer Traditionen geöffnet hat, dabei aber andere Traditionen übersehen hat? Könnte, frage ich, Reichwein uns dabei helfen, die pädagogische Linke aus den Verkrustungen zu befreien, in die sie sich selbst hineinbegeben hat und in denen die Konservativen sie heute allzugern festhalten wollen? Könnte vielleicht auf diese Weise eine nicht nur intellektuell überzeugende, sondern auch wirkungsvolle Antwort auf den konservativen Ruf „Mut zur Erziehung" gefunden werden?

Reichwein als typischer Vertreter der Jugendbewegung ist nicht gerade ein Kind der Aufklärung. Viele von uns sehen aber die Aufklärung als die eigentliche Wurzel unseres Denkens an. Reichwein war offensichtlich auch kein Freund der Gewerkschaften, die für ihn abstrakte Großorganisationen waren; er propagierte eine Art Gildesozialismus syndikalistischer Art. Reichwein hatte offensichtlich die politische Überzeugung, als ließen sich Interessengegensätze harmonistisch überwinden. Es ist daher kein Zufall, daß Reichwein dem Kreisauer Kreis angehörte, deren Überzeugungen in vieler Hinsicht dem gängigen Selbstverständnis von Demokratie widersprechen. Wie sie sehe ich Reichwein mehr in der romantischen Tradition Deutschlands als in der aufklärerischen, also in der anderen, nicht in meiner Tradition. Ich nehme zur Kenntnis: Die Linke in Deutschland hat auch eine romantische Tradition; manches, was Reichwein sagt, manches, was die Kreisauer sagten, erinnert – horribile dictu – an das, was wir von Grünen heute hören. Auf solche Verwandtschaft hat beispielsweise schon Hannes Böhringer 1980 hingewiesen. Nicht zufällig werden Übereinstimmungen zwischen Jugendbewegung und Grünen festgestellt. Die Schule von Tiefensee erinnert eher an die von manchen Grünen favorisierte Zwergschule denn an die Mittelpunktschule der GEW.

Der Widerstand gegen Hitler wird bei uns zu Recht gefeiert. Der Kreisauer Kreis genießt hohes Ansehen. Mitglieder des Kreisauer Kreises haben eine wichtige Rolle beim Aufbau der Bundesrepublik gespielt, aber nirgends in der Bundesrepublik haben die überlebenden Vertreter des Kreisauer Kreises eine bestimmende Rolle gespielt. Die Bundesrepublik ist einen anderen Weg – personell und qualitativ – gegangen, als ihn die Kreisauer sich vorstellten. Die ökonomische und gesellschaftliche Krise, in die wir seit den 70er Jahren hineingeraten sind, öffnet uns die Augen für Mängel in unserer Gesellschaft, die durch das enorme Wirtschaftswachstum bisher zugedeckt worden sind. Mit aufmerksamen Augen lesen wir, daß die Kreisauer das Recht auf Arbeit vertraten, ein staatlicher Aufbau wurde gefordert, in dem der einzelne ein Maximum an Eigenverantwortung besitzt; gleichsam von der Basis her sollte sich politische Verantwortung entwickeln. In gewisser Weise seinen Ursprung hatte der Kreisauer Kreis in den Arbeitslagern in Schlesien, in denen in Zeiten steigender Arbeitslosigkeit junge und alte Menschen zusammen Vorstellungen von der Entwicklung der Gesellschaft erarbeiteten. Sind solche Vorstellungen wirklich derart überholt, wie wir dies in den letzten 30 Jahren geglaubt haben?

Die Beschäftigung mit Adolf Reichwein hat mich in einer Überzeugung bekräftigt: Offensichtlich fällt es uns – ob im politischen Bereich, ob im pädagogischen Bereich – schwer, historische Erfahrungen wirklich aufzuarbeiten. Besonders wir Deutsche scheinen die Gesetze der Marktwirtschaft derart verinnerlicht zu haben, daß für uns jeweils nur das existiert, was auf dem Markt besonders gefragt ist. Solches mag ökonomisch in Grenzen seine Berechtigung haben, in der Entwicklung einer Gesellschaft halte ich dies für unmenschlich. Erfahrungen müssen einen einzelnen Menschen reifer und weiser machen, Erfahrungen müssen zu Lernprozessen führen. Was an pädagogischen Moden in den letzten 20 Jahren über uns gekommen ist, führt zwingend zu der Schlußfolgerung, daß wir gemachte Erfahrungen nicht beiseite schieben, um einer neuen Mode zu folgen, sondern aus ihnen lernen müssen.

Adolf Reichwein verkörpert durch seine Person und sein Handeln eine wichtige und legitime Tradition der pädagogischen Linken: die romantische, jugendbewegte Tradition. Sie muß die aufklärerische, rationalistische, wissenschaftsbetonte Tradition, die andere legitime Tradition der pädagogischen Linken, ergänzen und ausbalancieren. Die Erschütterungen, die die Wirtschaftskrise, die Umweltgefährdung, die politische Bewegung der Grünen und andere Entwicklungen herbeigeführt haben, sollten uns ermutigen, uns mit Reichweins Gedanken und Arbeit erneut zu beschäftigen.

Ich plädiere nicht dafür, das Vermächtnis von Reichwein – geprüft oder ungeprüft – einfach zu übernehmen. Ich möchte Reichwein schon mit den Augen desjenigen lesen, der Adorno und Popper im Kopf hat. Aber ich bin froh, Reichwein gelesen zu haben, weil er mir bewußt gemacht hat, daß die pädagogische Linke vielfältige Traditionen hat, deren ganzen Reichtum wir nutzen sollten. Reichwein macht mir erneut deutlich, welchen geistigen Verlust der Faschismus in Deutschland verursacht hat. Er hat nicht nur viele der besten Köpfe ins Exil gezwungen, darunter viele, die nie nach Deutschland zurückkehrten. Er hat nicht nur Deutschland politisch und moralisch zerstört, er hat uns auch direkt, aber auch in der Art, wie wir ihn zu bewältigen versuchten, einen Teil unserer Geschichte genommen und damit unsere Identität verstümmelt. Es ist an der Zeit, dies zu ändern. Überprüfen wir selbstbewußt die gesamte Tradition der pädagogischen Linken, überprüfen wir selbstbewußt unsere nationalen demokratischen Traditionen.

Nach Adolf Reichwein wurden Schulen in der Bundesrepublik benannt, wurden Schulen in der DDR benannt. Adolf Reichwein verkörpert mithin ein Stück der gemeinsamen Kulturnation Deutschland. Auch unter diesem Aspekt tut die GEW gut daran, Adolf Reichwein zu ehren. Er verkörpert den Teil unserer Geschichte, auf den wir stolz sein können. Es wäre widersinnig, sein Handeln und seine Schriften exegetisch auszulegen und zu nutzen. Ihn als vorbildlichen Pädagogen und politischen Praktiker zu sehen, der uns nicht nur viele Anregungen geben kann, sondern der durch Handeln und Tod ein vorbildlicher Lehrer und Deutscher gewesen ist, halte ich für eine Verpflichtung der GEW.

Die Gruppe „Lilienthal“ aus Göttingen sang und spielte Lieder aus der Arbeiter- und Wandervogelbewegung.

Edelweißpiraten

Text: **Herwig Steymans**
Musik: **Hans-Jörg Maucksch**

Sie saßen oft am Märchensee beim Lagerfeuer.
Sie wollten leben, wie es ihnen gefiel.
Der neue Kurs im deutschen Land war nicht geheuer.
Sie wollten frei sein mit Gesang, Gitarrenspiel.
Mit ihrer Kleidung nahmen sie's nicht so genau.
Ganz offen trugen sie das Edelweiß zur Schau.
Und das war gut;
Sie hatten Mut.

Sie hatten nichts im Sinn mit braunen Nazihorden.
Sie hielten nichts von dem Geschrei vom Heil und Sieg.
Was war denn nur aus ihrem Vaterland geworden?
Man schürte offen den verbrecherischen Krieg.
Da gab's nur eins zu tun: Befrei'n wir dieses Land!
Da durfte keiner ruh'n: Wir leisten Widerstand!
Sie hatten Mut:
Und das war gut.
Chorus:
Vielleicht wird morgen schon eine neue Zeit anfangen.
Vielleicht ist morgen schon der Spuk vorbei.
Vielleicht wird morgen schon eine neue Zeit anfangen.
Vielleicht ist morgen schon der Spuk vorbei.

Da gab's 'nen Güterzug mit Kriegsnachschub und Waffen
Und was man sonst noch braucht für einen Völkermord.
Da machten sie sich an den Gleisen kurz zu schaffen.
Der Zug erreichte niemals den Bestimmungsort.
Und Essensmarken vom Parteibüro der Stadt
War'n plötzlich weg und Zwangsarbeiter wurden satt.
Sie hatten Mut.
Sie hatten Mut.

Sie glaubten fest daran, daß sie den Sieg erringen.
Sie glaubten fest daran: aus Schaden wird man klug.
Sie glaubten fest daran, als sie zum Galgen gingen.
Sie glaubten fest daran, als man sie vorher schlug.
Und diese Angst, die hinter jeder Folter steht,
Die ist so groß, daß man den besten Freund verrät.
Versteht man gut!
Versteht man gut!
(Chorus)

Sie stehen heute noch auf manchen schwarzen Listen.
Ich möcht' fast sagen: Heut' ist's wieder mal so weit.
In Amt und Würden sitzen wieder mal Faschisten
Und zum totalen Krieg ist mancher schon bereit.
Nur seh' ich Tausende – und das beruhigt mich sehr –,
Die zeigen offen das zerbrochene Gewehr.
Denn das macht Mut.
Denn das macht Mut.
Chorus:
Und dann wird morgen schon eine neue Zeit anfangen.
Und dann ist morgen schon der Spuk vorbei.
Und dann wird morgen schon eine neue Zeit anfangen.
Und dann ist morgen schon der Spuk vorbei.

Veröffentlicht von der Gruppe "Lilienthal" auf "Wir wollen leben – Lieder gegen den Untergang" (Folk Freak FF 3005/6).

Lilienthal

„Den Sommer den habs ich erfahren …“

SPÄTSOMMERLIED

(M. Hausin/C. Bornemann/Bearb. H.-J. Maucksch)

Herwig: Gesang, Geige
Wolfgang: Gitarre, Gesang
Rainer: Gitarre, Gesang
Hans-Jörg: E-Baß, Gesang

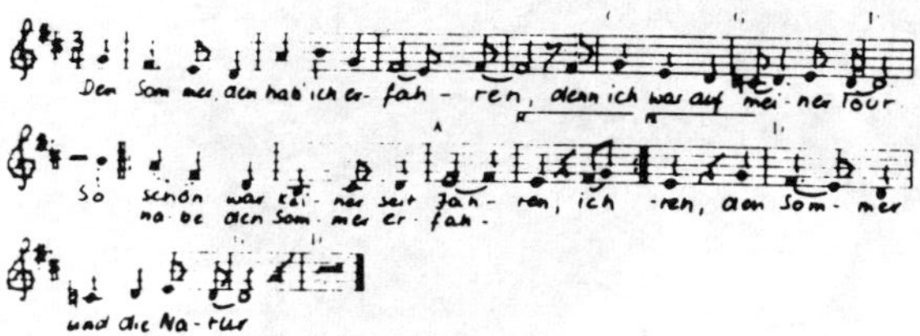

Den Sommer, den hab' ich erfahren,
Denn ich war auf meiner Tour.
So schön war keiner seit Jahren,
Ich habe den Sommer erfahren,
Den Sommer und die Natur.

Die Liebe, die hab' ich erlitten
Und litt doch so manche recht gern.
Ich ließ mich nicht lange bitten,
Was zerbrach, das ist nicht mehr zu kitten,
Wer ging, wird wohl nicht wiederkehr'n.

Die Menschen, die traf ich in Mengen,
Sah einzelne aufrecht steh'n.
Polizist und Soldat sie bedrängen,
Hörte manchen mit Freiheitsgesängen
Dem Tode entgegen geh'n.

Die Lieder, die hab' ich gesungen,
Die wir nicht vergessen soll'n.
Falsch hat's bei Faschisten geklungen,
Denn die haben die Heimat verschlungen,
Die wir neu entdecken woll'n.

Den Frieden, den hab' ich gerochen,
Der Friede roch freundlich, doch scharf.
Mein Mut ist noch ungebrochen,
Wenn auch viele zu Kreuze krochen,
Denn es ist ja an Frieden Bedarf.

Der Sommer, der war nicht verfahren,
Denn ich war auf meiner Tour.
So schön war keiner seit Jahren,
Denn ich habe so vieles erfahren
Von Vater Staat und von Mutter Natur.

Podiumsdiskussion (leicht gekürzt)

Teilnehmer:
Prof. Dr. Hellmut Becker, Berlin
Prof. Dr. Wilfried Huber, Universität Münster (Leiter des Adolf Reichwein Archivs)
Dr. Susanne Miller, Friedrich-Ebert-Stiftung, Bonn
Prof. Dr. Roland Reichwein, Universität Münster
Dr. Dieter Wunder
Leitung: Jochen Schweitzer

Jochen Schweitzer

Ich denke, daß dies keine der üblichen Podiumsdiskussionen ist, in dem Sinne, daß hier jeder auf dem Podium erst ein Statement abgibt, sondern daß wir hier versuchen sollten, die Referenten und das Plenum, die Teilnehmer untereinander, ins Gespräch zu bringen. Vielleicht auch über die Fragen in Zusammenhang mit Adolf Reichwein, die uns am wichtigsten erscheinen und die auch im Anschluß an die Referate deutlich geworden sind. Eine Frage, die besonders junge Pädagogen interessieren müßte, aber auch Lehrer, die an Lehrerseminaren oder an Hochschulen arbeiten, ist: „Wie kann man Adolf Reichwein wieder nahebringen? Wie kann man ihn wieder aktuell machen, wenn doch viele junge Kolleginnen und Kollegen sich durch seine Sprache zuerst einmal abgeschreckt fühlen? Was kann man tun, um auch seine Sprache aktuell zu machen, um ihn besser verständlich zu machen?"

Prof. Dr. Wilfried Huber

Ich darf vielleicht gleich dazu sagen, daß am 16. und 17. November in Osnabrück ein Symposium stattfinden wird, das sich die Frage stellt: „Wie macht man die Substanz der Reformpädagogik, anhand der Beispiele Petersen und Reichwein, trotz der reformpädagogischen Sprache – das kann man hier überspitzt ja so sagen – heutigen jungen Menschen verständlich und zugänglich? Es ist also eine Veranstaltung zu diesem Thema, in der Absicht natürlich, diese Frage auch in der Lehrerbildung wieder stärker in den Blick zu rücken. Auch den Aspekt der Frage, daß Dinge wegen der Sprache geistig nicht mehr verarbeitet werden, obwohl sie es von der Substanz her wert sind; bei aller kritischen Abwägung, die damit verbunden sein muß.

Jochen Schweitzer

Herr Becker hatte das „Schaffende Schulvolk" quasi als Bibel für Lehrerstudenten empfohlen ...

Prof. Dr. Hellmut Becker

Nun ja, mit der Bibel ist es ja auch nicht so einfach mit der Sprache gewesen. Ich würde bei jeder studentischen Gruppe versuchen, ein paar Texte aus dem Dritten Reich, in dieser eigentümlich verkleideten Sprache, zusammenzustellen, um überhaupt einmal diese Technik zu üben. Kein heutiger Student ist je gezwungen, außer bestenfalls im Umgang mit Examen, eine ihm fremde Sprache zu sprechen – auf Deutsch –, sondern ist in der Lage, seine Meinung zu sagen. In Folge dessen hat er zu den ganzen Verkleidungsformen der Sprache überhaupt kein Verhältnis. Diese könnte man an einer Reihe von Texten, übrigens auch literarischen Texten, sehr gut vorweggeben. Dann bleibt aber ein Rest übrig, das ist nämlich Adolf Reichweins nicht verkleidete Sprache, die auch schwierig für die heutige Generation ist. Man muß, glaube ich, erst einmal einiges sagen über die Sprache der Jugendbewegung. Ich habe neulich mit dem Germanisten Lämmert – zu unserer Überraschung vor vielen hundert Leuten – Vorträge über Stefan George gehalten, anläßlich der neuen George-Ausgabe. In diesem Fall ist man noch viel mehr gezwungen, zunächst einmal eine Sprache zu erklären, die außerordentlich unterschiedliche Wurzeln hat. Ich würde also schon denken, daß es zwei Schritte gibt: Es gibt das Problem der Tarnsprache, das muß man einmal kapieren an einer Reihe von Texten, das ist relativ einfach zu leisten, aber notwendig. Das andere ist diese Jugendbewegungssprache, die uns ja nun die merkwürdigsten Äußerungen von ganz von links, auch auf ganz anderen Gebieten, aus den zwanziger Jahren als präfaschistische Literatur erscheinen läßt. Das gilt aber nicht nur für Texte, sondern auch für Filme. Ich würde zum Beispiel mit Studenten in den Film „M" von Fritz Lang gehen. Ein jüdischer Regisseur, ein berühmter Film aus den zwanziger Jahren, alle Cineasten kennen ihn in und auswendig, weil es ein so schöner Film ist. Aber er ist eindeutig auch in seinen Situationen präfaschistisch. Das heißt also, man muß gleichzeitig erklären, daß der Nationalsozialismus nicht als Bosheit vom Himmel gefallen ist und vorher waren alle Leute rein und hinterher wieder. Der Nationalsizialismus steht in einem historischen Zusammenhang, der den Studenten dabei deutlich gemacht werden muß.

Prof. Dr. Roland Reichwein

Ich fand die Bemerkung von Hellmut Becker, daß es mit der Sprache der Bibel ja auch nicht so einfach sei, sehr treffend. Wir unterziehen uns da durchaus der Schwierigkeit des Textes, weil wir wissen, daß es sich dabei um ein Buch handelt, das wichtige Aussagen zu machen hat. Ebenso finde ich, sollte man die Schwierigkeiten mit der Sprache Reichweins auch nicht überbewerten. Diese Diskussion bezieht sich ja wohl

Unter den Gästen u. a. Mitglieder der Familie Adolf Reichweins. Erste Reihe von links: Jochen Schweitzer, der Sohn Adolf Reichweins, Roland Reichwein, die Schwester Kläre Schneider geb. Reichwein, Jochen Vogel (SPD), die Witwe Rosemarie Reichwein und Dieter Wunder.

vor allem auf das „Schaffende Schulvolk“ (Braunschweig, 1964), wenn man dieses Buch einmal liest, merkt man sehr schnell, daß da wichtige Sachen gesagt werden. Deswegen kann man mit den Schwierigkeiten der Sprache auch fertigwerden, wenn man sich für die Sache interessiert, die er da beschreibt. Dieses Wort dort oben („Seht, so schafft eine lebendige Schule heute mit am Gewebe einer neuen Zeit!“) ist übrigens ein Zitat aus diesem Buch, mit dem deutlich gemacht werden soll, daß diese Schule in Tiefensee ein exemplarischer Versuch war, den Reichwein durchaus als einen solchen gesehen hat. Und dazu eine kleine Randbemerkung nebenbei, Herr Wunder: diese Schule sollte durchaus auch zu einer ‚Mittelpunktschule‘ ausgebaut werden, es sollte gar nicht bei der ‚Zwergschule‘ bleiben. Nur ist das nicht mehr geschehen, vor allem deswegen, weil mein Vater doch merkte, daß das mit politischen Auflagen verbunden war, die er in der damaligen Zeit denn doch nicht eingehen wollte.

Ich denke – neben dem was bisher gesagt wurde – daß uns die Sprache Reichweins auch deswegen als ungewohnt erscheint, weil sehr vieles, was wir inzwischen mit Fremdworten auszudrücken gewohnt sind, gerade in den Sozial- und Erziehungswissenschaften, dort noch in deutschen Worten formuliert wird. Ich finde es ganz wichtig, das in dieser Form wieder einmal zu lesen und zu überlegen: wie würden wir das heute formulieren? Im Hinblick auf den Zugang zu dieser Sprache wollte ich – neben dem was Herr Becker eben sagte, daß das von der Jugendbewegung her zu verstehen sei –

noch folgendes anmerken: Zunächst einmal würde ich empfehlen, die Erzählungen, die Reisegeschichten meines Vaters zu lesen („Abenteuer mit Mensch und Tier“ und „Blitzlicht über fernem Land“, Berlin 1954/55), die leider im Moment nicht mehr im Buchhandel zugänglich sind, aber hoffentlich bald wieder aufgelegt werden. Das wäre ein unmittelbarer Zugang zu seiner Sprache, wobei es nicht um die wissenschaftliche Sprache geht, sondern um die Erzählung von Abenteuergeschichten. Das andere, was ich als Zugang empfehlen würde, ist die Selbstdarstellung: „Bemerkungen zu einer Selbstdarstellung“, die auch in der von der Max-Traeger-Stifung herausgegebenen Schrift: „Adolf Reichwein, Reformpädagoge und Widerstandskämpfer, 1898 - 1944“ enthalten ist. Ich glaube, daß man an diesem Text am deutlichsten entdecken und spüren kann, wie diese Sprache (obwohl die „Bemerkungen“ an das NS-Kultusministerium gerichtet waren) mit dem, was ausgedrückt werden soll, wirklich zur Deckung kommt, nicht nur eine vorgeschobene und verdeckte Sprache ist, sondern auch authentisch in ihrer Weise. Reichwein wollte mit dieser Sprache etwas aussagen, was jedenfalls er nur so ausdrücken konnte. Diese beiden Zugänge würde ich denjenigen empfehlen, die sich danach mit dem „Schaffenden Schulvolk“ etwas intensiver auseinandersetzen wollen.

Prof. Dr. Hellmut Becker

Ich würde gerne schnell etwas erläutern zu dem, was Du gerade gesagt hast, mit dem Satz: Stellen Sie sich einen Ministerialrat im Reichskultusministerium vor, 1936 oder 1937, der liest diesen Satz mit Vergnügen, genauso wie ihn die GEW heute mit Vergnügen liest. Das heißt, es ist natürlich ein Satz, der so geschrieben ist, daß der seine Meinung enthielt, aber dennoch den Keim produktiver Mißverständnisse für einen Ministerialbeamten enthielt. Den Studenten diese Doppeleindeutigkeit beizubringen halte ich, ganz unabhängig von Adolf Reichwein, für sehr wichtig.

Prof. Dr. Wilfried Huber

Ich glaube, das ist jetzt doch der Bereich der Kunst, zwischen den Zeilen zu lesen, die im Dritten Reich geübt werden mußte, wenn man sich verständigen wollte, oder etwa auch NS-Verlautbarungen selbst verstehen wollte. Sie ist notwendig, um sich mit jener Zeit überhaupt sinnvoll aus der Perspektive der Nachgeborenen zu beschäftigen. Man hat beispielsweise eine Aussage in einem durchaus auch NS-Ohren zugänglichen Satz, aber hat an einer Stelle dann etwa einen Bezug aus der Geschichte eingefügt, aus dem klar wird, daß die gemeinte Sache erst unter Rückgriff auf die historische Anspielung angemessen verstanden wird; und diese Position war dann nicht NS-mäßig. Die „Deutsche Rundschau“ war so ein Forum, dort hat sowohl Reichwein publiziert als auch Goerdeler. Die Kunst des Zwischen den Zeilen Schreibens und Lesens war dort also eine ausgeprägte Kunst, die eigentlich wieder bewußt gemacht werden muß, wenn man die Zeit verstehen will.

Dr. Dieter Wunder

Ich möchte in einem Punkt ein bißchen widersprechen. Ich habe, als ich das „Schaffende Schulvolk" dieses Jahr in meinem Urlaub gelesen habe, dort eigentlich weniger die dem Faschismus angepaßte Sprache gesehen, als eine Sprache, die für mich dem ähnlicher ist, was Reichwein zum Beispiel über die Pädagogische Akademie vor 1933 formuliert hat. Für mich ist dies also schon ein bestimmter Sprachduktus, in den wir uns erst einmal hineinversetzen müssen. Jochen Schweitzer hat nun gefragt, wie kommen wir da ran? Ich muß ganz offen sagen, ich halte das „Schaffende Schulvolk" für nicht ganz einfach zu lesen. Es ist einfach, verständlich geschrieben, aber es ist in einer Sprache formuliert, bei der viele jüngere Lehrer erst einmal Schwierigkeiten haben. Vielleicht sollte man der Gerechtigkeit halber noch einmal darauf hinweisen, daß meiner Kenntnis nach, das „Schaffende Schulvolk" bei der Ausbildung von Lehrern, auch durch Schüler und Freunde von Reichwein, in den fünfziger Jahren in der Bundesrepublik durchaus eine große Rolle gespielt hat. Aber nun zurück: Wie bekommt man einen besseren Zugang dazu? Ich möchte drei Bemerkungen dazu machen. Zum einen: wir müssen uns stärker unserer eigenen Vergangenheit bewußt werden und, indem wir das werden, uns stärker mit Persönlichkeiten der Vergangenheit beschäftigen. Dann wird uns deren Sprache auch leichter erschließbar. Ich habe darauf hingewiesen, daß wir in unseren kulturellen Traditionen zu große Brüche haben, die wir überwinden müssen. Wenn ich einen gewagten Vergleich vornehmen darf: mir erscheint es charakteristisch, daß Schriftsteller aus der DDR in einer sehr viel stärkeren Kontinuität der Geschichte zu stehen scheinen als das bei vielen Schriftstellern in der Bundesrepublik der Fall ist. Dies hat etwas mit der Kontinuität des Geschichtsbewußtseins zu tun.

Die zweite Bemerkung: Wenn ich an unsere eigene Sprache und die vieler junger Kollegen denke und an das, was man manchmal so aus den Universitäten hört, habe ich schon den Eindruck, daß wir eine bestimmte Art von subjektiver Sprache pflegen und quasi sagen, alles was nicht in diesen Sprachduktus hineinfällt, das teilen wir nicht und das wollen wir auch gar nicht mehr zur Kenntnis nehmen. Wir müssen also auch ein bißchen selbstkritischer sehen, daß wir auch unsere eigenen sprachlichen Möglichkeiten, durch die Moden, in denen wir uns befinden, verarmen lassen.

Drittens, ich weiß nicht genau, ob dies ein realistischer Vorschlag ist. Ich könnte mir vorstellen, daß das „Schaffende Schulvolk" Fruchtbarkeit bei uns entwickeln könnte, wenn sich Erziehungswissenschaftler einmal daran geben würden, dieses Buch in unsere Sprache zu übersetzen.

Prof. Dr. Roland Reichwein

Etwas noch dazu: Ich galube, daß die Erziehungswissenschaftler, wenn sie das tun würden, wahrscheinlich auch auf neue Dinge kommen würden, die sie in der Sprache, mit der sie heute gewohnt sind umzugehen, gar nicht mehr richtig formulieren können und mit denen sie sich gar nicht mehr konsequent beschäftigen. Dies wäre meine Vermutung, nämlich daß die Pädagogen dabei auch auf ganz wichtige neue Ideen kommen könnten.

Jochen Schweitzer

Darf ich zunächst eine Frage aus dem Plenum aufnehmen, denn wir wollten ja untereinander ins Gespräch kommen.

Plenumsteilnehmer

Ich habe in zwei bekannten Publikationen über Reichwein gefunden, daß er einmal in Mexiko war und da heißt es: „hat sich gegen den Aufstand engagiert."

Prof. Dr. Wilfried Huber

Adolf Reichwein war in den Jahren 1926 bis 27 mit Mitteln der Notgemeinschaft der Deutschen Wissenschaft auf einer Reise zunächst nach Amerika, den Vereinigten Staaten. Diese wurde dann von dort aus ausgeweitet nach Alaska. Er fuhr mit einem Schiff, wo er dann auch schnell Hilfsoffizier wurde, über Japan, die Phillipinen nach China. Dort soll er auch mit der Kuomintang in Berührung gekommen sein und sich dort in irgendeiner Weise behilflich gezeigt haben. Wie nun die genaue Konstellation war, kann ich im Moment nicht sagen. Die Sache bleibt unklar im Detail und damit auch in der Bewertung.

Zweitens: Nach der Rückkehr aus Ostasien ist er dann von den Vereinigten Staaten aus nach Mexiko gereist und hat dort mit einem Freund, der gleichzeitig auch Kenner des Landes war, Mexiko durchquert und dabei einiges gesehen. Er hat auch ein Buch geschrieben „Mexiko erwacht". Außerdem schildert eine Reihe dieser Geschichten aus dem Band „Abenteuer mit Tieren und Menschen. Zwischen Fairbanks, Hongkong und Huatusco" Begebenheiten aus Mexiko. In einer dieser Geschichten, aber auch an anderer Stelle wird deutlich, daß er zwar Verständnis für die Motive der Aufständischen hatte, aber in der Sache auf Seiten des damaligen mexikanischen Staates stand. Er hat ja im Prinzip kein negatives Verhältnis zum Staatlichen gehabt. Es ging ihm um eine staatliche Ordnung, in der die Bevölkerung in ihrer Schichtung und mit ihren Motiven leben kann. Also um eine Volksordnung, formuliert etwa mit den Worten seiner „Bemerkungen zu einer Selbstdarstellung", die in der Obhut einer entsprechenden staatlichen Ordnung existiert, weil er sich eine Existenz als Volk ohne staatliche Ordnung nicht vorstellen konnte und wollte. Das zeigt sich auch in der Kreisauer Planung, die in sämtlichen gesellschaftlichen Bereichen nach den Prinzipien von Freiheit, Verantwortung, Ordnung und Führung durchkonzipiert ist.

Prof. Dr. Hellmut Becker

Bei dieser mexikanischen Geschichte würde ich ausdrücklich davor warnen, sie nun in dogmatischer Haltung überzubewerten. Ich habe vor fünf Jahre in Mexiko City auf einer Großkundgebung der Lehrergewerkschaft gesprochen, bei der ich im übrigen gelernt habe, daß man in Lateinamerika auf den Vorsitzenden etwa drei Stunden warten muß, um ihn dann mit Begeisterung und Aufstehen zu begrüßen. Ich kann nur sagen, nachdem ich zwei Tage bei dieser Lehrergewerkschaft war und teilgenommen habe, ist mir völlig schleierhaft, wo meine eigene Partei in diesem Zusammenhang ist, obwohl ich mich bemüht habe, das zu erkennen. Die mexikanischen politischen Verhältnisse sind schon sehr lange Zeit dadurch kompliziert, daß jede Regierung behauptet, sie verkörpere den Sozialismus und dadurch den Sozialismus in die Hand genommen hat. Alle Revolutionäre sind selbstverständlich auch Sozialisten und diese verbalen Sozialisten, die sich im übrigen auch sehr geschickt kapitalistischer Gewandungen bedienen, machen es nach diesem Zeitablauf wirklich fast unmöglich zu sagen, welcher Richtung sich Adolf Reichwein bei einer Kurzreise angeschlossen hat. Auf jeden Fall wird er Freunde gehabt haben und wird mit denen irgendwo zusammengelebt und gearbeitet haben. Ich glaube jedoch nicht, daß man bei dieser Frage durch dogmatische Auslegung sehr viel gewinnt.

Dr. Dieter Wunder

Es gibt dieses Buch: „Adolf Reichwein", herausgegeben von Peter Huber und Adolf Krebs. Dort gibt es unter vielen lesenswerten Aufsätzen einen, den ich als wohltuend empfand, weil er in wenig wissenschaftlichem Gewande einherkam. Das ist der Aufsatz von Gerhard Bauer: „Fahrten, Menschen, Entdeckungen; Reichweins Reiseberichte, Erlebnisse heute gelesen und gedacht." Bauer schreibt hier über den Untersuchungs- und Berichtband „Mexiko erwacht", 1930: „Als Momentbilder nehmen sie fast nichts auf von dem, worum es ihm in seinem Mexikobuch ging. Verständnis für die geschichtliche und weltwirtschaftliche Lage der Mexikaner. Für Revolution. Verständnis und Einsatz für die liberalen, zum Teil befriedenden Vorschläge der wirtschaftspädagogischen Reformpraktiker bis zur Präsidentschaft von Rubio." Jetzt kommt das, worum es mir geht: „Selbst das Grundverständnis für die mexikanische Bauernbevölkerung ‚Das Land denen, die es bearbeiten' ist in seinen Erzählungen nur als Hintergrund zu ahnen. Aber stärker als in seinem Mexikobuch geht er auf beide Seiten im mexikanischen Bürgerkrieg ein. Grausam sind beide, wo sie es können. Aber auch sein und unser Mitleid gilt beiden Seiten. Aber die gewisse staatspolitische Härte, wie in seinen Analysen über die Position Rubios ist in den Geschichten kein Platz und kein Grund. Reichwein zeichnet hier die Verhetzung der Rebellen durch die fanatische Geistlichkeit, im Geiste der Konquistadoren. Priester mit dem Kreuz und dem Schwert. Mit dem Schlachtruf Eviva Christo Rey gegen die teuflische moderne Regierung. Aber ihnen folgen die Massen in der Bergdörfern und das sind keine Herren und Eroberer, sondern arme ausgemergelte, landlose Bauern, zumeist Indios. Auf der Gegenseite kämpfen unter einem harten Durchgreifer und ein paar Offizieren ebenfalls Bauern, genügsame, stumpf gehorsame, in Uniform gesteckte Indio-Bauern. Sie haben ihrerseits mit der gleichen Verbissenheit von ihren oberen den Klerus hassen gelernt, obgleich sie den einzelnen, zum Teil bekannten Pfarrern, kein Haar krümmen würden. Sie lachen roh zu den Torturen und Verlusten, die sie den anderen zufügen. Reichwein kann, an die Front dieses Kampfes, Bruder gegen Bruder, gestellt, keiner Seite recht geben. Er leidet nur mit, fühlt sich selbst zerrissen durch die gegenseitige Abschlachtung. Er sucht die Schuld nicht bei ihnen. Er klagt uns an, Europa, die Parolen, mit denen wir sie aus der Ruhe ihres Tages aufhetzen, für heilige Kirche und heiliges Eigentum oder für den Staat. Er bekennt eine Scham, daß wir Europäer das tun und daß die gutwilligen, kritischen europäischen Menschen dieses heute noch geschehen lassen. Etwas von dieser Scham teilt er uns heute noch mit, fünfzig Jahre später in einer weiterhin massiv ungleichen Entwicklung der Welt, die nach wie vor Spaltungen, Aufhetzungen, Bürgerkriege, vor allem für die ärmsten Völker produziert.“

Jochen Schweitzer

Ich wollte gern anschließend ein weiteres Thema ansprechen: Pädagogik als Abenteuer, oder der Lehrer als Abenteurer, gibt es das heute noch, oder ist es etwas was außer Mode gekommen ist, obwohl wir es eigentlich als Daueraufgabe begreifen müßten? Lernen mit Kopf und Hand, vielleicht müßte man die Reihenfolge sogar ändern, Lernen mit Hand und Kopf. Was wäre das für ein Thema hier, gerade auch heute bei unserem Podium.

Außerdem wollten wir dann noch das Thema des politischen Pädagogen, was heißt das eigentlich heute, kann man als unpolitischer Pädagoge überhaupt noch in den Schulen arbeiten, anschneiden. Das sind die beiden Themen, die wir auch noch diskutieren wollten. Ich sage dies vorab, damit wir uns nicht in einem Strang zu weit vom Thema Reichwein entfernen. Beide Fragestellungen würde ich gerne hier noch ansprechen, was aber nicht heißt, daß ich hier jetzt irgendjemand abwürgen will.

Plenumsteilnehmer

Vielleicht kann man da überleiten. Mir hat es sehr gefallen, was hier über die Sprache gesagt wurde. Ich weiß aber nicht, ob da immer der richtige Akzent gesetzt worden ist. Beispielsweise, wenn moderne Pädagogen von einem sozial integrativen Erziehungsstil reden, dann sprechen sie eine sehr wichtige Sache an. Bei Reichwein heißt das schlicht Arbeitsgemeinschaft. Ich frage mich, wer da das bessere Deutsch spricht und warne unsere Erziehungswissenschaftler vor dem Urteil der Geschichte. Wenn etwa das Wort Schulvolk hier anklingt, dann sollte man daran denken, wie leicht wir es haben, den Sprung zur Volkspartei zu machen, aber von Schulvolk zu reden, das ist unmodern. Reichwein spricht nicht nur von Schulvolk, sondern auch von Industrievolk. Auch da liegt etwas sehr Modernes bei Reichwein, was im Zusammenhang der Gewerkschaftsbewegung hier noch angesprochen werden müßte. Arbeitsgemeinschaft ist bei Reichwein nicht nur ein Erziehungsprinzip, sondern hat auch zu tun mit der Vorstellung von der gesellschaftlichen Verfassung. Der Begriff hat zu tun mit dem, was wir heute Mitbestimmung nennen, und zwar Mitbestimmung nicht auf der hohen Ebene eines Reichswirtschaftsrats oder Bundeswirtschaftsrats, oder solcher Dinge, sondern Mitbestimmung am Arbeitsplatz. Der Gedanke von Mitbestimmung, die aus einer Art der Erziehung, einer Art der Pädagogik wächst. Dabei müssen wir uns fragen, woran ist die Mitbestimmung bei uns, in unserer Gesellschaft gescheitert. Möglicherweise daran, daß die Mitbestimmung, an die Reichwein gedacht hat, in der Schule oder im Unter richt nicht so verwirklicht worden ist. Dieses Mitbestimmen am Arbeitsplatz wurde nicht so eingeübt, wie wir es brauchen. Ich kann mir vorstellen, daß da ein Strang ist, wo man Reichwein wirklich modernisieren und legitim auf unsere Probleme anwenden kann.

Dr. Dieter Wunder

Ich denke, wenn wir heute über die Sprache reden und die Sprache kritisieren, dürfen wir auch nicht vergessen, daß und wie die alte Sprache mißbraucht worden ist, und daß man sich heute schämt, diese alte Sprache, die so mißbraucht worden ist, noch so zu benutzen. Ich denke, wir sollten jetzt zum zweiten Themenkomplex übergehen, Lehrerpersönlichkeit. Reichwein, der Lehrer oder der Pädagoge als Abenteurer, wie könnte man das heute beleben, gerade im Hinblick auf das, was wir Lernen mit Kopf und Hand nennen. Ich wurde in der Pause von einer Kollegin angesprochen, die meinte, in dem was ich zum Beispiel angesprochen hätte, werde doch wohl verkannt, was der Grund sei, aus dem heraus viele Lehrer heute handeln. Ich will es anders formulieren, ich glaube, daß zwischen dem, was viele Lehrer, nicht alle, praktisch tun und dem, wie wir darüber reden eine sehr große Diskrepanz besteht. Ich kann zum Beispiel die Klage darüber nicht teilen, daß es heute unter jüngeren Lehrern keine Persönlichkeiten mehr gäbe, keine Originale, um es mal so populär zu sagen. Ich meine, wenn man in die Schulen hineingeht und sieht, wie die Kollegen arbeiten, dann kann man tatsächlich feststellen, daß es viele Kollegen gibt, die wirklich das Pädagogische in der Vordergrund ihrer Arbeit stellen und enorm erzieherisch auf ihre Schüler wirken. Was uns allerdings fehlt, oder was zumindest ein Aspekt der Probleme ist, es fehlt uns offensichtlich daran, dies in einer angemessenen Weise in Sprache darzustellen und nach Außen zu bringen. Ich glaube, darin liegt ein großes Problem. Anders ausgedrückt: Unsere Schule ist in vielen Teilen besser, als sie öffentlich dargestellt wird.

Prof. Dr. Hellmut Becker

Ich glaube, das Gejammer über die fehlenden Lehrer-Persönlichkeiten ist so ähnlich wie das Gejammer über die nichts mehr wissenden Schüler. Ein dankbares Thema seit dem heiligen Augustin, das können Sie durch die ganze Geschichte verfolgen. Die Schüler wissen immer weniger und das wird jedesmal von der Generation vor ihnen deutlich festgestellt. Genauso ist es mit dem Mangel an Lehrerpersönlichkeiten. Jeder bedeutende akademische Lehrer hat sich für einen bedeutenden akademischen Lehrer gehalten und hat noch etwas dazu beigetragen, den Kummer über die Nachfolger zu verbreiten. Die Schwierigkeit mit dem Abenteuer liegt an einem ganz anderen Punkt, nämlich an der bürokratischen Entwicklung der Schule. Die verwaltete Schule ist natürlich in dieser Beziehung schwieriger, als die Schule der zwanziger Jahre. Wenn Sie sich überlegen, daß die Karsensche Schule, die schließlich ganz schön abweichend von der normalen war, als staatliche Schule in Berlin abgelaufen ist – natürlich mit Auseinandersetzungen, aber ohne unmittelbare Gängelung. Ich nenne dies jetzt nur als Berliner Beispiel. Die ganze Entwicklung der Landerziehungsheime, die ja ursprünglich gegen die staatlichen Unterrichtsprogramme gerichtet war, war auch möglich. Ich glaube, daß das was notwendig wäre, ist, daß die abenteuernden Lehrer, die es durchaus gibt – mehr als man denkt – besser geschützt werden. Vielleicht könnte sich die Gewerkschaft nicht nur der Verteidigung legitimer Rechtsansprüche, sondern vor allem dem Schutz des abweichenden Lehrers zuwenden. In vielen Fällen geschieht das, das ist mir durchaus bekannt, aber ich glaube, es ist im Ganzen immer noch so, daß zum Beispiel Lehrergruppen, die sich privat eine neue Lehrmethode aneignen, in der Praxis Schwierigkeiten bekommen. Die Unbeholfenheit – da ich mal Jurisprudenz gelernt habe, würde ich sagen aufgrund schlechter Jurisprudenz –, die sich in den Ministerien zu Ausnahmen nicht in der Lage sieht, macht das alles ungeheuer kompliziert. Irgendjemand hat heute dieses Wort von Reichwein als Freibeuter am Rande der Sozialdemokratie benutzt. Auch am Rande der verwalteten Schule muß es Freibeuter geben, wenn sie nicht versteinern soll. Dies ist eine komplizierte Aufgabe und für junge Lehrer, die das in ihren Zusammenhängen noch nicht gleich überschauen können, außerordentlich schwierig zu leisten. Gerade darin kann man von der gesamten Existenz von Reichwein sehr viel lernen.

Prof. Dr. Wilfried Huber

Ich wollte eigentlich hier an dieser Stelle noch einmal darauf hinweisen, daß Reichwein als ein Mann mit vielen Vorphasen seines Lebens, als ein Mann mit breiter Erfahrung, nach Tiefensee gegangen ist. Das ist ja etwas, was heute beim Weg von der Schule über die Universität zurück in die Schule in vielen Fällen nicht gegeben ist. Es ist das abenteuernde Element und der erschwerte Lebensweg. Heute wenn ein junger Lehrer hereinkommt, ist das anders. Auch da wäre zu überlegen, ob etwa Entwicklungsdienst nicht karrierehemmend sondern eher fördernd sein könnte. Außerdem möchte ich mich an die Diskussion im Kreisauer Kreis anschließen, die bis zur Formulierung des schulprogrammatischen Teils 1942 stattfand und dort auch noch enthalten ist. Nämlich da, wo von den Stufen des Könnens und den Stufen der Mitverantwortung die Rede ist. Es ist also durchaus das Konzept einer Schule, in dem in der Schule an ein Mehr an Mitverantwortung, das auf die Mitverantwortung in Politik und Wirtschaft zielt, gedacht war. Das kann ich jetzt nicht weiter ausführen, obwohl es bis zur Mitverantwortung von Betrieben und Betriebsgewerkschaften für die Umwelt reichte. Auch das war damals schon ein Thema. – Das zweite ist, daß in einer frühen Phase der Diskussion, bzw. in einem Entwurf, der im wesentlichen von Reichwein stammen dürfte, zur Sprache kam, daß für die positive Wende, wie er das damals in dieser Denkschrift von 1941 genannt hat, eine Umgewichtung des Verhältnisses von Schule und Schulaufsicht notwendig sei. Die Schulaufsicht sollte in pädagogischer Akzentuierung umgewichtet werden. Das heißt ja auch: mehr Gestaltungsspielräume für die einzelne Schule; und, daß Reichwein nicht nur an den einzelnen Lehrer gedacht hat. – Sicher ist auch, bei den damaligen 50 000 Klein- und Zwergschulen unter den Volksschulen in Preußen verständlich, noch stark an kleine Schuleinheiten gedacht worden. – Aber die Kernvorstellung war doch, daß die Schulen, vielmehr die Lehrerschaften der einzelnen Schulen, pädagogisch-kulturell produktive Gruppen sein beziehungsweise werden sollten. Dafür benötigten sie jedoch einen Gestaltungsspielraum und eine in diesem Sinne unterstützende Schulaufsicht.

Prof. Dr. Roland Reichwein

Die Formulierung „Erziehung und Politik als Abenteuer" ist, glaube ich, eine der gelungenen Hellmut Beckerschen Formulierungen, die mir aber etwas Unbehagen bereitet. Mir wäre es lieber, von einer Pädagogik des Wagnisses, oder, um ein Fremdwort zu benutzen, des Risikos zu sprechen. Ich glaube, der Kern der Sache oder das pädagogische Risiko, das Adolf Reichwein eingegangen ist, bestand darin, daß er die Forderung Autorität aufgrund von Vorbild zu sein, sehr ernst genommen hat. Er wollte Vorbild für seine Schüler sein und damit war für ihn der Anspruch verbunden, wirklich alles besser zu können als die Schüler, um es ihnen vormachen zu können. Darin liegt eine Herausforderung für den Lehrer und auch ein Risiko und ein Abenteuer, wenn man es so will. Aber man darf sich das nicht so vorstellen, als wäre er sozusagen in See gestochen und kreuz und quer dahingeschippert. Er hatte dabei schon eine ganz klare Konzeption oder hat sie wenigstens im Laufe der Jahre in Tiefensee entwickelt. Abenteuer ist hier nicht so zu verstehen, als wäre das etwas Beliebiges, ein willkürliches Hin- und Herkreuzen, sondern es war die Entwicklung und die Suche nach einem pädagogischen Konzept, das in sich stimmig sein konnte. Das auch als Ganzes gesehen werden muß und nicht nur in seinen einzelnen Aspekten oder interessanten Einzelunternehmungen. Alles das gehört in ein Gesamtkonzept, und als ich mich jetzt wieder mit meinem Vater beschäftigt habe, fand ich das Faszinierende daran, daß hier Grundzüge oder Grundmuster eines sehr weit gespannten pädagogischen Konzepts sichtbar werden, bei dem es immer noch lohnt, sich heute wieder damit auseinanderzusetzen. Das ist ja auch dankenswerter Weise von Herrn Wunder sehr deutlich angesprochen worden.

Dr. Susanne Miller

Ich möchte die Frage stellen, ob dieses Konzept, über das hier gesprochen wurde, ob Pädagogik und Politik als Abenteuer nicht sehr eng mit der Persönlichkeit von Adolf Reichwein verbunden war. Könnte dieses Konzept nicht gefährliche Züge annehmen, wenn man es generalisieren würde? Dies ist meine ängstliche Frage, insbesondere auch an meine Kollegen von der GEW, ob sie gut beraten wären, gerade auch diese Parole in den Vordergrund zu stellen. Ich war sehr beeindruckt von der Rede von Dieter Wunder. Aber eine Parole „Pädagogik als Abenteuer" würde ich, um ein Modewort zu gebrauchen, für die GEW für kontraproduktiv halten. Das ist gerade das, was der modernen Pädagogik, wie sie auch von der GEW repräsentiert wird, vorgeworfen wird. Nicht daß sie zu viele Abenteuer, aber daß sie zu viel Unsicherheiten bringt, daß sie zu viele Experimente anstellt, daß sie nicht genügend Ausdauer hat, eine Sache zu verfolgen, sondern von einer Sache zur anderen springt und dabei zu viele Risiken eingeht. Keine Risiken für die Lehrer, aber Risiken für die Schüler und die Erziehung generell. Darum möchte ich – das klingt vielleicht kleinmütig – sagen, ein bißchen Vorsicht mit der Parole „Pädagogik als Abenteuer".

Plenumsteilnehmer

Ich würde gerne anknüpfen an die Bemerkung von Professor Becker über die wagende und experimentierende Pädagogik, die von einer verwalteten Schule eingeschränkt und genormt wird. Kommt da nicht noch was anderes hinzu? Erziehung als ungeteilter Prozeß muß ja auch berücksichtigen, wie Erziehung im Elternhaus stattfindet. Für mich besteht in der Tat die Frage, ob wir heute noch Eltern haben, die als Erziehungsberechtigte eine solche experimentierfreudige Pädagogik zulassen. Ist nicht aus deren Sicht das Wort Abenteuer damit abgeschlossen, daß man den Kindern Videokassetten von Abenteuerfilmen zu konsumieren gibt. Aber ein Satz wie: „Wie schade, daß kein Sturm war," dieser Satz, heute von einem Lehrer gegenüber Eltern gesprochen würde in der Tat möglicherweise die Drohung mit verwaltungsgerichtlichen Prozessen nach sich ziehen.

Plenumsteilnehmer

Ich möchte etwas ähnliches sagen. Nach dem Krieg, als ich Lehrer wurde, konnte ich den Schülern noch sagen: „Nächste Woche bringt ihr eine Mark mit, wir gehen dort und dort hin. Da ist nämlich eine wichtige Baustelle." Ich habe den Maurern und Zimmerleuten Bescheid gesagt und damit war die Sache abgetan. Oder ich sagte: „In den nächsten sechs Wochen fällt der Unterricht hier aus, das Frankfurter Goethe-Haus wird aufgebaut." Ich bin dann mit meinen Zimmerleuten und meinen Maurern dorthin und habe beim Aufbau geholfen. Ich habe noch nicht einmal den Schulrat gefragt. Wenn er das gewußt hätte, hätte er bestimmt nichts dagegen gehabt. Wenn ich heute einen Ausflug machen will, so muß der ein Jahr vorher in einer Konferenz genehmigt werden und wehe, wenn die Bürokratie dahinterkommt, daß der Ausflug ohne diese Genehmigung stattfand. Hier besteht doch eine starke Hemmung, ich würde nicht sagen am Abenteuer, aber die Pädagogik muß mit Phantasie verbunden sein. Das heißt, ich muß kalkulieren können, wo springt das Beste für meine Schüler heraus, wo kann ich eine Gelegenheit beim Schopf packen und sie benutzen.

Plenumsteilnehmer

Ich knüpfe daran an, was meine Vorredner eben gesagt haben. Wir erleben doch, wenn man auf drei Jahrzehnte eines Schullebens zurückblickt, daß so eine Pädagogik stärker denn je unterdrückt wird. Es tragen aber alle dazu bei. Es wird geklagt von Eltern; es wird geklagt von Lehrern; es wird geklagt von Parteien und immer wieder wird neues Recht geschaffen. Neues Recht bis zur letzten Instanz und schon ist wieder ein Stückchen Freiraum eingeengt oder zum Erliegen gekommen. Das, meine ich, ist viel schlimmer, als es jetzt unmittelbar einer konkreten unteren Aufsicht anzulasten wäre, oder wem auch immer. Daran läßt sich auch noch festmachen, daß ich vor fünfzehn oder zwanzig Jahren einer anrufenden Mutter die Versetzungsordnung oder Teile daraus am Telefon erläutern konnte, ohne nachzuschlagen. Heute verfange ich mich in einem Gestrüpp von Richtlinien und Paragraphen, die mich schlichtweg überfordern, auf Anhieb eine Auskunft zu geben. Das wird von Oben gesetzt, es gibt eine Menge Klagen, ich könnte das nachweisen, die gemacht wurden, um dort wieder etwas festzumachen und dort wieder etwas festzumachen und dort wieder etwas zu reglementieren. Das ist doch die Crux, in der wir heute stecken.

Prof. Dr. Wilfried Huber

Ich glaube, daß wir hier jetzt an dem Beispiel der Pädagogik als Wagnis etwas erleben. Ein Bonmot, das in Grenzen gemeint war und in Grenzen richtig war, ist etwas überdehnt worden. Wenn man von Reichweins eigener Formulierung ausgehen wollte, dann hat er im „Schaffenden Schulvolk" etwa auf dieser Abstraktionsebene gesagt, daß es darum gehe zu wissen, wann man bewahren soll und zu wissen, wann man wagen soll. Das heißt, es ist jeweils eine situationsbezogene Entscheidung. Von daher würde auch seine Pädagogik – da bin ich zuversichtlich –, wenn man sie liest und sich durch den Kopf gehen läßt, nicht zu solchen gefährlichen Wagnissen führen. Sondern es könnte sich durchaus ein, bezogen auf Kind und gesellschaftliche Situation, abgewogenes Verhalten des Lehrers ergeben. Dieses Konzept sei nur als Orientierungsmarke genommen, weil jeder Lehrer sein eigenes Konzept aus seinen eigenen Möglichkeiten entfalten muß. Gerade darauf hat Reichwein großen Wert gelegt. Ein Konzept sollte nicht als eine jeweils wechselnde Mode aufgedrückt werden, mal diese Strömung, mal jene Strömung. Aber dazu käme als zweites, daß man sich klarmacht, daß diese Freiräume durch die Zunahme der Regelungsdichte heute ebenfalls bedroht sind. Diese Regelungsdichte hängt zum Teil auch mit erwünschten Prinzipien zusammen. In Nordrhein-Westfalen ist die Regelung über die Mitbestimmung der Eltern so backsteindick. Der Schulleiter muß nachschlagen, ehe er überhaupt etwas machen kann. Oder er muß den Elternrat überzeugen, daß sie doch ein bißchen darüber hinausschauen, wenn sie sinnvoll handeln wollen. Dieses Problem der Regelungsdichte ist meiner Ansicht nach für diese ganze Diskussion sehr wichtig.

Dr. Dieter Wunder

Für mich war klar, daß Hellmut Becker hier auf ein anthropologisches Merkmal hingewiesen hat und nun nicht das Abenteuer, wie es Frau Miller befürchtet hat, als Prinzip in die Schule einführen will. Auf Reichwein bezogen wird sicherlich aus allen seinen Äußerungen sehr deutlich, daß er ein sehr hohes Verantwortungsgefühl hatte. Die Schule in Tiefensee war keine Experimentierschule in dem Sinne, daß man mal dies und mal jenes ausprobiert und dann sieht, was rauskommt. So hat Reichwein Schule sicher nicht verstanden. Das konnte ich jedenfalls aus nichts entnehmen. Aber noch einmal zurück zu dem, was hier wesentlich ist. In diesem Punkt scheint ja auch Übereinstimmung zu bestehen. Wirklich gute Schule wird man nur machen können, wenn die pädagogische Eigenverantworutng des Lehrers größer ist. Angesichts der ganzen Klagen, die hier kommen, will ich es auch noch einmal positiv sagen. Die ganze Verrechtlichung hat natürlich auch einen sehr positiven Aspekt: Auch Schüler und Eltern haben Rechte und darauf muß man Rücksicht nehmen. Jedoch befinden wir uns, meiner Ansicht nach, bei der Art und Weise, wie dieser Verfassungsgrundsatz verwirklicht wird, völlig auf dem Holzweg. Ich will das anhand des Problems der Mitbestimmung verdeutlichen. In dem Moment, wo Eltern – jedenfalls im Durchschnitt – wirklich das Gefühl haben, daß sie von den Lehrern und von der Schulleitung als Partner ernst genommen werden und daß ihre Überlegungen und ihre Einwände, die sich auf die Schulpraxis beziehen, berücksichtigt werden, dann braucht man gar nicht in Paragraphen nachzusehen, sondern da wird dann Verantwortung wirklich praktiziert. Wir begehen anscheinend überall, gerade was die Verrechtlichung von Schule anbetrifft, den Fehle r, daß wir alleine von Paragraphen ausgehen und nicht von der Frage: Wie sieht eigentlich gemeinsame Verantwortung gelebt aus?

Zu der Frage „Wieso haben wir diese Verrechtlichung?" möchte ich noch drei böse oder polemische Bemerkungen machen. Die erste betrifft die Lehrerausbildung, vielleicht weniger an der Universität, weil sie dort zu theoretisch gehandhabt wird, aber im Hinblick auf die Studienseminare läßt sich feststellen, daß die Ausbildung von Lehrern doch viel zu sehr unter dem Gesichtspunkt geschieht, daß sich die Referendare überhaupt erst einmal in die Schule einpassen müssen. Es ist keine Erziehung zu abweichendem Verhalten und gerade dies wäre meines Erachtens nach notwendig und dementsprechend müßte dann auch die Schulverwaltung reagieren. Daran fehlt es natürlich manchmal auch.

Zweiter Punkt: Ich glaube, daß in vielen Bundesländern für das Schulwesen Beamte zuständig sind, die sich das Schulwesen letztlich wie einen Verwaltungsvorgang vorstellen. Sie verstehen nicht, daß Schule mit Verwaltung eigentlich nur sehr wenig zu tun hat und daß Verwaltung nur Dienstleistung für den eigentlichen pädagogischen Prozeß zu sein hat. An dieser Stelle müßte wohl ein Umdenken in der Verwaltung einsetzen.

Dritte Bemerkung: Ich glaube auch, daß sowohl die Schulverwaltung als auch die Lehrer selbst auf Rechtsprechung zu Schule falsch reagieren. Ich will das am Beispiel dieses Sturmes oder der Klassenreisen einmal kurz andeuten. Durch die Unfallbestimmungen, die wir haben und die wir beachten müssen, werden wir eigentlich in der Schule immer mehr dazu gezwungen, alles mögliche nicht zu machen. Wenn ein Unfall geschieht, besteht die Reaktion der Schulverwaltung nicht darin, daß gesagt wird, da haben wir eine Versicherung, es ist alles abgedeckt, sondern es wird sofort geklärt, wie kann man in Zukunft verhindern, daß ein ähnlicher Unfall zustandekommt. Das heißt, die Versicherung, die Versicherungsbedingungen und unser Versicherungsdenken – es soll ja nichts passieren – schränken immer mehr ein, was gemacht wird. Dies hat zur

Folge, daß sich ein Lehrer, der sich danach ausrichtet, und jetzt würde ich tatsächlich sagen, nicht ein bißchen auf die eigene Kappe nimmt, daß der sich erst einmal stundenlang über Versicherungsbedingungen unterrichtet und dann die Klassenreise unterläßt. Denn unter Versicherungsbedingungen kann man keine Klassenreise machen, das ist völliger Unsinn. Also noch einmal umgekehrt, welche Hilfe finden wir als Gewerkschaft, finden wir als Lehrer oder welche Hilfe geben uns die Erziehungswissenschaftler, aber auch die Juristen – Herr Becker, denn Sie gehören ja auch zu dieser Zunft –, um uns von der Juristerei freizumachen. Das finde ich für Schule sehr wesentlich.

Prof. Dr. Hellmut Becker

Zunächst einmal habe ich von Pädagogik und Politik als Abenteuer und nicht von GEW als Abenteuer gesprochen. Um Ihnen zu zeigen, was das alles umfaßt, will ich Ihnen zwei Beispiele geben, die vielleicht ganz interessant sind. Als Kind wurde es meiner Schwester und mir einmal etwas zu schwierig, auf die Schulen zu gehen, deren oberster Dienstherr mein Vater war. Wir haben es durchgesetzt, daß wir auf ein süddeutsches Landerziehungsheim kamen. Es wurde von Kurt Hahn geleitet, der dem einen oder anderen von Ihnen noch ein Begriff sein wird. In dieser Schule passierte nun folgendes. Kurt Hahn, der ein sehr bedeutender Erzieher war, ging vormittags durch die Schule und sagte: „Es ist furchtbar langweilig. Die Lehrer sind langweilig und die Schüler sind langweilig. Wir lassen ab zehn Uhr den Unterricht ausfallen und die ganze Schule spielt Indianer und Trapper." Noch ein anderes Beispiel. Nach dem Kriege hat den Aufbau der Pädagogik in Hessen sehr maßgeblich eine sozialistische Pädagogin beeinflußt, Minna Sprecht, eine enge Freundin von Frau Miller. Minna Sprecht ging in die Klasse und bemerkte mit ihrem erfahrenen Lehrerauge sofort, daß da munter abgeschrieben wurde, aber sehr vorsichtig, und sagte: „Kinder, schreibt ruhig ab, wenn Ihr meint, daß es Euch hilft." Dies ist vom Standpunkt normaler Klassenarbeiten aus betrachtet eine recht gewagte Äußerung. Trotzdem, es ist ihr gelungen, dieses Abschreiben in wenigen Wochen in dieser Schule zurückzudrängen. Später ist dann auch wieder abgeschrieben worden. Man soll das mit dem Abschreiben ja nicht zu tragisch nehmen. Es ist ein Bestandteil des Konformismus. In Salem zum Beispiel wurde nicht abgeschrieben, während auf meiner Berliner Schule natürlich abgeschrieben wurde. Einfach weil das so üblich war und man sich als Schüler entsprechend den Verhältnissen einzurichten weiß. Worauf ich hinausmöchte ist, daß Pädagogik und Schule ohne den Willen zur Veränderung nicht existieren kann und jede Veränderung in einem geschlossenen System ist ein Wagnis. In China findet alle Pädagogik seit zweitausend Jahren nach der gleichförmigen Methode ‚Vortragen und Nachsagen' statt. Ich sagte nun in einer pädagogischen Fakultät, daß ich dies im Hinblick auf das Kommen der Industriegesellschaft für unkreativ halte. Darauf wurde mir geantwortet, wir halten das auch für völlig falsch, aber wenn wir das den Lehrern sagen, dann bricht die Schule zusammen. Wir brauchen zweihundert Jahre um ein zweitausendjähriges System langsam zu ändern. Das ist natürlich in mancher Beziehung auch unser Problem. Nur ohne risikobereite Lehrer läßt sich überhaupt nichts ändern. Damit komme ich auf die

Juristen zurück. Überwiegender Teil der juristischen Sorgen ist ja linke Weinerlichkeit der Lehrer. Entschuldigen Sie, wenn ich das einmal ganz klar sage. Die Vorstellung, daß alle Lehrer haftungsmäßig mit einem Fuß im Zuchthaus stehen ist einfach falsch. Selbst wenn Sie mir sofort einen Ministerialbeamten vorweisen, der das schon einmal gesagt hat. Es ist notwendig, daß die Schule nicht mehr als eine eigenständige Anstalt im luftleeren Raum stattfindet, sondern im Rechtsstaat steht. Daran haben wir alle ein lebhaftes Interesse. Die Schule im Rechtsstaat führt natürlich unter Umständen zu Auseinandersetzungen. Deswegen benötigt der Lehrer einen Rechtsschutz, sei es durch die vorgesetzte Behörde, sei es durch die Gewerkschaft. Diese Auseinandersetzungen im Rechtsstaat, die gehören einfach zum modernen Leben dazu. Als ich Institutsdirektor war und mein Betriebsrat zum ersten Mal eine Klage angestrengt hat, glaubten sie, das würde unser Verhältnis ungeheuer trüben. Ich sagte dann: „Das trübt unser Verhältnis überhaupt nicht. Das Recht ist ein Interessenausgleich, dafür haben wir es geschaffen. Klagen sie ruhig, nur werden Sie verlieren."

Wir müssen uns also nicht gegen dieses Recht als solches wehren, sondern wir müssen lernen, mit diesem Recht zu leben. Ich bin der Ansicht, daß ein sehr leicht zu überwindender Fehler in der Lehrerausbildung liegt, die die jungen Lehrer juristisch ungebildet in die Schule entläßt. Ich bin jedoch nicht der Meinung, daß das Recht die Katastrophe der Schule ist, sondern die Katastrophe ist die Verwechslung von Recht mit Bürokratie, eher ein deutsches Problem. Es scheint mir, wenn ich sage Pädagogik als Abenteuer, daß das Abweichende, das Neue immer gegen Widerstände durchgesetzt werden muß. Gegen Widerstände, die auch für den Lehrer Ärger mit sich bringen; angefangen mit den Kollegen. Die Kollegen sind dagegen, daß Sie bestimmte Zensuren nach anderen Prinzipien geben. In Bayern ist es üblich, daß man die Arbeiten, die ein anderer Kollege zensiert hat, noch einmal nachrechnet, um ihm das bei passender Gelegenheit vorzuhalten. Es gibt also in den Möglichkeiten, die Initiative einzuschränken, unabhängig vom Recht, beliebig viele Formen der unter den Lehrern herrschenden konformistischen Systeme. Wenn ich von Pädagogik als Abenteuer sprach und dabei an Reichwein dachte, dann in dem Sinne, daß das was man selbst für erzieherisch notwendig erachtet, die Leitschnur ist und daß man versucht, diese Leitschnur auch gegen Schwierigkeiten durchzusetzen. Ich war einmal auf einer Schule, in der es statt Betragenszensuren eine Zensur gab für die Fähigkeit, das als richtig Erkannte auch unter widrigen Umständen durchzusetzen. Ich finde dies ein gesundes Prinzip und in diesem Sinne meine ich Abenteuer und in diesem Sinne, Frau Miller, werden wir uns sicherlich schnell einigen können. Ich würde allerdings sagen, daß unser ganzes politisches System, vorsichtig ausgedrückt, die Abenteuer an der falschen Stelle unternimmt.

Plenumsteilnehmerin

Ich glaube, ich kann das fortsetzen. Ich denke, daß das pädagogische Selbstbewußtsein die Antwort ist, die ich als Lehrer heute bei Reichwein finden kann. Die stößt dann nicht auf taube Ohren, wenn ich das, was ich in der Schule tue, nämlich verantwortlich mit Kindern und Jugendlichen umzugehen, ernstgenommen habe. Dies ist bereits dieses pädagogische Selbstbewußtsein. Es ist wahrscheinlich an der Zeit, sich das auch in der GEW etwas stärker zu Bewußtsein zu bringen. Nachdem wir es jetzt mühsam geschafft haben, unser gewerkschaftliches Bewußtsein zu stärken, sollten wir auch dieses pädagogische Selbstbewußtsein tatsächlich wieder an den Tag legen. In diesem Sinn kann man auch alles, was gesagt wurde, auffassen. Die Verrechtlichung der Schule und alles dies ist ja richtig, aber es ist doch nur die halbe Wahrheit. Wenn ich als Lehrer in einer Klasse arbeite und mit den Eltern gezwungenermaßen Überstunden mache, egal ob nun die rechtliche Situation so ist oder nicht, dann tue ich dies, weil die Arbeit in der Schule sinnvoll sein soll. Dann habe ich Eltern auch erklärt, was ich mit der Wanderfahrt vorhabe. Dann ist Sturm nicht gleich Sturm. Auf der einen Seite ist Sturm etwas, woran ich als Lehrer mit den Kindern nicht teilhaben darf, weil es gefährlich ist. Aber Sturm an der See ist auf der anderen Seite etwas, was ungefährlich ist, da Sturm jederzeit stattfinden kann. So habe ich das den Eltern zu erklären und so macht es jeder Schüler mit und so machen es die Eltern mit. Von daher ist dieses Umfeld etwas, das wir zur Kenntnis nehmen müssen und pädagogisch nutzen müssen. Wir müssen pädagogisch selbstbewußt auftreten, als GEW und als Lehrer an der Schule. Das wäre meine Antwort auf Reichwein.

Jochen Schweitzer

Letztes Thema ist der politische Pädagoge. Kann, darf eigentlich ein Pädagoge heute unpolitisch sein. Man betrachte nur die verschiedenen Reaktionsmöglichkeiten von jungen Pädagogen, die in die innere Emigration oder in die Flucht aufs Land gehen. Da ist etwas anderes gemeint, als das was Reichwein in Tiefensee praktiziert hat. Wie sähe die heutige Antwort auf den politischen Pädagogen aus?

Prof. Dr. Wilfried Huber

Auf die Frage der Übertragung auf die heutige Situation kann ich eigentlich schlecht eingehen. Was Reichwein in seinen verschiedenen Lebensphasen, Erwachsenenbildung in den zwanziger Jahren, Teilhabe an der staatlichen Lenkung im Preußischen Kultusministerium Ende der zwanziger Jahre, in der Pädagogischen Akademie, in Tiefensee, in der Museumspädagogik in Zusammenarbeit bzw. in Weisungsabhängigkeit auch vom damaligen Reichserziehungsministerium, wo Reichwein dennoch eine beachtlich selbständige Arbeit geleistet hat, und was er dann im Lager des Widerstandes gemacht hat, das ist das, was relativ klar zu präzisieren ist. Aber ich wäre etwas vorsichtiger mit der Übertragung, was das heute bedeutet. Zumindest läßt sich da Verschiedenes von Verschiedenen aus verschiedenen Positionen überlegen. Das Gesamte ist sicher zunächst wieder eine individuelle Leistung der Existenz Reichweins in der historischen Lage, mit exemplarischen Zügen. Damit meine ich, daß in dem genannten Brief von 1923, den Sie zitiert haben, ein am griechischen Polis-Begriff orientiertes Politikverständnis eine Rolle spielt. Das beinhaltet, daß alles was man tut, eine öffentliche Wirkung hat. Das ist aber nicht identisch mit einer Tätigkeit in Parteien oder politischen Organisationen im Rahmen eines parlamentarischen Systems in der Weimarer Republik. Er hat in dieser Richtung meiner Ansicht nach schon einen Unterschied zwischen Pädagogen und Politikern gesehen. Es gibt eine Reihe von deutlichen Aussagen, daß er die pädagogische Tätigkeit mit ihrem politischen Aspekt, zumindest bis zum Eintritt in die SPD, als die eigentliche Aufgabe für sich ansah und nur jeweils in Notsituationen darüber hinaus ins direkt Politische gegangen ist. In den Diskussionen über die Erhaltung der Pädagogischen Akademien 1931 wird sein Verständnis davon deutlich. Er unterschied zwischen direkt politisch tätig und pädagogisch tätig mit politischem Horizont.

Dr. Susanne Miller

Ich glaube, das hängt auch zusammen mit Reichweins Konzeption von der Gesellschaft. Er hatte anscheinend viel mehr den Eindruck, die Gesellschaft müsse human sein, nicht nur harmonisch. Er meinte, daß der einzelne Mensch zu Sitte und Anstand erzogen werden müßte und daß das bereits die Gestaltung der Gesellschaft beeinflussen würde. Ich glaube, daß bei Reichwein, soweit ich das aus seinen Schriften verfolgen konnte, auch ein Verständnis für die Institutionen fehlt, die eine Gesellschaft braucht, um gerade in einem modernen Staat zu funktionieren. Wenn man heute von einer politischen Pädagogik spricht, kann man nicht davon absehen, auch die Wichtigkeit der Institutionen für das Funktionieren unserer Gesellschaft verständlich zu machen. Es kann also nicht nur ein moralischer Appell sein, sondern es muß auch ein Verständnis für die Organisation der Gesellschaft geschaffen werden. Diese Organisation muß gleichzeitig auch Recht und Sitte und die Möglichkeiten der Freiheit innerhalb der Gesellschaft gewährleisten. An dieser Stelle müßte man in einer modernen Politischen Bildung und Pädagogik über die Konzeption Reichweins hinausgehen.

Prof. Dr. Hellmut Becker

Ich würde auf keinen Fall das Wort human, das bei ihm ja oft vorkommt, mit harmonisch verwechseln. Harmonisch war weder dieses Leben, noch seine Argumentation. Dagegen würde ich ihn als politischen Pädagogen bezeichnen, der bestimmt war von etwas, das ich die Freude am „anders Denken" nenne. Wobei ich dies auch für sehr wichtig in der politischen Pädagogik halte. Man muß gesehen haben, mit welchem Vergnügen Reichwein mit anders denkenden Leuten diskutiert hat und mit welcher Ausdauer. Andererseits hat er aus seinen eigenen politischen Haltungen nie ein Hehl gemacht, auch gegenüber seinen Hallenser Studenten. Ich erinnere mich eines Besuchs in Halle, wo er das so unmittelbar erzählt hat. Er kam gerade aus irgendeiner Seminarveranstaltung. Natürlich spielen auch politische Themen zwischen dem Dozenten und den Studenten eine Rolle. Man muß dabei auch Farbe bekennen, das gilt auch für die ganze Arbeit der Erwachsenenbildung. Nur ist dieses Farbe bekennen nicht identisch mit der Indoktrination der Studenten im Sinne dieser Farbe. Reichwein hat das ungeheuer sorgfältig auseinandergehalten. Es gab auch SA-Studenten bei Reichwein. Insbesondere in der Zeit vor 33 und die bekamen nicht etwa das Wort abgeschnitten, sondern sie wurden so behandelt, wie es einer demokratischen politischen Pädagogik entspricht.

Es gibt einen Punkt, den ich hier gern noch einfügen würde, obwohl ihn die geschickte Regie unseres Vorsitzenden nicht erwähnt hat. Ich differiere ein wenig von Frau Miller in der Bedeutung des Christlichen bei Reichwein. Sie müssen sich klarmachen, daß eine der grundlegenden Schwierigkeiten in der Pädagogik die ist, daß man sehr wohl selbst ein Christ sein kann, aber davon ausgehen muß, daß der große Teil der Menschen, mit denen man zu tun hat, entweder gute Christen oder schlechte Christen oder gar keine Christen oder Christen ohne Kirche oder was immer sind. Das hat Reichwein natürlich auch alles gewußt. Ich würde auch sagen, daß ich ihn, bei aller Zuneigung zu den religiösen Sozialisten, im Unterschied zu Adolf Grimme nie als einen religiösen Sozialisten bezeichnen würde. Was heißt das nun für den Menschen, der politisch bildet? Die Kirche ist natürlich auch ein politischer Faktor und erscheint infolgedessen in der Politischen Bildung als ein Gegenstand, den man behandeln und beschreiben muß. Im einzelnen kann man sich damit identifizieren, wenn man sich selbst als Glied einer Kirche fühlt, aber mit der man sich nicht seinerseits normativ auseinandersetzen kann. Diese Bemerkungen über die christliche Schule in den Kreisauer Dokumenten würde ich auch für Kreisau nicht überbewerten. Sie müssen sich darüber klarsein, daß wir in diesem Krieg alle gefunden haben, daß es eigentlich erstaunlich sei, daß die Evangelische Kirche, die in der Weimarer Zeit noch bei Thron und Altar stand, in der Form der Bekennenden Kirche so erstaunlichen Widerstand leistete. Es war genauso erstaunlich, nach allen Merkwürdigkeiten, die wir von unseren katholischen Freunden erlebt hatten, daß es nun plötzlich Gedichte von Reinhold Schneider gab, die massive Opposition darstellten. Das hat zu einer gewissen Überbewertung der christlichen Haltung im Widerstand geführt, von dem ich nicht glaube, daß er als politisches Grundbekenntnis interpretiert werden kann. Wahrscheinlich hätte das nach dem Kriege sehr schnell ganz anders ausgesehen.

Plenumsteilnehmer

Ich möchte zu dem, was eben gesagt wurde, noch etwas hinzufügen. Reichwein hat es als einen wesentlichen Bestandteil seiner Entwicklung erlebt, daß er ganz anders Denkenden begegnen konnte, daß er auf sie hören konnte und vielleicht auch begreifen konnte, warum sie so dachten, wie sie ihm gegenübertraten. Was mich in diesem Rahmen bekümmert, das ist auch ein Stück eigene Lebensgeschichte, ist das Großwerden im Ghetto. Wenn ich als Arbeiter aufwachse und die Differenzen des Betriebes und meine Stellung im Betrieb erlebe und den Unternehmer auf der anderen Seite sehe, dann wächst in mir eine Denkstruktur und dort steht auch eine Denkstruktur. Ich beginne zu verzweifeln, wenn ich daran denke, daß junge Betriebswirte, junge Volkswirte da in den Unternehmerorganisationen hochgetrimmt werden und dort natürlich in den Gewerkschaften hochgetrimmt werden, und diese beiden im Ghetto Hochgetrimmten bringen dann gesellschaftspolitische Prozesse zum Ablaufen. Ich halte das einfach für unmöglich. Die Frage, die sich nun stellt, ist, ob wir in unserem Denken, ohne unsere Grundsätze preiszugeben, aus dem Ghetto heraustreten. Einem Unternehmer gegenüberstehen und ihn nicht als Feind sehen, sondern als einen, der igendwie so denken muß und ich, der ich auf der anderen Seite stehe, auch nicht anders denken kann. Wir sind geformt von der gesellschaftlichen Struktur, in der wir groß geworden sind. Aber wenn wir uns begegnen, begegnen wir uns nicht als Feinde, sondern es ist unsere Aufgabe, irgendwo in diesem gesellschaftlichen Prozeß einen modus vivendi zu schaffen. Ich frage mich immer wieder, ob man politische Pädagogik nicht auch so betreiben kann, daß jeder auch einmal im Lager des politisch Andersdenkenden arbeiten kann. Ich kann im Lager der Unternehmerorganisation arbeiten, ich kann aber auch im Lager der Gewerkschaftsorganisation arbeiten, ohne daß ich meine Grundeinstellung verändere. Aber durch die Arbeit im anderen Lager begreife ich die Prozesse, die dort ablaufen. Wenn ich dann meine Funktion, meine Aufgabe als politischer Mensch erfüllen muß, kann ich mit dem anderen sprechen. Das ist auch eine Art von politischer Pädagogik, anders als die, die wir heute im sturen Ghetto betreiben. Wäre ich in dem Ghetto geblieben, in dem ich groß geworden bin, dann könnte ich heute wohl kaum mit Andersdenkenden reden. Aber ich habe nun einmal Glück gehabt im Leben und konnte die Ghettosituation aufbrechen. Wenn man sieht, wie manche nur als Institutionen miteinander verhandeln, und nicht mehr fähig sind, sich gegenseitig zu begreifen, dann frage ich mich häufig, ob man hier nicht auch einen Hebel politischer Pädagogik ansetzen könnte.

Plenumsteilnehmerin

Wir hatten uns die Frage gestellt, ob man als Erzieher grundsätzlich Erziehung und Politik miteinander vereinen kann. Ich würde sagen, dadurch, daß ich Erzieher war, wurde ich eigentlich erst politisch. Ich hatte das Glück, eine Schülerin von Leonard Nelson und auch von Minna Specht zu sein. Ich gewann dadurch Erkenntnisse, was eigentlich eine vernünftige Erziehung ist. In dem Augenblick, wo man zum Beispiel Erziehung durch Lohn und Strafe als ein solches Problem erkennt und außerdem die Schule sieht, in der wir stehen, ist man gezwungen politisch tätig zu werden. Natürlich wird man das nicht in den Unterricht mit den Kindern hineintragen. Ich will außerdem noch auf eines hinweisen, gerade weil von der christlichen Gemeinschaftsschule gesprochen wurde. Es gibt ja ein Land, in dem die Staatsschulen alle weltlich sind, das sind die Vereinigten Staaten. Ich hatte das Glück, in meiner Emigration in dieses Land zu kommen, habe aber deswegen dann nicht als Lehrerin arbeiten können. Durch die verschiedenen religiösen Richtungen, die dort eingewandert sind, hat man Religion als eine private Angelegenheit der Einzelnen betrachtet. Deswegen sind die Staatsschulen nicht religiös und es wird auch kein Gebet gesprochen. Wir wissen, daß heute Bestrebungen im Gange sind, dies zu ändern. Ich glaube aber, daß gerade das dauernde Gebet ein religiöses Gefühl vollkommen verflacht. Gerade die Erkämpfung einer vernünftigen Schule erfordert es, daß sich der Lehrer politisch betätigt. Das sollte er allerdings nicht im Unterricht tun.

Prof. Dr. Wilfried Huber

Zunächst zu dem Thema der christlichen Schule, das natürlich sehr komplex ist und hier nur in Stichworten abgehandelt werden kann. Es war eines der Themen, über die im Kreisauer Kreis kein Konsens erreicht werden konnte. In einer frühen Phase gab es einen Vorschlag von Reichwein, den er zusammen mit Pölchau, der vorhin erwähnt wurde, und von der Gablenz, dem Politologen, der stark mit der ökumenischen Bewegung verbunden war, erarbeitet hatte. Dort wurde diese Frage durchaus erörtert und man war zu dem Schluß gekommen, daß religiöse Erziehung, von der Natur der Sache her, am besten in der Nähe von Familie und Kirchengemeinde anzusiedeln sei. Es wurde nach einer Lösung gesucht, um sich von der Last und den Spannungen, die sich durch die geistliche Schulaufsicht, die von der Fachaufsicht abgelöst wurde, ergaben, zu befreien. Wegen der konfessionellen Pluralität, die seit der Reformation und der Gegenreformation besteht, sollten die Fragen des Religionsunterrichtes stärker der Kirche und der Familie zugeordnet werden. Das Ergebnis in der Phase, aus der das bei Ger van Roon abgedruckte Dokument stammt, war dann jedoch die christliche Gemeinschaftsschule. Dies sollte keine dogmatische Form sein, sondern schien der damaligen historischen Lage am ehesten zu entsprechen und wurde also als historisch zu verstehende Lösung vorgeschlagen. Danach gab es jedoch einen Dissens. Es konnte keine Einigung darüber erzielt werden, ob nicht doch die Konfessionsschule den ernstgenommenen religiösen Motiven eher entsprechen würde. Die katholischen Teilnehmer, van Husen zum Beispiel, setzten sich dafür ein und es gab eine Änderung des Protokolls, die Reichwein mit anderen nicht billigte. Daß es zu keinem Konsens in der Gesamtgruppe der Kreisauer kam, ist einer der Punkte, der zu dem Thema der politischen Pädagogik zurückführen kann. Reichwein hat sehr deutlich, und da ist Bodenrod 1921 eigentlich schon der Ansatzpunkt, die Spannungen aus der Herkunft und den Schichtungen in der Bevölkerung und von deren geistigen Positionen her gesehen. Für seine Erwachsenenbildung hat er nicht zufällig Studenten und Arbeiter hier zusammengeholt. Sie sollten sich kennen und wechselseitig verstehen lernen. Auch im Hinblick auf die Jungarbeiterbildung meinte er deshalb, daß es, gerade angesichts des Kampfes für den Einbau der Arbeiterschaft in den nationalen Rahmen, notwendig sei, auch Phasen der Freizeit in die Ausbildung einzuplanen. Er verstand sich in dieser Frage als von links herkommend. In seiner Freizeitpädagogik sollte man sich aber gerade von der Gefahr der Verkrampfung und Verbissenheit durch humane Offenheit lösen. In den Freizeiten sollten sich gemischte, also offene Gruppen treffen und sich dort für den notwendigen Kampf zwar auch stärken, aber dennoch eine humane Gelassenheit beibehalten lernen.

Dr. Dieter Wunder

Ich finde das Diskussionsverhalten von Frau Miller sehr produktiv. Frau Miller macht an verschiedenen Stellen doch immer wieder darauf aufmerksam, hier bin ich nicht mit Reichwein einverstanden, oder hier habe ich Probleme. Ich glaube, daß es zu einer produktiven Aneignung gehört, daß man zustimmt, aber auch sagt, hier bin ich anderer Meinung. Ich wollte hier anhand eines Punktes auch eine von Reichwein abweichende Meinung formulieren. Herr Reichwein hat vorhin darauf hingewiesen, daß bei Reichwein der Vorbildcharakter eine große Rolle spielt. Er selbst war eben die Autorität, die von sich verlangte, alles besser zu können als seine Schüler, zumindest bezogen auf Tiefensee. In meinem Referat habe ich diesen Vorbildanspruch des Lehrers auch unterstützt. Ich persönlich würde hier allerdings ein anderes Verhalten vom Lehrer erwarten. Ich halte es nicht für richtig, vom Lehrer zu fordern, daß er alles besser kann als seine Schüler. Ich meine, hier kommen wir in eine Situation, wo der Lehrer immer der Überlegene ist und nie zum Partner des Schülers wird. Von dort her gehört es für mich zum vorbildlichen Lehrer, daß er sein eigenes Nichtkönnen, seine Offenheit und seine Schwächen auch gegenüber seinen Schülern deutlich machen kann. Dies ist zum Beispiel eine Erfahrung, die man aus den letzten zehn Jahren produktiv aufnehmen kann. Das hat letzten Endes auch etwas mit politischer Pädagogik zu tun. Wenn man sich überlegt, was man aus Reichwein zur Frage der politischen Bildung ablesen könnte, so wie wir das in den letzten dreißig Jahren in der Bundesrepublik diskutiert haben, dann käme man vielleicht in gewisse Schwierigkeiten. Dies, obwohl Reichwein ja an der Pädagogischen Akademie in Halle für Lehrer ausgesprochen das unterrichtete, was wir unter Politischer Bildung verstehen. Woher rühren nun die Schwierigkeiten? Ich habe versucht, das in meinem Referat anzudeuten, will es aber noch einmal im einzelnen betonen, besonders das, was Herr Huber sagte. Reichwein hat Schule nie nur unter formalen Aspekten im Hinblick auf Erziehung zur Demokratie verstanden, sondern er hat der Schule inhaltliche Aufträge gegeben. Er hat also eine ganz bestimmte politische Bildung gewollt. Zu dieser inhaltlichen Bestimmung von Bildung gehörte es, diese Barrieren, die zwischen den verschiedenen Klassen oder Schichten vorhanden sind, zu überwinden. Dies ist meiner Ansicht nach eine Aufgabe, die wir völlig aus dem Blick verloren haben. Wir sehen nur, daß jeder die gleichen Chancen haben soll. Dabei übersehen wir aber, jedenfalls wenn wir in die Realität hineinschauen, daß die Kultur, in der wir Lehrer oder in der die Hochschulprofessoren leben und die Kultur, in der die Masse der Arbeitnehmer bei uns lebt, zwei völlig verschiedenartige Dinge sind, zwischen denen es nur lockere Verbindungen gibt. Dies war eine politische Aufgabe, die er der Schule stellte. Er hat die Schule auch immer als eine Institution verstanden, die dem Selbstbewußtsein des Staates, so wie er ihn sich vorstellte, und dessen Zielvorstellungen Ausdruck gab. Seine eigene Zielvorstellung war eben, daß eine Gesellschaft geschaffen würde, von der er eine sozialistische Vorstellung hatte, jedoch nicht im dogmatischen Sinn. Ich glaube, daß wir gerade Anlaß hätten, über diese inhaltliche Prägung, die er dem politischen Auftrag der Schule gab, nachzudenken.

Dr. Susanne Miller

Während des Vortrags von Dieter Wunder am Vormittag wurden mir die Schwierigkeiten, die ich mit Reichwein hatte, sehr klar. Dieter Wunder sagte, es gibt die aufklärerische Tradition in der Arbeiterbewegung und es gibt auch eine romantische Tradition. Ich komme aus der aufklärerischen Tradition und meine Schwierigkeiten liegen genau bei den Dingen, die Dieter Wunder als romantische Elemente bezeichnen

Was können Lehrer heute von Adolf Reichwein lernen? Auf dem Podium diskutierten Roland Reichwein, Hellmut Becker, Jochen Schweitzer, Susanne Miller, Dieter Wunder, Wilfried Huber (v. l.).

würde. Die kann ich sehr schwer nachvollziehen. Das betrifft auch die Beurteilung von Reichweins Verhältnis zu den Kirchen. Ich möchte hier ausdrücklich betonen, daß ich es sehr begrüße, daß sich das Verhältnis zwischen Sozialdemokratie und Kirche nach 1945 völlig geändert hat. Ich finde das außerordentlich positiv. Womit ich aber nicht einverstanden sein kann, ist, daß *die* Kirchen in der NS-Zeit Widerstand geleistet haben. Es haben nur Angehörige der Kirchen, aber nicht *die* Kirchen Widerstand geleistet. Das betrifft auch die Bekennende Kirche. Sie war eine Minderheit innerhalb der protestantischen Kirche. Ich möchte das hier am Beispiel von Niemöller exemplifizieren. Als Niemöller ins Konzentrationslager kam, hat die Kirchenleitung der Frau von Niemöller die Dienstwohnung gekündigt.

Wenn Reichwein eine Kritik an der Amtskirche mit seinen Vorschlägen verbunden hätte; wenn er gesagt hätte, die Kirchen müssen in einem künftigen Staat mehr Einfluß auf das öffentliche Leben haben, aber zunächst müssen sie eine innere Wandlung und eine politische Reorientierung vornehmen, dann könnte ich die Haltung von Reichwein durchaus nachvollziehen. Aber den Kirchen, so wie sie waren, einen solchen Einfluß auf das öffentliche Leben in der Zukunft anzuvertrauen, das kann ich nicht verstehen. Ich wollte das gerade auch aus Achtung vor der Persönlichkeit Reichweins offen sagen.

Wenn wir von politischer Pädagogik reden, dann müßte das eine Pädagogik sein, die nicht nur partikulare Interessen umfaßt, sondern viel allgemeiner ist. Selbst bei der Bekennenden Kirche ist festzustellen, daß sie im wesentlichen die Interessen der Kirchen und der Kirchenangehörigen wahrgenommen hat.

Die Ungeheuerlichkeiten, die in dieser Zeit passiert sind, sind im wesentlichen auch von den Kirchen, auch den Teilen der Kirchen, die sich nicht angepaßt hatten, übergangen worden. Das ist etwas, was einen nicht nur bei Reichwein, sondern beim ganzen Kreisauer Kreis zunächst erschreckt. Diese Ungeheuerlichkeiten, die Deportationen der Juden, die schrecklichen Dinge im Osten, das war alles da, dennoch werden sie kaum oder nur am Rande erwähnt.

Prof. Dr. Hellmut Becker

Ich verstehe das sehr gut, aber ich muß ganz schlicht sagen, daß ich in dieser Beziehung in einer ganz anderen Lage gelebt habe. Frau Miller hat natürlich in einer bestimmten Weise recht, genau wie Hochhuth in seiner Weise recht hat. Ich muß sagen, ich finde es politisch nicht beunruhigend, daß in den Dokumenten des Kreisauer Kreises des Widerstands nichts über die Juden steht. Ich finde die leichtfertigen Stellen, sagen wir mal in Hassels Tagebuch, die andere Widerstandskameraden gefährdet haben, viel gefährlicher. Daß man im Dritten Reich elementare Dinge nicht aufschreiben konnte und auch nicht durfte, auch nicht in seinen eigenen Räumen, das ist eine Grunderfahrung von uns allen gewesen. Das erklärt Dinge, die von den rückkehrenden Emigranten, natürlich mit Recht, zunächst einmal als ein Mangel an Deutlichkeit wahrgenommen wurden. Das ist eine Schwierigkeit, die wir mit diesen ganzen Fragen haben. Die Einstellung des Kreisauer Kreises zur Judenfrage ist vollkommen eindeutig. Wenn Sie diese Kreisauer Dokumente lesen, so sind die ja, abgesehen von denen, die sich nicht mit der Zeit nach Hitler beschäftigten, nicht so, daß sie besonders sichtbar durch irgendeine Polizeibehörde angreifbar gewesen wären, wenn sie ihr in die Hände gefallen wären. Jede Bemerkung über die Juden wäre das aber gewesen. Insofern glaube ich, daß man diesen Punkt aus der damaligen Zeit heraus anders bewerten muß. Man kann in der Spache von Reinhold Schneider, auf einem sehr hohen poetischen Niveau sprechen. Sie finden in den Marmorklippen von Ernst Jünger natürlich Bemerkungen über Konzentrationslager, doch das Wort kommt nicht vor. Es gab das alles in einer anderen Sprache. Insofern glaube ich, daß dieses Argument nicht gegen die Kreisauer verwandt werden kann. Aber das ist eine der Schwierigkeiten mit der Sprache, über die wir mehrfach gesprochen haben. Viele heutige Menschen begreifen nicht, daß das schreiende Unrecht nicht beim Namen genannt wurde. Aber gerade das war eigentlich nicht möglich.

Jochen Schweitzer

Wir müssen versuchen, langsam zum Schluß zu kommen. Denn wir können nicht alles hier heute ausdiskutieren. Das ist ja gerade das Spannende, daß die Diskussion darüber weitergehen kann.

Prof. Dr. Roland Reichwein

Ich wollte auch nicht versuchen, die Fragen und Zweifel, die von Frau Miller und Dieter Wunder hier angesprochen worden sind, zu zerstreuen oder ihnen zu widersprechen. Ich finde es ganz gut, daß sie angesprochen worden sind und daß sie uns weiter beschäftigen können. Ich wollte nur auf den Kollegen zurückkommen, der vorhin von den beiden Ghettos gesprochen hat und davon, daß man doch auch mal von einem Ghetto in das andere wechseln sollte. Ich glaube, er hat einen ganz wichtigen Punkt der politischen Pädagogik Reichweins angesprochen. Es ging Adolf Reichwein tatsächlich darum, diese Ghettos aufzubrechen, diese Ghettos ins Gespräch und in die Auseinandersetzung zu bringen. Deswegen hat hier in Bodenrod im Jahr 1921 diese erste Arbeiter- und Studentenferienarbeit stattgefunden.

Das war eine Sache, die ihn Zeit seines Lebens beschäftigt hat. Man muß dabei sehen, daß er diese Auseinandersetzung zwischen den Lagern als den eigentlichen Prozeß der politischen Bildung verstanden hat. Eine fundierte Meinung zu den Dingen der Gesellschaft und des Staates kann sich überhaupt erst in dessen Verlauf und als dessen Ergebnis herausbilden. Seiner Ansicht nach ging es nicht darum, sich abzuschotten und zu behaupten, man habe schon die richtige Meinung und dann die andere Seite sozusagen hintenherum auszutricksen, indem man mit den Machtinstrumenten geschickter umzugehen weiß als sie. Es ging Reichwein gerade darum, diese Lager oder Ghettos in die Auseinandersetzung hineinzuführen. Das war auch die Aufgabe, die er sich als Pädagoge gestellt hatte, als Erwachsenenbildner, in der Ausbildung von Lehrern und in der Volksschule von Tiefensee. Die verschiedenen Lager sollten zusammen kommen, sie sollten miteinander ins Gespräch kommen und in diesem Prozeß sollte Politische Bildung stattfinden.

Aber das kann nicht heißen, sollte es auch nach Reichweins Auffassung nicht heißen, daß man auch nur zeitweise vom einen ins andere „Ghetto“ wechselt und seinen eigenen Standpunkt, seine eigenen Interessen verleugnet. Das wäre der falsche Weg. Der eigene Standpunkt sollte sich vielmehr gerade in der politischen Auseinandersetzung, auch in der Konfrontation klären und festigen.

Anhang

Adolf Reichwein: Schaffendes Schulvolk Braunschweig 1967 (Auszug)

Die Auswahl der Zitate wurde von Prof. Dr. Christian Salzmann getroffen; sie ist entnommen aus dem Buch „Pädagogik und Politik im Leben von Adolf Reichwein“, Sonderheft der Schriftenreihe Fachbereich 3, Universität Osnabrück (Hg.).

Seite 17

„Die Gründe, aus denen unsere Erziehungsarbeit wächst, umfassen Erzieher und Kind als lebendige Einheit, als schaffende Gruppe, als Gemeinschaft. Es gibt nicht mehr jene unheilvolle Spaltung in ‚wissend‘ und ‚unwissend‘, ‚Respekt‘ und ‚Duldung‘, ‚Katheder‘ und ‚Klasse‘. Die neue Begründung unserer Arbeit entspricht ja zuletzt einem tiefen Wandel unserer Lebensform, einer gründlichen Umwertung aller Werte, die uns aus der Geschichte der Erziehung wohl vertraut sind. Die Eigenständigkeit der

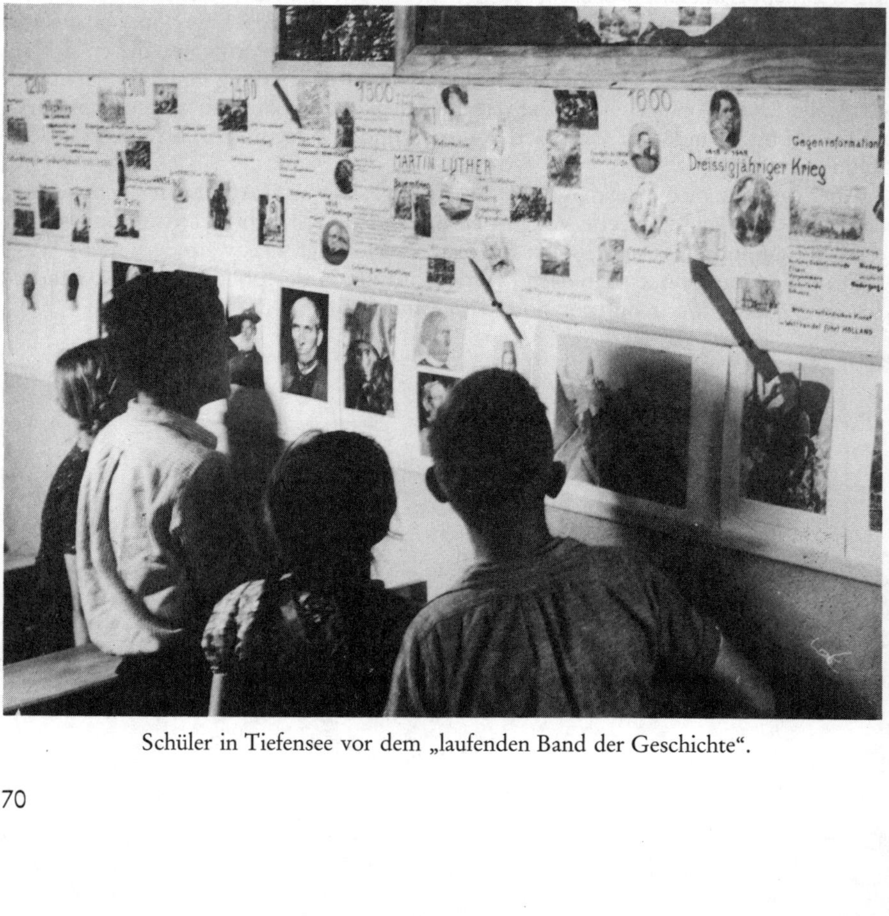

Schüler in Tiefensee vor dem „laufenden Band der Geschichte“.

Das *„laufende Band der Geschichte"* erleichtert die schwierige Aufgabe eines elementaren Geschichtsunterrichts, dem es nicht so sehr auf Kenntnisse als vielmehr auf erzieherische Wirkung ankommt. Wenn das Kind selbst das Mosaik zum Ganzen fügt, handschriftlich sozusagen, erlebt es etwas vom inneren Gefüge der geschichtlichen Vorgänge. Die Zusammenhänge der Ereignisse, die Querverbindungen einer Epoche, die Verknüpfungen benachbarter, ja entfernter Zeitalter, sind auf dem „laufenden Band" anschaulich zu Losungen und Kernsätzen verdichtet. Volksschicksal als Einheit ist in knappen Wortbildern eingefangen.

Erziehung bezeugte und bezeugt sich immer nur in der Unantastbarkeit ihrer *Ansätze*, die vom Kinde stammen, von ihm bestimmt werden und alle gewissenhafte, behutsame Erziehung durchwirken. Aber sie beugt sich den Notwendigkeiten, die dem Volk als *politische* in jedem Jahrhundert seines Schicksals neu aufgegeben werden. Von dorther sind ihre Inhalte zeitgebunden. Jeder Umbruch der Werte wird auch in der Erziehung nicht eingeleitet durch eine Lehre, sondern durch ein lebendiges Zeugnis und tätige Erprobung."

Seite 19

„Die kommende Formenwelt, in der Jugend- und Werkkameradschaft den Menschen mitprägen und sein Gesicht bestimmen werden, ist selbst erst in Bildung begriffen. Sie kann von dem Erzieher nicht einfach hingenommen, sondern muß von ihm selbst noch mitaufgebaut, mitbestimmt und -verwirklicht werden. Gewiß ist aber, daß heute nur Erzieher sein kann, wer unausrottbar im Volke steht und die Spannungen des geistig schaffenden Menschen in diesem sich umschaffenden Volk verkörpert."

„Aus einem geschichtlichen Zwang ist unsere Schule, mehr als irgendeine vor ihr, *Schule der Tat*, der überzeugenden Zeugnisse. Und ihre Erziehung wirkt durch Handeln und Teilnahme aller am Werk. Das *Wort* hat in ihr seinen neuen Ort und eine Bedeutung gefunden, die sich nicht in der Belehrung, in der fürsorgenden Weitergabe vom Erzieher an die Jugend erschöpft, sondern es ist wieder verkörperte Sprache, selbst in den Stand der Tat eingesetzt."

Seite 20

„Familie, Jugendgemeinschaft, Werkkameradschaft bedeuten für uns gleichermaßen Erprobungsfelder des Menschen, der deutscher Sozialist sein wird. Seine Züge werden auch in der Jugendgemeinschaftsschule lebendig. Ohne daß man sie mit einzelnen Namen zu nennen oder in ein System von Begriffen zu spannen brauchte, sind sie überall dort einfach erkennbar, wo jemand gemeinschaftliches Leben und Schaffen vor uns hinstellt. Sie zeigen überall das gleiche Gesicht, in Familie, Werkstatt und Schule.

Der Schulgarten erzieht zu Ordnungssinn, Sauberkeit, Pünktlichkeit, zu allen pflegerischen Tugenden. Es spiegelt den Geist der Schule und befruchtet den Unterricht tausendfältig. Hier sondern die Kleinsten Unkraut vom Spinat.

Hier wird ein Kürbis umgepflanzt. Das Gewächshaus ist das Werk der Kinder. Die Steine stammen von einem gesprengten Schornstein, das Glas von Rumpelkammern, das Holz ist Abfall der Sägewerke; und der Rest ist guter Wille! Das Gewächshaus ist natürlich zum Lieblingsort der Kinder geworden.

Alle diese Gemeinschaftsformen beziehen ihre Aufgaben aus dem unentrinnbaren Schicksal des Volkes, eine Werkschaft zu werden. Die Tugenden, die das Große braucht, sollen auch die Tugenden für die Kleinen sein. Es sind Tugenden des Bewahrens, sofern alles Werdende im Gewachsenen gründen muß, und Tugenden des Wagens, sofern in Zeiten des Umbruchs, wie heute, der Wagende und Erprobende, der persönlich opfernde und mitschaffende Mensch allein stichhält. Menschen dieser Art müssen hart sein, aber auch zart und geschmeidig zugleich, wie jede Kreatur, die den vielfältigen Kampf dieses Lebens bestehen will.
So kommen wir zu einem weiteren Grundsatz unserer Erziehung: Das *Geschehen*, dem Willen des einzelnen entzogen, nur als *Gemeinschaftsleistung* faßbar, und unser persönlicher erzieherischer Wille treffen sich. Sie münden ineinander und bilden einen einheitlichen Strom, das *bewußt gewordene Leben* des Volkes."

Seite 21/22

„So wie die politische Aufgabe von uns die soziale Ordnung der *Kameradschaft* fordert, so die erzieherische die *Übung der Bereitschaft.* Unsere Knaben und Mädchen sollen nicht nur handwerkliche Ausdrucksfähigkeit erwerben (in Schrift, Wort und Lied, in körperlicher Übung und stofflicher Gestaltung), sondern darüber hinaus imstande sein, ihr Können in wechselnden Lebensaltern, so wie es gerade gebraucht wird, aus eigenem Willen einzusetzen. Das meinen wir mit Bereitschaft. Es hat nichts mit ‚Virtuosentum' zu tun, denn es kann sich selbst im Falle guten Gelingens doch nur um die grundlegende (elementare) Entwicklung, Formung und Schärfung von Fähigkeiten handeln. Das Entscheidende ist, daß sie *persönliches* Eigentum des Kindes geworden sind, in ihm stets ‚*bereit*' liegen. Das Kind soll, im Bereich seines persönlichen Schaffens, immer bei seinem Selbst gelassen, gewöhnt und imstande sein, mit seinen Fähigkeiten nicht nur auf Anruf, sondern *aus freiem Antrieb* frei zu schalten. Ja dieses Auf-sich-selbst-angewiesensein soll ihm *Lust* bereiten. Nur aus der Lust wachsen Leistungen, auch wenn sie Pflicht bedeuten. Wenn wir bei Kindern von Pflicht sprechen, können wir nur die Lust an der Pflicht meinen. Strebt die Leistungsschule nach der Steigerung des Könnens, so schärft die Bereitschaftsschule den Sinn für den rechten Einsatz. Wenn wir den gesunden Leistungswillen des Kindes mit einem Strom

Das „*Zeichnen nach Natur*" hat nicht den Sinn des „Kopierens", sondern dient dem Nachempfinden und -gestalten einer gewachsenen *Form*. Es schult den Sinn für das Geformte und übt die Hand im Darstellen solcher bündigen Formen, wie die Natur sie uns bietet. Häufiges Skizzieren lockert die Hand und befähigt sie, bis zu einem gewissen, je nach Begabung natürlich verschiedenen Grade sich formgewandt zu äußern. Das Zeichnen nach Natur vertieft zugleich die Kenntnis von den dargestellten natürlichen Formen: Blumen, Gräser, Ranken usw.

Das erdkundliche Relief (Landkartenhochbild) vermittelt die Plastik einer Landschaft. Dem Kinde erschließt es auch das Geschichtsbild und die Gliederung einer landschaftlichen Einheit. Der Bau eigener Reliefs macht das Kind in nachhaltiger Weise mit einer Landschaft vertraut. Er setzt Versenkung in ihr Wesen voraus. Ohne genaues Studium der Karte und des Höhenschichtenschemas ist kein Reliefbau möglich. Hier: Afrika im Rohbau (toniger Ackerlehm).

vergleichen, der unaufhaltsam drängt und wirken will, so erscheint uns seine Bereitschaft wie ein Stau, der Kräfte speichert, die ruhig auf den Einsatz warten können. Nur das selbstbewußte, an sich und seine Fähigkeiten gewöhnte Kind ist imstande, mit Gelassenheit immer bereit zu sein. Es kennt keine Verlegenheit vor Aufgaben – wie sein ‚verschulter' Schatten –, sondern geht unbefangen, durch seine Erziehung an wechselnde und immer wieder neue ‚Lagen' gewöhnt, ans Werk. Es ist auf vielfache Weise damit ‚in die Schule genommen' worden, aber unser Sprachgebrauch meint damit ‚in Übung und Bewährung'."

Seite 24

„Denn es zeigt sich, daß Ordnung, sowohl im Sein der Dinge untereinander, wie im Umgang mit ihnen, *geordnete Leistung* also, die beste Gewähr ist für Gelingen. Gelungenes zu schaffen, gibt aber jene tiefe Befriedigung, die das Kind als Kraftquelle für neues und künftiges Unternehmen braucht. Der tüchtige Erzieher wird scharf darüber wachen, daß Begonnenes ‚fertiggemacht' und nichts auf halbem Wege liegengelassen wird. Alles Unfertige hinterläßt Unbehagen und zerstört die Lust zu neuem Ansatz. Diese unverminderte *Lust* ist die Triebkraft allen Schaffens in der Gemeinschaft. Ist eine Gruppe nicht erfüllt von ihr, dann wuchert der wilde Trieb draußen unfruchtbar, ungeführt ins Nichts. Dem *Eifer* Nahrung zu geben, und zwar in der geordneten Welt der Gemeinschaft, heißt dem Drange des Kindes zu folgen. Der Erzieher soll eigentlich unerschöpflich sein in der Findung neuer Gelegenheiten, an denen die Kinder ihren Eifer nicht müde laufen, sondern stärken und steigern. Die *Stählung des Eifers,* seine *Steigerung* zum Kampfgeist, die Entfesselung der elementaren Lust am Können, an Kraft und Stärke drängt sich am sichtbarsten im körperlichen Spiel, in der sportlichen Übung, im Kampf der sich messenden Kräfte auf. Aber diese stählerne Erziehung soll tiefer dringen. Was im Wettkampf der körperlichen Tugend an Zähigkeit, geschmeidiger Schnellkraft, an Technik sportlichen Könnens gewonnen wird, soll auf den Lebens- und Leistungsstil des Kindes in *allen* Dingen übertragen werden."

Seite 28/29

„Das gesund strebende Kind sucht die Nachbarschaft der Erwachsenen bei der Arbeit, und dort, wo die Lebensverhältnisse noch einfach sind, auf dem Lande, lebt und webt es ja von Natur mit ihnen. Diese Teilnahme des Landkindes am ernsten Arbeitsleben seiner Eltern nimmt der Erzieher als eine höchst schätzbare Anlage zu seinen treuen Händen. Er hat es leicht, das ländliche Kind auf diesen ‚Ernst' und alles, was davon an Arbeit und Werktugend umschlossen wird, anzureden. Die kindliche Gruppe bleibt aber frei von der härtesten Form des Ernstes, dem Lebenskampf um Brot und Dasein. Sie kennt noch nicht die quälende Störung durch die Mißgefühle von Neid und Haß, die jenen Lebenskampf begleiten. Die kindliche Gemeinschaft, soweit sie unter sich sein darf, vermag in reinerer Form das darzustellen, was wir fürs Volk als Ganzes und Großes erstreben. Sie lebt vor, wie jeder eifern kann, sein Bestes zu geben und doch sich in die Nachbarschaft der Gruppe einzufügen."

Seite 171/172

„Und sollen nicht ebenso die Eltern unserer Kinder wissen, daß die Stätten unserer Erziehung, die wir Schulen nennen, voller Leben sind, daß sie nicht vom Strome getrieben werden, sondern, kräftig bemannt und von jugendlich geführten Rudern angetrieben, wie schnelle Boote eifern, dem Strom voranzueilen? Darum wird dieses Buch geschrieben: An die Erzieher gerichtet, als kameradschaftlicher Beitrag zur Schule unseres jungen Volkes, und an die Eltern als ermunternder Hinweis: Seht, so schafft eine lebendige Schule heut mit am Gewebe einer neuen Zeit. Es ist eine unter vielen, irgendwo im Lande, eine Insel scheinbar und doch nur ein Glied in einer Kette, durch nichts herausgehoben oder ausgezeichnet, nur eine Kameradschaft – wie viele sind und mehr werden können –, nur eine Gruppe geführter Jugend, die täglich aus sich ihr tätiges leben schöpft und schöpfen kann, weil sie ein Ziel hat."

Seite 172

„Ja, wir wissen nun aus eigener Erfahrung, daß es im kleinsten Dorfe möglich ist, eine Schulkameradschaft zu entwickeln, die weit über den engeren Schulbezirk von gestern hinausstößt und neue Bezirke eigenständigen Jugendlebens erschließt, das selbst schon Volksleben ist."

Seite 175

„Nur das aufgeschlossene, mit der ganzen Breite und Tiefe seines Wesens beteiligte, mit jenem Worte also ‚mobilisierte' Kind wird ohne blinden Gehorsam auskommen und sich entwickeln können. Nur Kinder dieser Art sind imstande, sich der Ordnung und notwendigen Sitte einer Gemeinschaft einzufügen und durch diesen Akt ihr eigenes lockeres kindliches Gefüge in einer festen Form zu halten. Wir meinen mit

Alles will vorbedacht sein! Der Bau unserer *„Freiluftschule"* unter den Apfelbäumen des Schulgarten war so recht eine Aufgabe nach dem Herzen der Jungens. Aber auch manche Rechenkenntnis, dies und jenes aus der Flächen- und Körperlehre mußte in den Köpfen bereitliegen, wenn man sich nicht versehen und vertun wollte. Eine einzige falsche Maßnahme hätte sich gerächt. Parole war: Peinlich genau im Denken und im Handeln. Und der Vater Weber war ein freundlicher Berater. Das wurde ein fröhlicher Arbeitssommer im Grünen.

alledem nicht das ‚gleichberechtigte' Kind, vielmehr eigentlich das Gegenteil. Wo eine alte ‚Autorität' zerfällt, wird ‚Gleichberechtigung' gefordert, aber die Lösung dieses Konflikts ist nur in einer neuen *Ordnung* möglich. Wenn deren Form, in sich recht gegliedert und gestuft, höheres Leben gewährt, dann *hat* sie neue ‚Autorität'. Gerade weil die alte Autorität im Volke sichtbar zerfallen ist, wird der Bau einer neuen Ordnung notwendig. Die Schulgemeinschaft, selbst ein Stück Volk, kann und will sich diesem Umbruch nicht entziehen."

Seite 176/177

„Aus dem Sinneswandel der erzieherischen Werte ergibt sich für uns die Aufgabe, diese alten wahren Werte neu sehen und durchschauen zu lernen, um ihren uns gemäßen Sinn – Gehorsam, wie wir sagen, aber auch Treue, Wahrheit, Hilfsbereitschaft usw. – zu begreifen. Die Geschichte des menschlichen Schicksals durch die Jahrhunderte ist nicht so leichtflüssig, daß sich im hurtigen Wechsel von Geschlecht zu Geschlecht neue Werte, auch in der Erziehung, herausspielten. Wertgefüge bleiben kräftiger und dauerhafter im Gewebe des Volks und seiner Schichten verankert, als manchmal geglaubt wird. Der Auf- und Abbau von Werttafeln ist für ein Volk ein zu gefährliches Unternehmen, wenn ihm nicht der Neubau der sozialen Ordnung vorangeht. Die einfachen Formen des Verhaltens zueinander, wie Treue und Dank, Führung und Dienst, Befehl und Gehorsam, behalten jenseits allen Gestaltwandels ihren alten Wert. Allein ihre Erfüllung mit lebendigem Sinn ändert sich."

Seite 178/179

„Hatte man vordem das Kind für außer ihm liegende Zwecke geschult, so wollte man ihm nun das freie Spiel seiner Kräfte lassen. Gehorsam hob sich innerlich von selbst auf. Solche Zwischenversuche einer angeblich entfesselten Erziehung gründeten in einer falsch begriffenen Freiheit. Stießen wir vordem auf die Fragwürdigkeit eines allzu eng gefaßten Gehorsams, so stoßen wir hier auf die Brüchigkeit einer zu flach begründeten Freiheit. Wir werden uns gern erinnern, daß zum wenigsten Mut dazu gehörte, es mit dieser Freiheit in der Erziehung zu versuchen. Ja, es forderte oft ein Übermaß von persönlichem Einsatz, die Opferung eines gelassenen Schulbetriebs, die Hingabe der eigenen Ruhe, wenn man es wagte, die alten, strengen, bequemen und scheinbar einfachen Bindungen zu lösen. Da wo man am weitesten ging in der Loslösung vom ‚toten Gehorsam', wurde vergessen, daß nirgends in der lebendigen Natur, am wenigsten in der Formenwelt des Menschen, eine Einzelform ohne Nachbarschaften bestehen kann, daß also Freiheit von dieser höher gearteten Form, nennen wir sie Nachbarschaft oder Gemeinschaft oder wie immer, nicht möglich ist. Man vergaß, daß zu jeder Freiheit des Spiels, zu jeder Entwicklung im Spielraum zugleich eine Bändigung ins höhere Ganze gehört; unter Menschen bedeutet dies: jene willentliche Ein- oder Unterordnung, die Disziplin heißt."

Drei spielen auf *Sonnenblumenflöten.* Das selbst Geschaffene macht besondere Freude. Spielend ergibt sich auch der Aufbau von Tonleiter und Intervallen. Nur ein kleiner Schritt noch zur Notenschrift! Die Flöten sind auf verschiedenen Grundtönen aufgebaut. Das führt zu einer elementaren, für unsere einfachen Verhältnisse ausreichenden Harmonielehre.

Seite 180/181

„Wir entrannen der Untertanen- wie der Gelehrtenschule und fanden die *Schule des jungen Volks.* Wir haben auf nichts, auf keinen Anspruch verzichtet, wir haben nur unendlich viel dazugewonnen. Die Teilhabe an der inneren und äußeren Entwicklung des Volks zu einem selbstbewußten Ganzen gibt der Schule als einer Lehr- und Erprobungsstätte unserer Jugend erst die Würde, die Männer wie Pestalozzi ihr vorausahnten. Abgerichtet zu werden, vielleicht sehr gut, für Zwecke, die nicht auf das Volk als Ganzes zielen, auch für bloße brauchbare Tüchtigkeit als einzelne, bedeutet keine Erfüllung mehr für die heutige heranwachsende Jugend. Es würden auf diese Weise Möglichkeiten ausgeklammert, auf die es uns gerade ankommt. Wir wollen keine Hochzüchtung von Eigenarten, kein Vortreiben der kindlichen Pflanzen in die ‚Problematik' unserer kämpferischen Zeit. Das war eine mißverstandene ‚Gegenwartsnähe', ein unkindlicher und damit unechter Versuch der Teilnahme am großen Schicksal. Manche waren des irrigen Glaubens, wenn man von Politik rede, Erzeugungszahlen notiere, geopolitische Gesichtspunkte hereinnähme, Fabrik- und Wohnverhältnisse studiere, sei dies alles schon ein Schritt zur neuen Schule. Und doch war es nur eine neue Form von Wissen. Das Kind aber stand schließlich hilflos, aufgestört vor diesem aufgestapelten Wirrwarr, für den es keine brauchbaren Wertungen besaß. Was hatte dies alles mit ihm und seinem Schicksal zu tun? Weder das brav-gehorsam gehaltene Kind von vorgestern noch das eingeweihte von gestern tragen Züge unserer Jugend. Denn diese will in ihrer Kindheit ernst und als ein Stück jungen Volkes wichtig genommen werden. Sie will kein Sonderdasein führen, weder in einer Schule, die man

Während die Kleinen ihre Windräder falten und damit die ersten Erfahrungen mit der Windkraft machen, die Mittelstufe ihre Drachen baut, gehen die Größeren im Herbst an die *Segelwagen.* Die ersten Rennen werden ausgesegelt. Welche Segelform wird siegen? Beispiel dafür, wie auch die Grundlagen der Physik möglichst auf dem Weg über selbst geschaffene Anschauung gewonnen werden.

wie ein Gefängnis bald wieder gerne vergaß, noch in einer Schule, die ‚Aktualität' mit Wirklichkeit verwechselte, sondern sie will von Kind auf ihren Tages- und Jahreslauf so verleben, wie es ihrer Teilhabe am Gemeinwesen und Volk zukommt. Sie will weder zwerghaft Erwachsene spielen, noch von den Erwachsenen zu Zwergen erniedrigt, sondern einfach – nicht weniger und nicht mehr – junges Volk sein.
Volk aber ist nur als schaffendes da. Wir geben für seine Zukunft unsere Kraft hin, weil wir eine Ordnung wollen, die Arbeit und Leistung als erste irdische Bedingung unseres Daseins wertet. Dazu bereiten wir unsere Jugend. Dieser künftigen Entbindung aller Schaffenskräfte des Volkes, ihrer vollen Mobilisierung, liegt kein Plan im Sinne eines Schemas zugrunde, wohl aber ein Plan im Sinne von Schöpfung. Es gibt kein Geschöpf und nichts Geschaffenes, das nicht einem inneren Plan entspräche."

Seite 183

„Es war einmal, daß die Grenzen durch Geburt und Stand bestimmt wurden. Für uns sind nur noch Sein und Leistung grenzschaffend. Grenze darf nicht mit Abstand verwechselt werden. Dieser will respektiert werden, jene ist einfach da. Je mehr die inneren Kräfte erlahmen, die einst eine Grenze schufen, um so mehr verliert sie das ursprünglich Unmittelbare und bedarf der künstlichen, vermittelnden Stützen, die sie dem Staat und seiner Ordnung entleiht. Sie heischt am Ende blinden Gehorsam, wo sie ehedem durch natürliches Grenzgefühl und noch ursprünglicher als einfache Könnensgrenze gesichert war. Mit jenem Anspruch hat ihre geschichtliche Stunde geschlagen. Und es erhebt sich aus dem unbeirrbaren Zwang lebendiger Gestaltung, unbekümmert um Meinungsstreit, die neue Grenze. Ihre Linienführung ist nicht mehr durch Geburt, sondern durch Leistung – im Felde der Erziehung nicht mehr durch vorgegebene ‚Autorität', sondern durch Vorbild – bestimmt. Das bedeutet eine Unmittelbarkeit, etwas schlechthin Überzeugendes, Glaubhaftes und damit Wirksames. Wo die Leistung abgrenzt, bedarf es nicht mehr der Stützen aus Herkunft und Gewohnheit. An die Stelle des ‚Standesbewußtseins' tritt das ‚Könnensbewußtsein'. Die Grenze wächst neu aus der Wertung des Schaffens für das Ganze, sie gliedert die Gemeinschaft: die Familie, die Jugendgruppe, das Werk, den Betrieb, die Gemeinde, das Volk."

Seite 186/187

„Dieses Werkbedürfnis des Kindes erfüllt sich in der Kameradschaft als einer geordneten, auf Ziele gerichteten Willensprägung. Wie die Nachbarschaft als Lebensform, so wird die Kameradschaft von uns als Wirkform begriffen, die auf bestimmte Werke gerichtet ist. Kamerad ist man nicht von selbst, man kann es nur werden. Dieser Stand will erworben, unter Beweis gestellt werden. Die jugendliche Kameradschaft ist die Übungsform für das spätere Werkschaffen des Volkes. Sie ist darum den gleichen Gesetzen unterworfen wie dieses. Verantwortungslos handelte, wer sie zur Spielerei verflachen ließe. Sie ist ernst, weil sie ein Werkziel hat, und sie ist verpflichtend, weil sie

Der *Bau von Papierlaternen* gehört zu den vielseitigen Gruppenaufgaben; es ist eine Sache für die „arbeitsteilige Gruppe“. Alle Altersstufen finden nach genauem Plan ihre Beschäftigung. Säge, Bohrer, Messer, Schere, Pinsel wirken zusammen. Und aus zahlreichen Arbeitsgängen fügt sich das Ganze. Für die verschiedenen Feste wird die Grundform wechselnd „bebildert“.

mit Sachen umgeht, die uns nicht geschenkt, sondern überantwortet werden und deren Bestimmung ist, daß wir sie durch Arbeit in eine wertvolle Form verwandeln.“

Seite 193–195

„Da unsere Gruppen sowohl nach ihrer inneren Haltung wie nach ihrem äußeren Werk auf die künftige Arbeit im Volk ausgerichtet sind, ist die Folge der Erprobungen an Aufgaben und Lösungsversuchen klar vorgezeichnet. Nur was im Hinblick auf diesen späteren Einsatz wertvoll ist, verdient Kraft und Zeit. Es ist *bestimmtes* Können und Wissen um die Dinge, bestimmtes Wollen und bestimmte Tugend, die gebraucht werden. Zwar stehen unsere Gruppen unter ihren eigenen kindlichen Gemeinschaftsgesetzen. Grad und Haltbarkeit ihrer Verantwortung, die Fähigkeit zur Verantwortung überhaupt, sind beschränkt, aber es wäre verfehlt, wenn man bei der Stellung ihrer Themen, Vorhaben und Aufgaben in einer falschen Kindertümlichkeit befangen bliebe. Auch Robinsonaden kann man nicht künstlich schaffen; wenn es sie gibt, so nur in der Wirklichkeit der Zeit, die wir durchleben. In unserer Gemeinschaft ist kein Platz für versponnene Inselgründungen. Wenn wir uns tummeln, so wollen wir nur dies; unsere Kampfspiele haben die Aufgabe, Sinne zu schärfen und Kräfte zu üben. Unsere Wanderungen und Großfahrten fallen schon aus dem Rahmen beziehungslosen Streifens heraus und sind der Aufgabe unterstellt, Volk und Land zu ‚erfahren'. Tummel- und Kampfspiele sind die regelmäßigen Atemzüge des gemeinsamen Arbeitslebens, die Wanderung ist lebendige Volkskunde. Sie sind der Hintergrund der täglichen Kleinarbeit im Jahresablauf. Diese Kleinarbeit, die geschlossene Kette täglicher Einzelvorhaben prägt unser Dasein. Sie bringt uns im Geiste und durch das handwerkliche Schaffen immer wieder tausendfältig in Berührung mit den großen Begebenheiten, Sorgen und Zielsetzungen des schaffenden Volks.

Unsere Erziehungsgruppe steht damit in einer inneren geschichtlichten Verwandtschaft in jener Bewegung der Jugend, die im Deutschland vor dem ersten Weltkrieg ihre unvergänglichen Wurzeln schlug. Diese Jugendbewegung war eine Erziehungsbewegung. Sie lebt in engster Nachbarschaft mit den erzieherischen Pionierleistungen ihrer Zeit. Die Landerziehungsheime als Gedanke und Tatform, so verschieden ihr Gesicht im einzelnen sein mochte, waren ihr wahlverwandt. Sie waren Versuchsstätten

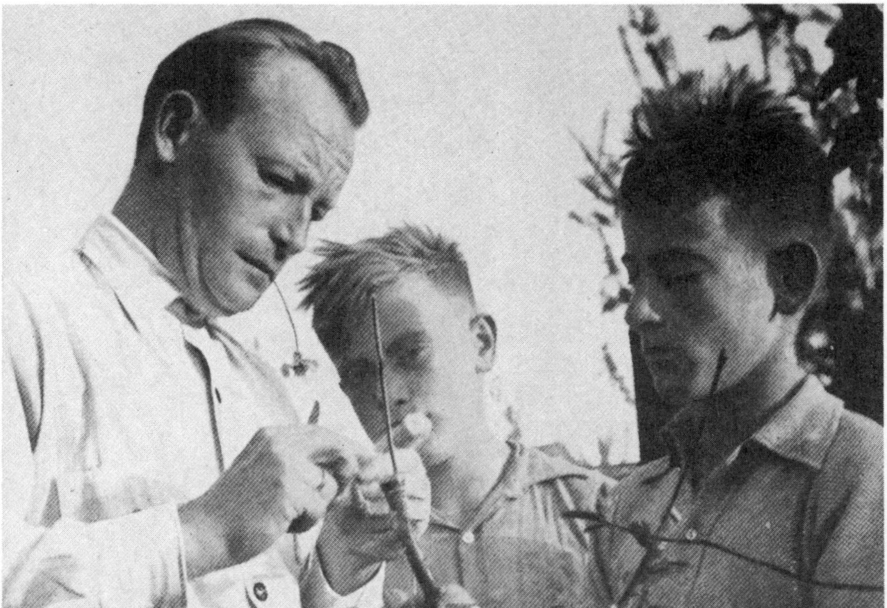

Neben den Grundkenntnissen im Gartenbau sollen auch die einfachsten *Handgriffe des Obstbaus* vermittelt werden. So werden die Jungens aufmerksam gegenüber den Problemen, die ihnen später als Gartenliebhabern und Obstzüchtern begegnen. Auch hier gilt: selbst probieren, erproben, üben. Die größeren Kinder besorgen sich Wildlinge, legen eine kleine Baumschule an und lernen Veredeln. Allerlei Züchtungsfragen werden dabei durchdacht.

einer lebendigen Erziehungsform, die nach einer Vollform für die gesamte Volksjugend strebten, die, abseits von aller Kraftmeierei wie von allem ‚Intellektualismus', vieles vorbildeten, was wir heute für die gesamte Volksjugend wollen: Übung des Willens, Einheit von Einsicht und Einsatz, geistige Strenge, und in ihr verankert Verantwortung, Hingebung an die Sache und Verachtung eines Wissens, das nicht im lebendigen Wesen eines Menschen verkörpert ist. Die Tugenden einer verantwortlichen Führung wie eines fraglosen Dienstes, ohne Rücksicht auf die eigene Person, eines Ordnungssinnes, der den einzelnen als Teil des Ganzen begreift, einer Disziplin, die das Belanglose willig dem Wichtigen unterordnet – Tugenden solcher Art sind von der Bewegung der Vorkriegsjahre vorgelebt und bezeugt worden. Wir Erzieher tragen heute die Verantwortung, sie in die Breite des Volkes wirken zu lassen. Was einst als Jugendbewegung in ein Binnenwasser zu verrinnen drohte, wird als gestaltende und erprobende Kraft in die offenen Räume unserer Erziehungsstätten strömen."

Adolf Reichwein
Reformpädagoge und Widerstandskämpfer
1898–1944

Beiträge und Dokumente zum 40. Todestag
herausgegeben von Roland Reichwein
im Auftrag der Max-Traeger-Stiftung

HEIDELBERG 1984
CARL WINTER · UNIVERSITÄTSVERLAG

Richte immer die Gedanken
fest und ohne schwaches Schwanken
auf das selbst gewählte Ziel!
Hilft das Herz als Kompaß viel,
weist die Richtung in der Stille,
soll der selbst gestählte Wille
doch Dich stärken, fest zu halten
und Dein Leben zu gestalten
nach den großen Tugendbildern,
die des Lebens Härte mildern:
G ü t e allen Menschen zeigen
W a h r h e i t gegen jedermann,
über andrer Fehler s c h w e i g e n ,
und nur wollen was man k a n n .

(Eintragung Reichweins in das Poesiealbum eines Schülers, 18. 1. 1938)

Roland Reichwein

Zur Aktualität Adolf Reichweins

Adolf Reichwein war einer der wenigen deutschen Pädagogen, die in der ersten Hälfte dieses Jahrhunderts von der ‚Jugendbewegung' im Kaiserreich über die ‚Reformpädagogik' in der Weimarer Republik bis in den aktiven Widerstand gegen den deutschen Faschismus vorgestoßen sind und darum vorzeitig ihr Leben lassen mußten. In Reichweins Fall deshalb – und hier beginnen die persönlichen Besonderheiten –, weil er auch Sozialist war und weil er deshalb, als Angehöriger des sogenannten ‚Kreisauer Kreises' und gemeinsam mit dem ehemaligen SPD-Reichstagsabgeordneten Julius Leber, vor dem Staatsstreichversuch am 20. Juli 1944 Kontakt aufnahm zum Zentralkommitee der KPD im Untergrund, um für die Zeit nach dem Umsturz ein breites Bündnis aller antifaschistischen Kräfte herzustellen. Das zweite Treffen wurde verraten, alle Beteiligten von der Gestapo verhaftet und später hingerichtet, Reichwein am 20. Oktober 1944, heute vor 40 Jahren, kurz nach seinem 46. Geburtstag. So wurde er einer der Widerstandskämpfer, die später in beiden Teilen Deutschlands anerkannt und geehrt wurden.

Aber Reichwein hat auch als Pädagoge Hervorragendes und für die überlebenden Unvergessenes geleistet, und zwar in 23 Jahren auf vier verschiedenen Gebieten: in der Volkshochschul- und Arbeiterbildung (1921–1929), in der Volksschullehrerbildung (1929–1933), als Volksschullehrer in einer einklassigen ‚Zwergschule' auf dem Land (1933–1939) und als ‚Museumspädagoge' in Berlin (1939–1944), wo er die Zusammenarbeit zwischen dem Volkskundemuseum und den Volksschulen in Berlin und im ganzen Reich leitete und für beide Seiten fruchtbar machte. Auf keinem dieser vier Gebiete war Reichwein ein professioneller Fachmann, und doch hat er auf jedem Beispielhaftes zustande gebracht. Gründe genug, um sich seiner zu erinnern und zu fragen, was Reichwein jüngeren und nachgeborenen Pädagogen, die sich einer ähnlichen Auffassung ihres Berufs verpflichtet fühlen, heute, in der gegenwärtigen Lage der zweiten westdeutschen Republik noch bedeuten kann. Es ist daher nur konsequent und richtig, wenn die Gewerkschaft Erziehung und Wissenschaft heute, vierzig Jahre nach Adolf Reichweins Tod, seine Person erstmals öffentlich würdigt und damit – unter dem Druck aktueller Probleme und Auseinandersetzungen – einen Teilaspekt ihrer Vorgeschichte ins Bewußtsein hebt, der ihr, ihren Mitgliedern und Funktionären vielleicht etwas Mut und Kraft für ihre aktuellen Kämpfe geben kann.

Eine Gedenkschrift wie diese kann freilich die Person, das Leben, Denken und Wirken Adolf Reichweins nicht vollständig darstellen und vergegenwärtigen; dafür muß auf das Literaturverzeichnis am Ende dieser Schrift, besonders auf den Brief- und Dokumentenband von U. Schulz verwiesen werden. Sie kann nur einige Aspekte seines Lebens und Wirkens hervorheben, die auch heute noch interessant und aktuell erscheinen, um dadurch zu einer intensiveren Beschäftigung, Annäherung und Auseinandersetzung anzuregen. Denn eine Würdigung Adolf Reichweins ist heute nicht mehr ohne eine solidarische, aber kritische Auseinandersetzung möglich, die zu seinen wesentlichen pädagogischen und politischen Positionen und zum Wesen seiner Persönlichkeit vordringt und sich ihnen stellt, ja sie kann nur in einer solchen Auseinandersetzung ihre heute angemessene, lebendige Form finden; das hätte Reichwein wohl selbst so gesehen. Er war zu sehr in die Sprache und das Denken, in die Probleme und Kämpfe seiner Zeit und seiner jugendbewegten Generation verwickelt, zu viel ist seitdem geschehen und zu sehr sind wir heute in unsere eigenen Probleme und Auseinandersetzungen verstrickt, als daß wir uns ihm noch ganz unbefangen nähern könnten. Deshalb ist Reichwein auch nicht ohne weiteres einzuordnen in die uns vertrauten und festgefahrenen Begriffe, Schemata und Fronten; er läßt sich nicht umstandslos vereinnahmen für diese oder jene aktuelle pädagogische oder politische Position, sondern er stand und steht für sich selbst in seiner Zeit und läßt sich nur aus ihr heraus ganz verstehen.

Dennoch wirkt vieles von dem, was Reichwein seinerzeit gesagt, geschrieben und getan hat, auch heute noch erstaunlich frisch und aktuell; nicht zuletzt deshalb, weil Bildung und Erziehung in gewisser Weise eine zeitlose Aufgabe mit besonderen Entwicklungsgesetzen ist, weil sich heute wie damals ganz ähnliche pädagogische Probleme stellen und weil Reichwein diese Probleme immer direkt, grundsätzlich und zugleich praktisch zu- und eingreifend angegangen ist. Insofern macht er uns – über die Zeit und die Generationen hinweg – den Zugang und die Einsicht in das, was er wollte, auch leicht, lädt er uns zu einem jener Gespräche, einer jener Diskussionen ein, die er so gerne mochte. Deshalb sind in diesem Bändchen auch drei längere Texte Reichweins abgedruckt, mit denen er sich für damalige und auch für heutige Leser besonders exponiert hat. Sie stammen alle aus den Jahren 1931–33, einer Zeit, die wohl einige historische Parallelen zu unserer heutigen Lage aufweist.[1]

Die gegenwärtig aktuellen, unmittelbar interessierenden und anregenden, vorbildlichen oder problematischen Aspekte der Person und der Lebensleistung Adolf Reichweins liegen wohl nicht so sehr in seiner politischen Widerstandstätigkeit während der Kriegsjahre und in den kulturpolitischen Neuordnungsvorstellungen, die er mit den ‚Kreisauern' ausarbeitete. Sie zeigen zwar, bis zu welcher Konsequenz man in gefährlichen Zeiten Pädagoge sein kann. Aber die heutige politische Situation ist zu verschieden von der damaligen, die historische Distanz zum Faschismus ist gegenwärtig zu groß, als daß man grade hier ansetzen sollte. Mag sein, daß sich das noch einmal ändert, aber das soll uns hier nicht kümmern. Aktueller erscheinen heute, gerade für die GEW, ihre Mitglieder und ‚Sympathisanten', andere, weniger bekannte Aspekte des Lebens und Wirkens von Reichwein, besonders vor und nach 1933, als er als Professor an der Lehrerbildungsakademie Halle vom ‚Berufsverbot' der Nazis betroffen wurde. Ich möchte hier vier Aspekte hervorheben, auch auf die Gefahr hin, damit eine willkürliche und unvollständige Auswahl zu treffen:

- Reichweins Auffassung von Pädagogik,
- sein Verhältnis zu politischer Parteinahme und Organisation,

[1] An dieser Stelle sei den Verlagen F. Schöningh, Paderborn, und G. Müller, München, für den Nachdruck dieser Dokumente gedankt.

- sein Verständnis von Sozialismus,
- sein Verhalten während und nach dem Berufsverbot von 1933.

Reichweins pädagogische Konzeption

Reichweins Auffassung von Pädagogik und von der Aufgabe des Pädagogen oder „Volksbildners", wie er gern sagte, entwickelte sich schon in seiner Studienzeit und ist ein wichtiger Zugang zum Verständnis seines weiteren Lebensweges. Sie ist umfassend, prinzipiell und anspruchsvoll – Berufs- und Standesunterschiede spielen dabei nur eine sekundäre Rolle – und sie beruht sehr stark auf seinen Kindheits- und Jugenderfahrungen:

- seiner ländlich-dörflichen Herkunft aus einer kleinbürgerlich-ärmlichen Volksschullehrerfamilie in Hessen – der Vater war protestantischer ‚Freidenker' und Sozialdemokrat, die Mutter gläubige Katholikin;
- den ‚Wandervogel'-Jahren vor dem 1. Weltkrieg;
- dem Erlebnis des Weltkrieges als 18-jähriger ‚Kriegsfreiwilliger', mit Frontkameradschaft und schwerer Verwundung in den Grabenkämpfen und Materialschlachten der Westfront;
- der erstaunlich kurzen, intensiven Studienzeit in Frankfurt und Marburg vom SS 1918 bis zum WS 1920/21, die bereits mit dem Berufsziel der Erwachsenen- und Volksbildung begonnen und mit der Promotion zum Dr. phil. abgeschlossen wurde.[2]

Die pädagogische Konzeption, die Reichwein aus diesen Erfahrungsquellen entwickelte, läßt sich hier nur allgemein und ansatzweise skizzieren, zumal er sie selbst nie systematisch dargelegt hat; am meisten Aufschluß gibt sein Bericht über die Volksschullehrertätigkeit in Tiefensee „Schaffendes Schulvolk" von 1937. Reichwein war ein Pädagoge, ein Menschenfreund, der anderen – wie sich selbst – zur Entfaltung ihrer besten Fähigkeiten verhelfen wollte. Er begriff Erziehung und Bildung von Anfang an vor allem als eine praktische und eine gesellschaftliche, politische Aufgabe. Pädagogische Theorie und Wissenschaft mußte sich für ihn in der Praxis bewähren, mit ihr verbinden und entwickeln, und diese Praxis sollte auf fachlichem Wissen und Können und auf einer genauen Kenntnis des pädagogischen Umfeldes beruhen, einschließlich der gesellschaftlichen und politischen Verhältnisse, in denen der Pädagoge tätig ist, sowie auf einer dezidierten Einstellung zu diesen Verhältnissen, die für Reichwein eine sozialistische war. Aber davon später.

Die Überwindung der Klassen-, Bildungs- und Bewußtseinsgegensätze zwischen Bürgertum, Industriearbeitern und Bauern, die im deutschen Volk durch den industriellen Kapitalismus aufgerissen worden waren, war für Reichwein jedoch nicht nur eine politische, sondern auch eine pädagogische Aufgabe, die neben der politischen Entwicklung, diese ergänzend und weitertreibend, in Angriff zu nehmen war. Dies aber nicht nur in dem äußerlichen, bildungspolitischen Sinn gleicher Bildungschancen

---

[2] Zur Biografie Reichweins siehe den Beitrag von W. Huber in dieser Gedenkschrift.

für alle, sondern auch in einem inhaltlichen, substanziellen Sinn. Dieser bestand für Reichwein darin, die voneinander getrennten, unterschiedlichen kulturellen Traditionen der sozialen Klassen wieder zusammenzuführen und miteinander zu verbinden. Die aus dem 1. Weltkrieg hervorgegangene erste demokratische Republik in Deutschland forderte Reichwein zu dieser pädagogischen Aufgabe heraus; sie konnte sich nach seiner Auffassung nur dann zu einer wirklichen und lebensfähigen Demokratie entwickeln. Sein Fernziel war eine neue, einer entwickelten und demokratischen Industriegesellschaft gemäße, alle Klassen umfassende, aber in sich differenzierte ‚Volkskultur', die auch für die Politik – ebenso wie für die Pädagogik – verbindlich und verpflichtend sein könnte. Dieses Ziel konnte seines Erachtens freilich nicht nur mit pädagogischen Mitteln erreicht, sondern erst nach einer politischen Überwindung der Klassengegensätze, d. h. nach einer sozialistischen Umgestaltung von Wirtschaft und Gesellschaft verwirklicht werden, welche den Privatkapitalismus unter eine politische, demokratische Kontrolle bringen würde.

Aus diesen Gründen verstand Reichwein Erziehungs- und Bildungsarbeit in einem umfassenden Sinn als ‚Volksbildung' und als Kulturarbeit. Deshalb brachte er schon in seiner Marburger Studienzeit und später immer wieder Studenten und junge Arbeiter, bürgerliche Akademiker und Intellektuelle mit proletarischen Hand- und Industriearbeitern zusammen, um sie mit ihren unterschiedlichen kulturellen Traditionen zu konfrontieren und beide Seiten voneinander lernen zu lassen. Dahinter stand auch seine Überzeugung, daß diejenigen, welche die Chance gehabt hatten, ihre Fähigkeiten durch Erziehung und Bildung zu entwickeln, eine besondere Verantwortung und Verpflichtung hätten, von ihrem Wissen und Können etwas an jene abzugeben, welche diese Chance noch nicht oder nicht mehr haben, und diese Verpflichtung lag für ihn in besonderem Maße auf den Pädagogen.

Reichweins umfassende, kulturpolitisch-strategische Auffassung von der Aufgabe der Volksbildung in seiner Zeit hat ihn jedoch nicht in die pädagogische Theorie und Wissenschaft und in eine akademische Laufbahn geführt, sondern in die Umsetzung der Theorie in konkrete pädagogische Praxis, zunächst in der Volkshochschularbeit und der Jungarbeiterbildung. Er hielt sich nicht für einen Wissenschaftler, obwohl er wissenschaftlic h arbeitete und publizierte, sondern primär für einen Pädagogen. Er wollte direkt Einfluß nehmen und da eingreifen, wo er es für besonders nötig hielt. Berufliche Karriere und Sicherheit, soziales Prestige und Macht waren ihm dabei ziemlich gleichgültig. Die 11. These von Marx über Feuerbach – „Die Philosophen haben die Welt nur verschieden interpretiert; es kömmt darauf an, sie zu verändern" – war einer seiner Wahlsprüche. Reichwein war kein pädagogischer Theoretiker und Systematiker, aber auch kein reiner Praktiker und pädagogischer Handwerker, sondern so etwas wie ein Meister seines Berufs, der beides auf seine besondere Art verbinden konnte. Praktische Erprobung und Weiterentwicklung der Theorie sowie theoretische Reflexion und Fundierung der Praxis griffen bei ihm ineinander und liefen in seiner pädagogischen und seiner umfangreichen schriftstellerisch-publizistischen Arbeit ständig parallel. Dabei bewahrte er sich einen weiten Blick und Horizont, der auch ganz andere Gebiete und Interessen einschloß. Das Verzeichnis seiner Schriften macht dies deutlich. Später hat er neben dem Buchdruck auch die neuen Medien des Rundfunks und des Films benutzt. Überhaupt hatte er, bei aller Achtung vor dem alten

Handwerk und Brauchtum, noch ein unbefangenes, optimistisches Vehältnis zur modernen Technik.

Aufgrund seiner praktischen Arbeit und Erfahrung in der Erwachsenen- und Arbeiterbildung hat sich die pädagogische Konzeption Reichweins auch im einzelnen entwickelt. Auch hier müssen einige allgemeine Hinweise genügen. Vor allem lehnte er die in der Reformpädagogik der 20er Jahre aufkommende Strömung einer „liberalen" Pädagogik des Anregens und Gewährenlassens eindeutig ab. In dem Streit um „Führen oder Wachsenlassen" (Th. Litt) betonte er entschieden die pädagogische Führung. Erziehung und Bildung waren für ihn zu wichtige und verantwortungsvolle Aufgaben, als daß er da etwas dem Zufall überlassen wollte. Er betrachtete sie nicht nur als einen Entwicklungsprozeß, in dem der Pädagoge Anregungen gibt und abwartet, was der Lernende daraus macht, sondern als einen kooperativen Austausch- und Arbeitsprozeß zwischen Lehrer und Lernenden, in dem ein Ergebnis und Produkt, letztlich eine höhere Form des Menschseins erarbeitet werden muß, die sich nicht von selbst ergibt. Als Pädagoge dachte er zwar ‚vom Kinde' und vom Lernenden aus und handelte nur für ihn – das war ihm oberstes Gebot; er begriff zwar menschliche Entwicklung und Bildung – ebenso wie Kulturentwicklung – als einen Wachstumsprozeß mit eigenen Gesetzmäßigkeiten, aber er war auch überzeugt, daß der Pädagoge in diesen Prozeß – wie ein Bauer, Förster oder Gärtner – erzieherisch, ‚züchterisch' und formend eingreifen, ihn lenken und steuern müsse, wenn die ‚Veredelung' gelingen soll. Dabei war ihm die pädagogische Gruppe und Gemeinschaft der Lernenden, das sich selbst regulierende und erziehende Kollektiv, ein wichtiges Hilfsmittel. Aber auch sie wollte er sich nicht selbst überlassen, auch sie bedurfte der pädagogischen Führung und Zucht, wenn sie produktiv werden sollte.

Deshalb trat Reichwein durchaus für alters- und entwicklungsgemäß wachsende Anforderungen und Ansprüche an die Schüler ein – auch für solche der industriellen ‚Arbeitsgesellschaft' und der neuen ‚Industriekultur' – und folglich auch für die Autorität des Lehrers und Erziehers; aber eine Autorität, die sich nicht von selbst bzw. von Amts wegen versteht, sondern die auf besserem Wissen, Können und vorbildlichem Tun beruht, letztlich also auf dem Vertrauen der Lernenden in den Lehrenden. Insofern stellte Reichwein an sich und alle Pädagogen hohe Ansprüche. Er wollte eine autoritative Erziehung und Bildung, aber keinen autoritären Pauk- und Leistungsdrill. Pädagogische Autorität und autoritative Erziehung schienen ihm jedoch nur im Rahmen einer verbindlichen und verpflichtenden Kultur möglich, und deshalb sollten die Lehrer und ‚Volksbildner' auch Vermittler und Gestalter einer solchen Kultur, ‚Kulturbildner' in öffentlicher, politischer Verantwortung sein.

Diese wichtige, verantwortungsvolle Aufgabe können Lehrer und Erzieher – das war für Reichwein selbstverständlich – nur in ‚pädagogischer Freiheit', Unabhängigkeit und Selbständigkeit erfüllen, möglichst frei von bürokratischer Reglementierung, hierarchischem Zwang und politischer Gesinnungskontrolle. Nur dann könnten sie sich ihre Aufgabe wirklich zu eigen machen und kreativ erfüllen, nur dann würden sie sich auch ihren Schützlingen und dem Ganzen des Volkes, seiner gesellschaftlichen und politischen Ordnung verbunden und verpflichtet fühlen. Je mehr man den Menschen zutraut, desto besser können sie sich entfalten und um so mehr können sie leisten, war einer seiner Grundsätze. Für diese pädagogische Freiheit müssen jedoch die

Lehrer und Erzieher nach Reichweins Auffassung erst befähigt und ausgebildet, herangebildet und auch erzogen werden, und zwar in einem umfassenden, fachlichen, musischen und politischen Sinn. Nur wenn die Pädagogen ihre kulturbildende Aufgabe erfüllen, meinte er, könnten Kultur und Politik in jenes notwendige, aber seltene Austauschverhältnis eintreten, das ihm für eine demokratische Politik und Gesellschaftsordnung unerläßtlich schien.

Sein Verhältnis zu politischen Organisationen

Obwohl Reichwein die politische Bedeutung und Verantwortung der Pädagogik und der Pädagogen so hoch einschätzte, war er bis 1930, als er schließlich 32-jährig in die SPD eintrat, nicht ‚organisiert', weder in einem Berufsverband noch in einer Gewerkschaft oder einer Partei. Insoweit hat er sich aus den stürmischen politischen Kämpfen der Weimarer Republik auffallend herausgehalten, und insofern kann man durchaus fragen, ob er seinen selbstgesetzten Ansprüchen gerecht geworden ist. Andererseits muß man zweierlei festhalten:

- Reichwein ist politischen Fragen, Themen, Vorträgen, Tagungen und Diskussionen nie ausgewichen, er hat sie vielmehr gesucht, sich ihnen gestellt und aktiv an ihnen beteiligt.
- Er war auch kein Einzelgänger und Einzelkämpfer, sondern er hat sich für die bildungs- und kulturpolitischen Probleme, Auseinandersetzungen und Veränderungen, um die es ihm jeweils ging, – in jugendbewegt-bündischer Manier – die richtigen und wichtigen Verbündeten, Bundes- und Kampfgenossen und auch politischen Gruppierungen selbst gesucht, sich ihnen angeschlossen oder sie erst zusammengebracht und aktionsfähig gemacht.

So hat er sich z. B. in den 20er Jahren den „Religiösen Sozialisten" um Karl Mennicke, Paul Tillich und Eduard Heimann angeschlossen und ihre Zeitschrift „Neue Blätter für den Sozialismus" mit herausgegeben.

Wenn Reichwein dennoch in keinen der großen Verbände und Organisationen eintrat, so hat das vielfältige, persönliche und sachliche Gründe, die hier nicht alle aufgezählt werden sollen. Entscheidend ist wohl, daß er sich in den politisch hitzigen 20er Jahren und noch danach, wahrscheinlich bis zu seiner Widerstandsarbeit, primär als Pädagoge und nicht als Politiker verstand. Er sah zwischen beidem einen deutlichen Unterschied, den er lange nicht überspringen wollte und konnte, auch als er als Persönlicher Referent des parteilosen preußischen Kultusministers Carl Heinrich Becker in Berlin (1929–30) in die Tagespolitik hineingeriet. Reichwein war lange der Auffassung, daß Erziehung und Bildung vor dem direkten Zugriff der Politik bewahrt werden müßten. Auch politische Bildung war für ihn primär Bildung zu fundierter politischer Urteilsfähigkeit, nicht Vermittlung politischer Meinungen. Er war der Ansicht, daß die politische Verantwortung des Pädagogen zunächst und vor allem in seiner pädagogischen Arbeit zum Tragen kommen müsse und daß dies – jedenfalls für ihn selbst – schon Aufgabe genug sei. Deshalb mußte er sich nicht unbedingt auch noch in die Tages- und Parteipolitik stürzen; das konnten und sollten andere, dafür Kompetentere tun. Diese Meinung hat er erst 1930, möglicherweise zu spät korrigiert, als er erkennen mußte, daß sich die politische Entwicklung überstürzte, außer Kontrolle geriet und alles überrannte, was ihm wichtig war.

Hinzu kamen gravierende sachliche Differenzen zwischen Reichweins pädagogisch-politischen Vorstellungen und denen der verschiedenen Pädagogenverbände und der großen Arbeiterparteien, gegen die er sich schwerlich durchsetzen konnte. Am deutlichsten wird dies noch heute in der Lehrerbildungsfrage, in der er – gegen die alte 1848er-Forderung des Preußischen und des Deutschen Lehrervereins und auch von Teilen der SPD nach einer integrierten universitären Lehrerbildung – mit dem Kultusminister Becker, Eduard Spranger u. a. die preußische Konzeption der selbständigen, kleinen „Pädagogischen Akademien" für die Volksschullehrer vertrat und verteidigte. Diese Position Reichweins – und vielleicht noch manche andere – macht ihn auch heute noch für die GEW schwer verdaulich, die dem Untergang der Nachfolger der Akademien, der Pädagogischen Hochschulen, in einigen Bundesländern in den letzten Jahren ziemlich tatenlos zugesehen hat. Die Argumente, die Reichwein für die Akademien vorzubringen hatte, sind seinem im Folgenden abgedruckten Artikel zu diesem Thema zu entnehmen. Maßgebend war für ihn allein die pädagogische Aufgabe der ‚Volksbildner' und die hierfür zweckmäßige Form ihrer Ausbildung, die er in den großen und unübersichtlichen, spezialistisch zersplitterten, gesellschaftsabgeschlossenen und elitären Universitäten nicht gewährleistet sah. Demgegenüber hatten für Reichwein standes- und gesellschaftspolitische Interessen, Forderungen und Rücksichten zurückzustehen. War das zu pädagogisch, zu wenig politisch, ja politisch naiv und kurzsichtig gedacht? Und warum hat Reichwein die gleiche Konzeption nicht für alle Lehrergruppen, auch für Gymnasial- und Realschullehrer gefordert, also selbständige wissenschaftliche Hochschulen für die gesamte Lehrerbildung, analog zu den Technischen Hochschulen? Diese Fragen werden die GEW wahrscheinlich noch weiter beschäftigen.

Zur SPD hatte Reichwein ein zwiespältiges Verhältnis: Einerseits bejahte er wohl ihre staatstragende Funktion und ihre pragmatische Kompromiß- und Reformpolitik im Rahmen der jungen, gefährdeten demokratischen Republik von Weimar. Andererseits war sie ihm ideologisch zu sehr auf einen diesem Kurs widersprechenden, nicht mehr zeitgemäßen, doktrinären ‚Marxismus' festgelegt, organisatorisch zu sehr verkrustet, bürokratisch erstarrt und schwerfällig, also zu wenig gegenwartsbezogen, offen und mobil, gerade auch für seine eigene junge Nachkriegsgeneration. Peter Glotz spricht heute im gleichen Sinn vom ‚Tanker' SPD. Diese und weitere Einwände hatte Reichwein erst recht gegen die KPD, ohne daß er deshalb ein Kommunistenfeind gewesen wäre. Seine erste Frau, mit der er sieben Jahre verheiratet war, wurde Kommunistin, die Oktoberrevolution und die Entwicklung der jungen Sowjetunion hat er mit Interesse, Sympathie und Skepsis verfolgt und schließlich hat er vor dem 20. Juli 1944 wieder den Kontakt zu Kommunisten gesucht.

Als Reichwein im Herbst 1930 – nach dem Wechsel von Berlin an die Akademie in Halle und nach dem Durchbruch der NSDAP bei den Septemberwahlen – seine Bedenken zurückstellte und in die SPD eintrat, wußte er, daß damit nicht mehr viel zu gewinnen, sondern allenfalls noch Schlimmeres zu verhindern war, daß es für die sozialistische Linke und die Arbeiterschaft um die solidarische Verteidigung der demokratischen Republik und ihrer Stellung in dieser Republik, um den entschlossenen Abwehrkampf gegen die Rechte und den Nationalsozialismus ging, den „lebensgefährlichen Kollektivismus der Blutjünger“, wie er im November 1931 an Ernst Robert Curtius schrieb. Was Reichwein über diesen Parteieintritt dann im Juni 1933 in den weiter hinten abgedruckten „Bemerkungen zu einer Selbstdarstellung“ niederschrieb, ist eine hintergründige Mischung aus Wahrheit, Verschleierung und Herunterspielen, die nur aus der inzwischen eingetretenen Lage richtig zu verstehen ist. Davon später. Daß er auch in diesem Dokument von der „zeitgemäßen geistigen Führung“ der Arbeiterschaft spricht, zeigt jedoch, daß er den Kampf gegen den Nazismus auch als einen geistigen Kampf um die Arbeiterschaft ansah und daß es ihm dabei darum ging, dem Nationalsozialismus seine Auffassung von Sozialismus entgegenzustellen.

Reichweins Auffassung von Sozialismus

Reichweins Verständnis von Sozialismus und auch von Marx ist in der Literatur über ihn – nicht ohne Grund – umstritten: in den Veröffentlichungen aus der Bundesrepublik wird das Thema eigentümlich schamhaft und verschwommen nur gelegentlich gestreift und in den Publikationen der DDR (die es ebenfalls gibt) wird es – seitenverkehrt – auffallend vordergründig, pathetisch und plakativ behandelt. Beides ist irreführend. Die genaueste, wenn auch nicht ganz befriedigende schriftliche Auskunft gibt uns Reichwein selbst in einem Diskussionsbeitrag bzw. Vortrag von 1932 zu dem Tagungsthema „Mit oder gegen Marx zur deutschen Nation?“, der deshalb im Folgenden abgedruckt ist.

Er zeigt Reichwein (34-jährig) als undogmatischen, autonomen, gegenwarts- und zukunftsorientierten, kämpferischen und optimistischen ‚Jungsozialisten‘, der die Marx'sche Gesellschaftstheorie und Analysemethode zwar als gültige Grundlage seines sozio-ökonomischen und politischen Denkens anerkannte und verteidigte, sie aber auch für entwicklungsfähig und – aufgrund neuerer Erkenntnisse und der veränderten historischen Lage in der Weimarer Republik (mit der maßgebenden Rolle der Arbeiterbewegung) – auch ohne Zögern und übertriebenen Respekt für ergänzungs-und korrekturbedürftig hielt. Die Vergesellschaftung der industriellen Produktionsmittel und die politische, demokratische Kontrolle der Wirtschaft im Dienst des gesamten Volkes war für ihn zwar ein notwendiger und entscheidender Schritt vorwärts, aber nicht die Lösung aller Probleme. Denn Sozialismus war für Reichwein nicht nur eine politische, staatliche Organisationsform von Wirtschaft und Gesellschaft, sondern auch eine kulturelle Lebensform des Volkes. Insofern war jene Organisationsform für ihn nur eine notwendige, aber keine hinreichende Bedingung für die letztlich wichtigere Gestaltung einer sozialistischen, humanen und demokratischen Gesellschaftsordnung und Kultur, welche das ganze Volk umfassen und allen seinen Gliederungen die gleichen Lebenschancen sichern sollte. Erst dann würde dieses Volk nach seiner Meinung auch wieder zu einer selbstbewußten Kulturnation innerhalb Europas und der Welt zusammenwachsen. Die hierfür erforderliche Bewußtseins- und Charakterbildung, Bildungs- und Kulturarbeit, gerade auch in der Arbeiterschaft, hatte jedoch für

Reichwein schon vor der revolutionären Umgestaltung der industriellen Eigentumsverhältnisse zu beginnen, wenn diese erreicht und fruchtbar werden sollte.

Insgesamt ist Reichweins Auffassung des Sozialismus und vom Weg dorthin nicht nur wissenschaftlich, sondern auch emotional und ethisch, letztlich auch religiös und christlich begründet, aber wohl kaum idealistisch und utopisch in dem von Marx gemeinten kritischen Sinn. Denn moralische und sittliche Gebote der Menschlichkeit sind eben doch etwas anderes als geistige Ideen und Vorstellungen. Man kann diese Auffassung unterschiedlich benennen, darauf kommt es nicht an. Reichwein hätte wohl die Bezeichnung „religiöser Sozialismus" vorgezogen, und seine Widerstandsarbeit im ‚Kreisauer Kreis' und seine letzten Briefe aus dem Gefängnis sprechen dafür. Dies ist allerdings eine problematische und schwierige Postition, und was Reichwein und seine sozialistischen Freunde davon schließlich in die Neuordnungsvorstellungen des ‚Kreisauer Kreises' einbringen konnten, ist den dürftigen Dokumenten und Quellen zu entnehmen. Andererseits hat diese Position in den letzten Jahren durch die lateinamerikanische „Theologie der Befreiung", die Reichwein sicherlich sehr interessiert hätte, wieder neuen Auftrieb und eine neue Aktualität gewonnen.

Wichtiger als dieses schwierige Thema erscheint mir hier zunächst die Art und Weise, wie Reichwein mit der großen Tradition der Arbeiterbewegung, des wissenschaftlichen Marxismus und Sozialismus umgegangen ist, wie er sie gegenüber ihren Gegnern verteidigt und für seine Gegenwart fruchtbar gemacht hat: offen, fair, direkt zur Sache, ohne übertriebenen Respekt nach beiden Seiten, selbstbewußt und kämpferisch. Das könnte beispielhaft und vorbildlich sein auch für die aktuellen Auseinandersetzungen innerhalb der Linken und mit ihren Gegnern, auch für die Auseinandersetzung zwischen der hiesigen Linken und der SED der DDR.

Sein Verhalten nach dem ‚Berufsverbot' von 1933

Im April 1933, kurz nach seiner zweiten Eheschließung, wurde Reichwein aus politischen Gründen von seiner Professur an der ‚roten' Akademie Halle mit sofortiger Wirkung beurlaubt, erhielt er also ‚Berufsverbot'. In den folgenden Monaten stand er vor der Alternative, ohne Pension aus dem Beamtenverhältnis entlassen zu werden oder – wie eine Reihe deutscher Hochschullehrer in dieser Zeit – eine Professur in der Türkei Atatürks zu übernehmen, also mit seiner grade angetrauten Frau in ein sehr fremdes Land zu emigrieren. (An diese Türkei-Emigration deutscher Wissenschaftler sollte man sich bei der gegenwärtigen Ausländer- und Türkenfeindlichkeit auch wieder erinnern.) Als sich jedoch die Möglichkeit einer ‚Strafversetzung' auf eine Volksschullehrerstelle abzeichnete, entschied er sich im September 33 zum Bleiben, Ausharren und Weitermachen, zur sogenannten ‚inneren Emigration'.

In dieser kritischen Phase, die Reichwein übrigens in keiner Weise verzagen und resignieren ließ, forderte ihn Kurt Zierold, ein Freund im preußischen Kultusministerium, Ende Mai/Anfang Juni auf, einen schriftlichen Lebenslauf bei dem von den Nazis übernommenen Ministerium einzureichen, und zwar mit folgenden Worten: „In ihm muß jedes Wort wahr sein, und er muß doch mit den Augen eines Nazis lesbar sein. Keine Taktik, keine Rechtfertigung, ein Spiegel Ihrer selbst, und doch darf das Schriftstück eines psychologischen Seitenblicks nicht entbehren." Unter solchen Bedingungen schrieb Reichwein die weiter hinten abgedruckten „Bemerkungen zu einer Selbstdarstellung", die besonders für die in den letzten Jahren von politischer Gesinnungskontrolle oder ‚Berufsverbot' bedrohten oder betroffenen Pädagogen und Wissenschaftler lehrreich sein können. Sie geben einen tiefen Einblick in das Wesen und Leben des 34-Jährigen und zeigen zugleich, wie er unter der Herrschaft des deutschen Faschismus Wahrheit und Taktik, Gewissenstreue und politisches Kalkül, Widerstand und Anpassung auszubalancieren suchte, um in Deutschland weiterhin pädagogisch arbeiten zu können.

Im Herbst 1933 erhielt Reichwein die Volksschullehrerstelle, und zwar an einer einklassigen ‚Zwergschule' in Tiefensee, einem kleinen Dorf nordöstlich von Berlin. Das war für ihn jedoch keine Straf-, Rückzugs- und Ruheposition, kein Grund, in Selbstmitleid und Resignation zu versinken, sich auf sich selbst und eine theoretisch-wissenschaftliche Arbeit zurückzuziehen. Für ihn war es vielmehr eine neue praktische Aufgabe an der pädagogischen ‚Basis', in der er, der selbst vom Land kam, an einem festumrissenen Ort nun endlich erproben und beweisen konnte, was er unter Pädagogik und Volksbildung verstand. In diese Aufgabe hat er sich hineingestürzt und aus dieser Dorfschule in fünfeinhalb Jahren ein pädagogisches Beispiel und Modell gemacht, das auch heute noch – wie seine beiden Bücher darüber zeigen – seine Bedeutung und Gültigkeit besitzt. Damit hat Reichwein gezeigt, wie man unter schwierigsten Bedingungen – auf dem Land, unter unzulänglichen äußeren Verhältnissen und unter ständiger politischer Kontrolle und Repression – sinnvolle, progressive und beispielhafte pädagogische Arbeit leisten kann, wenn man von seiner pädagogischen Aufgabe überzeugt und erfüllt ist. Insofern hat Reichwein damals ‚Mut zur Erziehung', aber auch zum Widerstand unter Beweis gestellt.

Dieses Beispiel ist und bleibt gültig und aktuell, solange Lehrer und Erzieher mit ähnlichen Schwierigkeiten zu kämpfen haben, und es kann ihnen auch heute Mut machen. Daß dabei auch manche Kompromisse mit den Schul- und Kultusbehörden, mit den faschistischen Machthabern und ihren Organisationen, ja sogar mit ihrer Sprache und Diktion eingegangen werden mußten, die Reichwein oft geschickt zu seinen Gunsten wenden konnte, war unvermeidlich, wiegt aber gering gegenüber den Erfolgen, die er bei seinen Schülern und auch bei deren Eltern hatte. Mit ihnen hat er ein Stück Gegenkultur und geistige ‚Gegenmacht' aufgebaut, das seinen Einsatz nicht vergeblich erscheinen läßt, auch wenn es im ‚großdeutschen' Rahmen nur punktuelle Bedeutung haben konnte.

Daß dieser persönliche Erfolg Reichwein noch vor Ausbruch des 2. Weltkrieges wieder in einen größeren Wirkungskreis am Volkskundemuseum in Berlin und dort auch in den aktiven, konspirativen Widerstand gegen den Hitler-Faschismus geführt hat, erscheint rückblickend nur konsequent. In seiner neuen pädagogisch-organisatorischen Arbeit am Volkskundemuseum in Berlin – vom Wehrdienst wurde er freigestellt – hat Reichwein wiederum Beispielhaftes geleistet. Von hier aus nahm er mit bewährten Freunden wieder jene Linie auf, die ihn schon als junger Soldat im 1. Weltkrieg beschäftigt hatte: die Frage und das Nachdenken darüber, was aus Deutschland nach der zu erwartenden Niederlage und dem Zusammenbruch des Faschismus werden solle, wie aus Krieg und Zerstörung des Landes, Niederlage und moralisch-kultureller Zerrüttung des Volkes dennoch etwas Positives, ein Vorteil und ein weiterer politischer Schritt nach vorn zu machen sei. So begab er sich wieder in die Politik, als Politik nicht mehr möglich war und als jede pädagogische Arbeit sinnlos zu werden drohte.

Die Geschichte dieser ‚hochverräterischen' Überlegungen, Diskussionen und Planungen im ‚Kreisauer Kreis' und der Rolle Reichweins in diesem Kreis als einer der SPD- und Arbeitervertreter, als Bildungs- und Kulturpolitiker, braucht hier nicht weiter verfolgt zu werden. Die Dokumente, Berichte und historischen Analysen dazu liegen vor. Entscheidend wurde für Reichwein, daß er mit Julius Leber, einem Freund Stauffenbergs, im Juni 1944 – nach der Landung der Westmächte in der Normandie – und vor dem Umsturzversuch am 20. Juli, eine Verständigung mit den Kommunisten im Untergrund suchte. Der Verrat und die Verhaftung am 4. Juli hätten unter diesen Umständen wahrscheinlich auch ohne den 20. Juli 1944 zu dem Todesurteil durch den „Volksgerichtshof" geführt, das dann am 20. Oktober verkündet und vollstreckt wurde, wenngleich Reichwein auch unter Schlägen und Folterungen nichts verriet und daher in seiner Verhandlung kaum noch sprechen konnte. So ist der Pädagoge und Sozialdemokrat Adolf Reichwein zu einem Widerstandskämpfer geworden, der später in beiden Teilen Deutschlands anerkannt und durch zahlreiche Namensgebungen für Schulen, Straßen und Plätze geehrt wurde, zu einer der vielen kleinen gesamtdeutschen Klammern, die beide deutsche Staaten immer noch verbinden. Auch das gehört zur Aktualität Reichweins, seines Denkens und Handelns heute.

Unabhängig von seinem letzten Einsatz für die Politik ist Reichwein jedoch – das haben die vier hier beleuchteten Aspekte seines Denkens und Handelns hoffentlich deutlich machen können – auch und gerade als politischer Pädagoge immer noch, auch für die GEW und ihre Anhänger, eine denkwürdige, interessante und anregende Figur. Manches mögen wir heute anders sehen als er, aber manches bleibt auch beispielhaft. Adolf Reichwein hat sich in einer stürmischen, gefahrvollen und schlimmen Zeit deutscher Geschichte, die uns noch heute belastet, Bildung und Erziehung zur Lebensaufgabe gemacht, unbeirrbar an ihr festgehalten, sie gegen Widerstände, Rückschläge und Feinde verteidigt und sie kreativ und produktiv mit Leben erfüllt. Ohne zu wissen, was die Zukunft wirklich bringen würde, war er stets mit ganzem Einsatz bemüht, Schlimmes zu verhindern und eine bessere Zukunft möglich zu machen. Das Schlimme ist dann doch eingetroffen, hat ihn gewissermaßen überholt, ohne daß man – mit Blick auf die überlebenden Freunde und Schüler und auf die schriftlichen Zeugnisse – sagen könnte, dieser Einsatz sei vergeblich gewesen. Damit ist eine Situation umrissen, in der auch heutige Pädagogen, Lehrer und Erzieher stehen und mit ihnen die GEW. In dieser Perspektive kann sich heute das Wesentliche an Reichweins Persönlichkeit und Lebensleistung erschließen, können sie Anstöße geben und Mut machen für die Bewältigung unserer Gegenwart und dessen, was auf uns zukommt; für das alltägliche Einerlei und die Routine der pädagogischen Kleinarbeit und des Unterrichts sowie für die kleinen und größeren Grabenkämpfe in Schule, Verwaltung, Gewerkschaft und Bildungspolitik um eine humane, gerechte und fortschrittliche Erziehung und Bildung.

Wahrscheinlich hat Reichwein die Widerstände, Brüche und Gefahren auf seinem pädagogischen Lebensweg auch deshalb so gut durchstehen und auf jedem neuen

Tätigkeitsfeld wieder Beispielhaftes leisten können, weil er – obwohl nicht viel mehr als ein gebildeter ‚Dilletant' – eine so umfassende und fundierte Vorstellung von der Aufgabe der Pädagogik und der Pädagogen in seiner Zeit hatte; weil er jede Teilaufgabe in eine Gesamtkonzeption einordnen und dadurch ihren besonderen und wesentlichen Beitrag zum Ganzen, ihre Bedeutung und das, worauf es ankommt, besser erkennen konnte; weil für ihn letztlich jede Teilaufgabe im Gesamtzusammenhang gleich wichtig und bedeutungsvoll war. Eine solche Gesamtkonzeption wäre für viele Pädagogen auch in der heutigen Zeit hilfreich, in der die pädagogischen Berufe immer mehr spezialisiert, professionalisiert, bürokratisch verwaltet und administrativ eingeengt werden; in der es ihnen weithin an einer übergreifenden, richtungsweisenden, sinnstiftenden Perspektive fehlt und in der daher vordergründige politische Richtungskämpfe an deren Stelle treten; eine Zeit, in der schließlich politische Gesinnungskontrolle und Maßregelung von Lehrern und Erziehern, bildungspolitische Gegenreformen sowie die Arbeitslosigkeit von Jugendlichen und Pädagogen den Sinn pädagogischer und auch gewerkschaftlicher Arbeit wieder infragestellen. Adolf Reichwein hat solche Zeiten und Probleme auch erlebt, ohne deshalb an seiner Aufgabe und seinem Kurs ernsthaft zu zweifeln.

Gewiß, wir haben heute auch mit anderen Schwierigkeiten zu kämpfen, etwa mit der Medienüberflutung der Kinder und Jugendlichen, und uns bedrohen heute andere, globale Katastrophen, die eine resignative ‚no future'-Mentalität verständlich und pädagogische oder gewerkschaftliche Kleinarbeit noch fragwürdiger machen. Man wüßte gern, was Reichwein dazu gesagt und dagegen getan hätte, und vielleicht lohnt es sich, darüber nachzudenken. Andererseits können wir nicht wissen, ob und welche der möglichen Katastrophen wann und wo als erste eintritt (die erste könnte auch die anderen verhindern), wie es danach weitergehen würde und ob nicht pädagogische, aufklärende und gewerkschaftliche Arbeit heute entweder dazu beitragen kann, eine solche Katastrophe noch zu verhindern, oder auch danach noch Früchte tragen kann. Adolf Reichwein hat dieses Dilemma in einem Brief von Ostern 1944 folgendermaßen angesprochen:

„Manchmal beneide ich die, die sich auf ihre Bücher zurückziehen und es den andern überlassen, um die Zukunft im Tageskampf zu stehen. Aber in der Entsagung stärkt mich die Überzeugung, daß Zeitalter erst erfüllt werden können, wenn die *Schwelle* erkämpft ist. Und je seltener die Kämpfer sind, um so mehr Verantwortung liegt auf den Wenigen. Was der Mangel an Kampfgeist an Versäumnissen heraufbeschwört, habe ich in meinem Leben nachdrücklich erfahren; ein entsetzliches Feld Torso gebliebener Versuche liegt hinter uns. Was mich betrifft, so möchte ich nicht mit Schuld tragen an diesen Versäumnissen. So schwer es auch ist, die Aktion mit der Kontemplation lebendig zu verbinden."

Lebensdaten Adolf Reichweins*

Jugendzeit bis zum Abschluß des Studiums 1898–1921

1898

3. Oktober. Geboren in Bad Ems als Sohn des Lehrers Karl Reichwein

1904

Übersiedlung nach Oberrosbach bei Friedberg (Taunus)

1909

Ostern, bis 1914, 14. März. Schüler der Realschule in Friedberg bis zur mittleren Reifeprüfung

1914

Ostern, bis 1915, 9. März. Schüler der Oberrealschule in Bad Nauheim, Abgang mit Primareife

1916

16. November, bis 1917, Ende März. Militärische Ausbildung

1917

9. Februar. Reifeprüfung als Externer an der Oberrealschule in Friedberg
3. April bis 25. Mai. Einsatz bei der Infanterie-Ersatztruppe Warschau
1. August. Einsatz an der Westfront

Als 18jähriger Kriegsfreiwilliger, 1917

Als 21jähriger, jugendbewegter Student, 1920

* aus: U. Schulz, Hrsg., Adolf Reichwein. Ein Lebensbild . . ., a.a.O., S. 279ff.

5. Dezember. Als Gefreiter und Stoßtruppführer schwer verwundet, anschließend im Lazarett (endgültig entlassen am 1. Februar 1919)

1918

4. Mai. Immatrikulation in der Philosophischen Fakultät der Universität in Frankfurt a. M.

Mai, bis 1920, März. Studium in Frankfurt a. M.: vier Semester und zwei Frühjahrs-Zwischensemester für Kriegsteilnehmer (Abgang 17. Mai 1920)

1919

1. Februar. Endgültige Entlassung aus dem Lazarett in Frankfurt a. M.

1920

25. Mai. Immatrikulation an der Universität in Marburg

Mai, bis 1921, Februar. Studium in Marburg: zwei Semester bei Fr. Wolters u. a.

14. August. Eheschließung mit Eva Hillmann (geschieden Weimar 24. November 1927)

1921

2. März. Abgang von der Universität in Marburg

11. Mai. Mündliche Doktorprüfung in Marburg (Promotion am 15. Februar 1923)

A. R. (Mitte, stehend) mit Eva Hillmann, Studenten und Jugendarbeitern bei der Arbeitsgemeinschaft in Bodenrod, August 1921

1921

7. August, bis Anfang September. Leiter der vierwöchentlichen Arbeitsgemeinschaft von Studenten und Jungarbeiten in Bodenrod

1. Dezember (?), bis 1923, 30. März. Geschäftsführer des Ausschusses der deutschen Volksbildungsvereinigung in Berlin

1923

15. Februar. Promotion zum Dr. phil in Marburg a. d. Lahn

1. April, bis 30. September. Leiter der Abt. Nordostdeutschland des deutschamerikanischen Kinderhilfswerks in Berlin

1. Oktober, bis 1925, 30. September. Geschäftsführer der Volkshochschule Thüringen in Jena

Geburt des Sohnes Gert am 9. Oktober in Eschersheim

1925

18. September. Tod Gerts durch Ertrinken

1. Oktober, bis 1929, Sommer. Leiter der Volkshochschule in Jena

1926

1. Mai. Leiter des Volkshochschulheims „Am Beutenberg“ in Jena; Beginn des 1. Heimlehrgangs, den Reichwein bis Ende Juli 1926 leitet und der von seinem Vertreter mit einer Englandfahrt abgeschlossen wird (beendet am 1. Mai 1927)

16. Mai, bis Mitte Juni. Reise nach England

28. Juli, bis 1927, 26. Juni. Beurlaubt für eine viermonatige Forschungsreise nach Nordamerika. Im November Abstecher nach Kanada und Alaska. Nach Urlaubsverlängerung Fahrt nach Japan, China und den Philippinen von Januar bis März 1927, anschließend Durchquerung von Kalifornien und Mexiko

1927

26. Juni. Rückkehr nach Jena und Übernahme der Leitung der Volkshochschule und des Volkshochschulheims

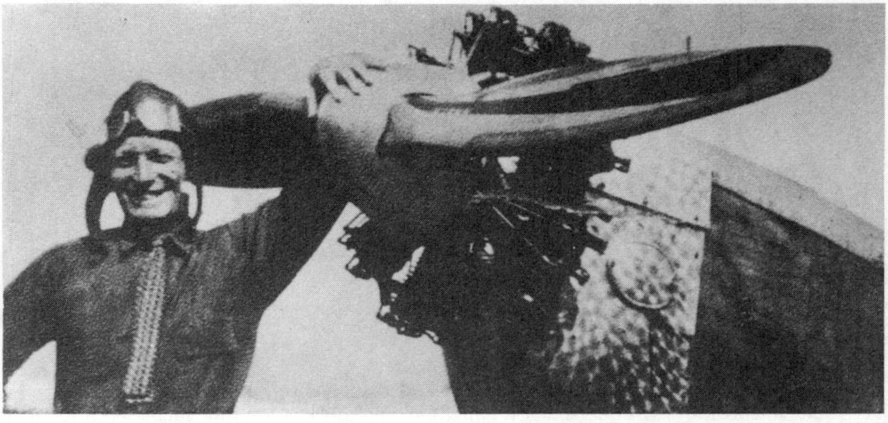

Der „fliegende Professor“ mit seiner Klemm (1930–1932)

15. August, bis 1928, Ende August. Zweiter Lehrgang des Volkshochschulheims „Am Beutenberg“ in Jena

1928

17. Juni. Großfahrt mit den Teilnehmern des 2. Lehrgangs nach Dänemark, Norwegen, Lappland, Schweden und Finnland
15. September. Beginn des 3. Lehrgangs des Volkshochschulheims in Jena

1929

7. März. Anstellung im Preußischen Kultusministerium in Berlin. Weiterhin Leiter der Volkshochschule in Jena
1. Mai. Übersiedlung nach Berlin. Weiterhin Leiter der Volkshochschule in Jena bis zum Sommer 1929

Im Dienst der Volksschullehrerbildung 1929–1933

1929

7. März, bis 1930, 31. März. Wissenschaftlicher Hilfsarbeiter im Preußischen Ministerium für Wissenschaft, Kunst und Volksbildung in Berlin, ab 1. April 1929 Persönlicher Referent des Ministers Carl Heinrich Becker

1930

1. April, bis 1933, 9. August. Professor für Geschichte und Staatsbürgerkunde an der Pädagogischen Akademie in Halle a. d. Saale (erste feste Anstellung)
September bis 1933. Mitglied der Sozialdemokratischen Partei (SPD)

Der Akademieprofessor (Mitte, halb von hinten) in einer Diskussion mit einem SA-Studenten und anderen Hallenser Studenten im Juni 1932

1933

30. Januar. Verlobung mit Rosemarie Pallat
22. März. Teilnahme an den mündlichen Lehrerprüfungen in der Pädagogischen Akademie in Halle
1. April. Eheschließung in Berlin-Wannsee mit Rosemarie Pallat
24. April. Beurlaubung mit sofortiger Wirkung durch den Nazi-Minister Rust
9. August. Versetzung in das Amt eines Volksschullehrers durch das Ministerium
29. September. Übertragung der Lehrerstelle in Tiefensee (Kreis Freienwalde) mit Wirkung vom 1. Oktober
1. Oktober, bis 1939, 21. Mai. Lehrer an der einklassigen Dorfschule in Tiefensee
17. Oktober. Einweisung in Tiefensee. Erster Schultag nach den Ferien

„Weltkunde" im Schulgarten, Tiefensee 1936/37

1934

13. Februar. Geburt der Tochter Renate

1935

2. Januar. Endgültige Anstellung als Lehrer in Tiefensee unter Berufung in das Beamtenverhältnis mit Wirkung ab 1. Oktober 1933 auf Entscheidung des Ministeriums vom 17. Dezember 1934

1936

9. Januar. Geburt des Sohnes Roland

1938

Juli. Reise nach England zu Vorträgen über seine Schularbeit

21. Dezember. Geburt der Tochter Kathrin

1939

Ab 16. Mai beurlaubt an die Staatlichen Museen zu Berlin bis 15. Mai 1940. Verlängert bis 30. April 1941 und weiter jeweils für ein Jahr

22. Mai. Dienstantritt als Leiter der Abt. „Schule und Museum" bei dem Staatlichen Museum für deutsche Volkskunde in Berlin

1941

6. Juni Geburt der Tochter Sabine

1943

23./24. August. Zerstörung der Wohnung in Berlin-Südende durch Fliegerbomben. Anschließend Übersiedlung der Familie nach Kreisau in Schlesien

Der Vater mit den Kindern Renate (l.), Roland (r.) und Kathrin in Berlin 1941

1944

22. Juni. Erste Zusammenkunft mit Angehörigen der kommunistischen Widerstandsgruppe Saefkow – Jacob – Bästlein in der Wohnung des Berliner Arztes Dr. Rudolf Schmidt

4. Juli. Auf dem Wege zu einer zweiten Zusammenkunft von der Gestapo auf dem S-Bahnhof Heerstraße verhaftet

25. September. Ausstoßung aus dem Beamtenverhältnis

20. Oktober. Zum Tode verurteilt vom Volksgerichtshof unter R. Freisler, um 16 Uhr in das Strafgefängnis Berlin-Plötzensee eingeliefert und wenige Stunden später hingerichtet. Grab unbekannt.

Pädagogische Akademien – Gefahr in Verzug. (1931)*

Mit den Pädagogischen Akademien[1] geht es einem merkwürdig. Kommt man in einen Kreis von Arbeitern oder Rechtsanwälten, von Müttern oder Ministerialbeamten und fängt von ihnen an zu sprechen, unbefangen, selbstverständlich wie von einer wichtigen Sache, dann bemerkt man mit Erstaunen: Man kennt sie nicht. Man hat in irgendeiner Zeitungsnotiz von ihnen gelesen, daß sie gegründet seien, in den letzten Tagen auch, daß sie wieder verschwinden sollten, aber das ging so vorüber wie tausend Dinge heute. Es handelt sich indessen um die Erzieher unserer Kinder, es geht um die geistige Ausrichtung und Lebenspraxis unserer Schulen, um die erzieherische Gestaltung junger studierender Menschen, die Nachwuchs sind für einen Stand von 100 000 preußischen Volkslehrern nämlich. Wenn die Sorge um 5 Millionen Arbeitslose uns bewegt, wenn wir rechnen, daß es bald im Winter vielleicht 6 oder 7 Millionen sein werden, dann zerdrückt uns die Wucht dieser Tatsache (verständlich zwar, aber nicht verzeihlich) und macht uns kleinmütig in allen Dingen der Kulturpolitik. Wie wenige bringen heute noch die Ruhe auf, ungehetzt über die Zukunft von Sachen zu sprechen, die nicht unmittelbare „Wirtschaft" sind? Aber daran wird man die Staatsmänner erkennen, daß sie die groß und bedeutungsvoll angelegten Formationen unserer kulturellen Existenz ruhig und bestimmt zu verteidigen wissen. Um diese Ruhe aufzubringen, dazu gehört allerdings eine klare Vorstellung sowohl von der Struktur unserer Wirtschaft wie von unserer kulturpolitischen Situation

Es geht, und das ist vielleicht das einzig Erfreuliche an der heutigen Situation und sollte fruchtbar gemacht werden, nicht um „Standesinteressen", um Gehälter oder dergleichen (und wenn eine Standesorganisation, wie es neulich an anderer Stelle geschehen ist, sich heute gegen den Abbau ihrer Privilegien wehrt, heute angesichts des Massenelends der schuldlosen Arbeitslosen, richtet sie sich vor der Geschichte), sondern es handelt sich mit erfreulicher Klarheit um die geistigen Kräfte der Erziehung. Es handelt sich ganz simpel um die durchhaltende Überlieferung derjenigen Institutionen, die eine werthafte Erziehung der kommenden Generationen garantieren sollen. In diese Front gehören die Akademien. Vor dieser elementaren Tatsache hat der Streit von gestern zu schweigen. Der Streit von heute und morgen kann nur darum gehen, wie diese Positionen so sinngemäß ausgebaut und verwurzelt werden können (auch politisch), daß sie den kommenden Belastungsproben äußerster materieller Not standhalten. Sie werden nur standhalten, wenn ihre Notwendigkeit für die Existenz des Volkes einzusehen ist.

* aus: H. E. Ruppert/H. E. Wittig, Hrg., Adolf Reichwein – Ausgewählte Pädagogische Schriften, a. a. O., S. 80–86. a. a. O. bezieht sich hier und im Folgenden auf das Literaturverzeichnis.

[1] Die Pädagogischen Akademien (PA) entstanden in Preußen im Jahre 1924 unter Kultusminister Boelitz. An den PA sollten Volksschullehrer ausgebildet werden. Eingangsvoraussetzung war das Abitur. Bis 1933 bestanden fünfzehn PA'n. – Anm. von Ruppert/Wittig.

Wir wissen heute, daß die Aufgabe des Volkslehrers, nicht nur in der Stadt, sondern gerade und vor allem in den Dörfern, volkserzieherisch im vollen Sinn des Wortes ist. Die geistige Plastizität unseres Volks, ohne die wir der sittlichen, seelischen und intellektuellen Beanspruchung der nächsten Jahrzehnte nicht begegnen können, wird in entscheidendem Maß von dem Dasein eines strukturbildenden Lehrerstands abhängen, der imstande ist, verständnisvoll zu führen, nicht nur in dem erzieherischen Schicksal des einzelnen (Kindes und Erwachsenen), sondern auch in dem sozialen Schicksal der Gruppe, der Gemeinde, der Familie. So durchdringen sich für den Lehrer pädagogisches und politisches Schicksal. Von dem künftigen Lehrer erwartet man also gründliches Wissen und seelischen Spürsinn, Wissen um die elementaren Dinge sozialen Lebens, Spürsinn, Takt für den persönlichen, richtigen, aktuellen Einsatz. Die Führungsaufgabe der Lehrerschaft im ganzen Volk, das sich sittlich, geistig und beruflich, sozial neu zu ordnen hat, um eine neue Existenzform zu finden, in der es *leben* kann, wird von den Lehrern nur übernommen werden können, wenn sie zur Führung erzogen sind; zur Führung nicht aus Privileg, sondern aus Können. Wenn man diesen soziologischen Ort der Lehrerschaft begriffen hat, wenn man also um ihre sozialen Aufgaben weiß, kann man erst recht die Aufgabe der Lehrerbildung formulieren. Die Pflege der Maschinen, die Exaktheit unseres materiell-technischen Gefüges, das Wachstum von Genossenschaftssinn und genossenschaftlicher Organisation, die verantwortungsvolle Haltung aller einzelnen zu Volk und Staat, die Fähigkeit, politisch zu wählen und dann politisch zu gehorchen, diese und tausend andere Dinge werden künftig davon abhängen, daß 150 000 Lehrer in Deutschland Hüter nicht nur des erzieherischen, sondern ebenso auch des politischen Gewissens im echten und umfassendsten Sinn sind. Dazu gehören Bildung und geschultes Wissen. Wer heute diese grundsätzliche Einsicht verleugnet, aus welchen Gründen immer, verrät die Existenz unseres Volks.

Hier gibt es keine Alternative. Es wäre nicht zu verantworten, wenn wir aus Sorge um Etat und wirtschaftliche Balance nicht nur die Stellungen, um die heute erzieherisch gekämpft wird, zusammenzögen, verkleinerten, sondern sie auch in ihrem Kern verfälschten; es wäre unverantwortlich, wenn etwa die akademische Lehrerbildung eingestampft würde, weil man für morgen oder übermorgen die Gehaltsforderungen einer akademisierten Lehrermasse fürchtet. Die unaufschiebbaren Erziehungsaufgaben gelten dem Heute, das heißt, sie gelten uns, die Sorgen von morgen dürfen die Notwendigkeiten von heute nicht berühren. Es wäre ebenso unverantwortlich, wenn man die Akademien als geistige Formationen (die sie nach wenigen Jahren schon geworden sind) einstampfte, weil man resigniert erklärt, akademische Lehrerbildung blähe gewissermaßen den geistigen Haushalt des künftigen Lehrers künstlich und übermäßig auf, mache ihn unfähig, in den einfachen und anspruchslosen Verhältnissen eines weltfernen Dorfs oder einer proletarischen Gemeinde noch froh und einsatzbereit zu leben. Diese Resignation ist auszurotten, wo wir sie treffen, und wir treffen sie häufig genug in unseren eigenen Reihen. Diejenigen, die das „Seminar" in irgendeiner Form wiederhaben wollen, die Ausbildung von „Unteroffizieren" für unsere Kinderschule, für die Schule unserer Kinder, übersehen, daß ein Volk im Stadium entfalteter Verkehrswirtschaft und weit differenzierter Produktion nicht mehr autoritär regiert werden kann, sondern nur noch auf dem Grund autonomer Verantwortung jedes einzelnen zu führen ist. Im Politischen sind wir uns darüber einig. Aber wenn es gilt, daraus die erzieherischen Folgerungen zu ziehen, dann stutzen wir noch; dann meinen viele plötzlich, es sei möglich, das Rad der Erziehung zurückzudrehen, während das Rad der sozialen und wirtschaftlichen Entfaltung weiterrollt. Wirtschaftlicher Zwang, politisches Können, erzieherisches Wollen sind parallel geschaltet; zwar trägt die Erziehung ihre eigne Verantwortung in sich, aber sie kann nur zur Volkserziehung werden, wenn sie in den Prozeß sozialer Gestaltung einmündet. Wir können keine Lernschulen mehr für unseren Lehrernachwuchs ertragen, weil der sozialistische Aufbau denk- und arbeitsfähige, wissende Volkslehrer als geistige Ordner für die Kolonnen des arbeitenden Volks in Dorf und Stadt braucht, ganz einfach braucht.

Die Parteien der Rechten haben seit jeher den Akademien grundsätzlich ablehnend gegenübergestanden; sie wollten wieder das Seminar, ein „verbessertes", gewiß, aber trotzdem eben das Seminar, weil die Erziehung einer breiten Lehrerschaft zu geistiger und politischer Autonomie etwas Unheimliches für sie hat. Diese Parteien werden es in Zukunft, in den nächsten für die Akademien entscheidenden Wochen schon, mit ihrem Gewissen auszumachen haben, ob sie dem deutschen Volk für die schweren Existenzkämpfe der nächsten Jahrzehnte, wenn es gilt, auf engstem materiellen Raum doch *Lebensraum* zu schaffen, eine mutige, selbstbewußte, aktive, tatenfrohe Junglehrerschaft verwehren wollen, die man auf den Akademien zu erziehen am Werk ist. Und die Parteien der Linken werden sich sofort darüber klar werden müssen, ob sie die Akademien als Ganzes ohne Reserve, ja mit Einsatz aller Reserven, moralisch und geistig gegen alle Unterminierungsversuche stützen wollen oder nicht. Es ist nicht Zeit für sekundäre Erörterungen, nur für primäre Entscheidungen. Wir sollten die notwendige materielle Einschränkung unserer Bildungsmittel benutzen, um sie, auf beschränktem äußern Raum vielleicht, aber in sich geistig und nach außen hin politisch zu festigen.

Wir können uns zu dieser Festigungsarbeit nur entschließen, wenn wir einerseits jeden Rückgriff auf das Seminar ablehnen und andrerseits die Übertragung der Lehrerbildung auf die Universitäten nicht wollen. Auch dazu müssen noch endgültige, bindende, entscheidende Worte auf unserer Seite gesprochen werden. Die nur aus der Sache und der Aufgabe abzuleitende Fragestellung, ob Universität oder Akademie, ist leider in den letzten Jahren durch eine Menge unsachlicher Elemente, die von außen hereingetragen wurden, verfälscht worden; da gab es zum Teil recht unqualifizierte Fehlurteile über die Universitäten und geradezu utopische Hoffnungen auf die Mission der Pädagogischen Akademien und die Erneuerung akademischen Geistes, da gab es die alte ständisch (oder standesgemäß) begründete Forderung des Preußischen Lehrervereins, mit der sich die sozialdemokratische Fraktion auf weite Strecken identisch erklärte, auf Universitätsausbildung seines Nachwuchses, kurz, eine Fülle von Argumenten, die an sich als sekundäre verständlich sein mögen, aber mit der primären Fragestellung nach der sachlichen Aufgabe der Akademie wie der Universität nichts, gar nichts zu tun haben.

In ihrer geistigen und praktischen Anlage sind die Akademien als eine neue eigenartige Synthese wissenschaftlicher Theorie und erzieherischer Verwirklichung aufzufassen. Sie sind unmittelbar und in jedem ihrer Einzelzüge als Schulung, Vorbereitung, Vorerfahrung für den künftigen Beruf des Lehrers gemeint. Es wird gegen die Akademien vielfach noch der Vorwurf erhoben, sie „verbildeten“ unsere Studenten, gäben „Theoretisieren“, wo Praktizieren das A und O sein müsse. Solche Urteile beruhen auf ungenügender Sachkenntnis; man vergißt in diesen Überlegungen, daß, bei den für uns heute verbindlichen Versuchen zu einer pädagogischen Theorie zu kommen, die Theorie bemüht ist, sich mit Praxis zu durchdringen. Wir erziehen gewiß zu theoretischer Ausrichtung erzieherischen Tuns, das gibt uns den Charakter einer Hochschule der Erziehungswissenschaft, aber die Theorie ist uns nur und ausschließlich Mittel zur Praxis. Man wird von einer so jungen Institution, wie es die Akademien sind, die sich erst ihre geistige Form selbst suchen und bilden müssen, nie im allgemeinen reden können. Aber es gibt immer Typisches, auf das sich hinweisen läßt, und zu diesem Typischen gehört, soweit ich nach den mir zugänglichen Akademien urteilen kann, daß kein Kolleg gelesen, keine Übung gehalten wird, die nicht stündlich an der praktischen Situation des künftigen Lehrers und Erziehers orientiert wären. Jedes wissenschaftliche Problem, auch wo es spezialwissenschaftlich auftritt, also in den Wahlfächern Biologie und Geschichte, bekommt in seiner Behandlung schon eine pädagogische Wendung. Die Betrachtung der Außenpolitik des Reichs seit Bismarck gilt nicht so sehr dem Objekt des Geschichtsstudiums, obwohl das Objekt ernst genommen und forschend untersucht wird, sondern einem Tun, das das Schicksal des Volks bis zum Zusammenbruch mitgestaltete und als Volksschicksal für die Schule und Erwachsenenbildung begriffen werden muß. Und etwa die biologischen Probleme der Vererbung werden zwar unter fachmännisch-wissenschaftlicher Leitung in Angriff genommen, bekommen aber sofort die Wendung auf die soziale Hygiene. Durch diese Einordnung aller wissenschaftlichen, betrachtenden, forschenden Arbeit in das umfassende Problem einer sozialen Erziehung wird der Gesamtcharakter der Akademie bestimmt. Der Student der Akademie ist zwar der Wissenschaft verantwortet, doch ihr nicht allein, sondern der Volkserziehung vor allem.

Es hat sich in den ersten Jahren unter den Akademien etwa folgender Studienaufbau herausgebildet: Während der ersten Semester steht stärker im Vordergrund das Studium der Pädagogik und Psychologie (oder der Erziehungslehre und Menschenkunde, wie einige Akademien dieses Kernstück ihrer Arbeit nennen), für alle Studenten ergänzt durch die Beschäftigung mit einem Wahlfach, also etwa der erwähnten Geschichte oder Biologie, das jedem einzelnen Gelegenheit geben soll, sich an einer Stelle wissenschaftlicher Forschung persönlich anzusiedeln, an den Problemen seiner Wahl so wissenschaftlich denken zu lernen, daß er nach dem Verlassen der Akademie in der Lage ist, sich selbst soziologisch oder biologisch oder in anderen Wissenschaftszweigen weiterzuhelfen. Erziehungslehre und Wahlfach werden ergänzt durch die sogenannte Gegenwartskunde, die dem Studenten während der beiden ersten Semester ein Bild von dem sozialen Aufbau des deutschen Volks geben soll, und zwar entwickelt aus den Kräften von Volk, Raum und jüngster Geschichte; dringendste Aufgabe dieser Gegenwartskunde ist, den Studierenden die beiden Lebensräume zu vermitteln, in denen das deutsche Volk in seinen Massen heute existiert, in Stadt und Land, als Bauer und Arbeiter, Landwirtschaft und Industrie, denn in einem dieser Lebensräume hat ja fast jeder künftige Erzieher einmal erzieherisch tätig zu sein. Praktisch unterbaut wird die Gegenwartskunde durch die 14tägigen Besichtigungen ländlicher Betriebe im Sommer und industrieller im Winter. Diese Unternehmungen führen vielfach schon in das Gebiet der Sozialpädagogik, über Genossenschaften und Arbeitsämter, Gefängnisse und Arbeitsfürsorge, um nur einiges herauszugreifen. Damit schließt sich der Kreis wieder zum Pädagogischen. Auf dieser Linie also geschieht die theoretische Konfrontierung des Studenten mit den Aufgaben seiner erzieherischen Praxis. Daneben ist nun die regelmäßige Hospitation in Stadt- und Landschule geschaltet, die sofort mit dem 1. Semester beginnt, sodann die Kette der eignen Unterrichtsversuche, die Gelegenheit geben, vom 2. Semester ab beständig das Erfahrene an der Praxis mit Kindern zu kontrollieren. Diese Unterrichtsversuche werden bis ins einzelne mit den Dozenten und beteiligten Lehrern der Klassen vorbereitet. Sie werden 3mal während des 3. und 4. Semesters „massiert", und zwar in der Form eines Landschulpraktikums und zweier Stadtschulpraktika. Es würde zu weit führen, den inneren Aufbau und die äußere Organisation dieser Praktika hier zu beschreiben; der gesamte Lehrkörper der Akademie, die Lehrerschaft der betreffenden Schulsysteme sind mit der Studentenschaft geschlossen an diesen Aufgaben beteiligt. Einige Akademien sind schon dazu übergegangen, ihre sommerlichen Landschulpraktika in Form von mehrwöchigen Zeltlagern für etwa 80 Studenten durchzuführen.[2] Damit erfüllt man zugleich einen weiteren Zweck und Sinn: Das Lager erzieht die Studenten unter einfachsten Verhältnissen zu praktisch-sozialer Lebensführung. Um diese theoretische Besinnung und erzieherische Versuchsarbeit lagern sich, für den Studenten durchaus herausgehoben, die musischen Dinge: Musik, Leibesübungen, Handfertigkeit. Die ganze große junge Volksmusikbewegung schlägt in die offenen Tore der Akademien und wird dort fruchtbar für eine Renaissance der Schul- und Hausmusik draußen im Land. Musik und handwerkliches Können (in Kohle, Pappe und Papier) geben auch den Festen der Akademie Form und ein Stück Inhalt.

In diesem Zusammenhang muß wenigstens im Vorübergehen darauf hingewiesen werden, daß einige Akademien die Idee der Lager-und Wandererziehung bereits in ihren festen Studienplan aufgenommen haben; es werden unter primitivsten Verhältnissen in Bauden des Riesengebirges unter der Führung jüngerer Dozenten und Professoren Winterlager veranstaltet und während der 2monatigen Sommerferien nach dem für alle verbindlichen Pädagogischen Ferienpraktikum, ebenfalls unter Leitung von Dozenten, zum Beispiel in Halle, freiwillige Wandergruppen gebildet, die einzelne deutsche Landschaften studieren oder sich wieder an bestimmten Stellen in Lagerform festsetzen und freie Studiengruppen bilden. Diese Intensität des geistigen Lebens, diese enge Zusammenarbeit kleiner Studentengruppen mit einzelnen Dozenten ist natürlich nur in dem kleinern Verband einer Akademie denkbar, die nicht mehr als 400 bis 500 Studenten haben sollte, und deren gesamtes Tun um Idee und Praxis der Erziehung konzentrisch gelagert ist.

Diese innere Geschlossenheit der Akademie, die Geschlossenheit ihres Lehrkörpers und ihrer Studentenschaft, ist wohl das beste und ein zwingendes Zeugnis für die Notwendigkeit gesonderter Erzieherhochschulen neben den Universitäten, die im Lauf eines Jahrhunderts ihre eigenartige Prägung zu spezialwissenschaftlich gerichteten, breit differenzierten Hochschulen gefunden haben. Nach dem gewaltigen Ausbau des Gebäudes der Wissenschaften, nach Quantum sowohl wie nach spezieller

[2] So auch die Akademie Halle auf Betreiben Reichweins. – Anm. von R. R.

Leistung, im 19. Jahrhundert ist eine bündige Synthese ihrer wichtigsten Ergebnisse im Dienst der Erziehung nur noch außerhalb der Universitäten möglich. Von hier aus ergibt sich die Sonderqualität der Akademie neben der Universität. An uns liegt es, die jungen Akademien zu vollgültigen Hochschulen auszubauen. Dazu braucht es Jahrzehnte, dazu bedarf es der Tradition. Das lehrt am besten die Geschichte der Universitäten. Es ist noch nicht lange her, da mußten die Technischen Hochschulen neben den Universitäten um ihre innere Gleichberechtigung kämpfen; wohlgemerkt: ihre innere. Die Pädagogischen Akademien befinden sich heute und für die nächste Zukunft in der gleichen Situation.

In der nächsten Zukunft wird zu entscheiden sein, und zwar endgültig, was man will, was wir wollen: Rückgriff auf das Seminar in irgendeiner Form, um den „bescheidenen Egoismus" des Schulmeisters fortzupflanzen, oder Zerfaserung der Lehrerbildung in dem spezialwissenschaftlichen Labyrinth der heutigen Universität (das hingegen für den Spezialisten, Juristen oder Chemiker, kein Labyrinth ist) oder aber Erzieherbildung in einer Hochschule, die in der beständigen Spannung von Theorie und Praxis der Erziehung existiert und durch die Geschlossenheit ihrer inneren Anlage die Gewähr einer ebenso geschlossenen, nicht durch Vielseitigkeit verwirrenden Bildung bietet.

Auszüge aus Briefen:

„Der moderne Krieg wühlt derart alle Kräfte u. Gegenkräfte durcheinander, daß keine Partei ohne ernste Krise ihn überstehen kann. Diese Krise birgt unwillkürlich in sich das wirklich positive *Kulturmoment des Krieges, indem sie als Heilmittel gegen sich selbst* soziale Reformen *auslöst. Wenn wir einen kulturellen Gewinn mit in den Frieden nehmen wollen, müssen wir uns diese Reformen sichern."*

(An den Vater, 29. 7. 1917)

„Was ich damals von meinem ersten Besuch als Bewegendes mitnahm, hat mich als Gedanke immer wieder begleitet: daß zu den entscheidenden Proben politischer Ordnungskräfte und staatlicher Bildungen, zu den Bedingungen ihrer Geschichtswürdigkeit gehört, daß die politische Ordnung Raum gibt für die Bildung kultureller Nährschichten, in denen die eigentliche kulturelle Form des Zeitalters gedeihen und reifen kann. Echte Kulturpolitik ist nur möglich, wenn sie ihre Kräfte und Weisungen unmittelbar aus dem staatlichen Ordnungswillen beziehen darf. So wie der Volksstoff seine lebendige und gesunde Lebensform im Staate und seinen tragenden Ordnungen sucht, so der Volksgeist in den Bildungen einer geistigen und gegenständlichen Kultur, ohne deren Verwirklichung jede politische Architektur Torso bleiben muß. So wie sich Gültigkeit oder Nichtigkeit des politischen Versuchs erst in der Entbindung geistiger Volkskräfte erweist, und in ihrer Verdichtung zu kultureller Existenz, ebenso hängt die Geschichtsfähigkeit der kulturellen Kraft eines Volkes, der in ihm wirkenden Bildungs- und Erziehungsmächte an dem Vermögen, Gewissen und geistige Triebkraft der staatlichen Formung zu sein. Am Spiegelgeschehen der politischen und der geistig-kulturellen Verwirklichung hängt das Schicksal der Epochen. . . ."

(An Hans Roeseler, 1. 5. 1943)

Mit oder gegen Marx zur Deutschen Nation? (1932)*

I. Es ist gesagt worden[1], der Marxismus sei ein geschlossenes System, das man entweder total annehmen oder ablehnen müsse. Ferner wurde gesagt, der Marxismus habe sein historisches Versagen bereits hinter sich. Er sei zwar „wirksam“ gewesen, aber nicht „schöpferisch“ geworden, habe keine neue Realität schaffen können. Marx hat ja selber gesagt, „Ich bin kein Marxist“. Er hat es in ähnlicher Situation gesagt wie heute. „Ich bin kein Marxist“, das soll heißen, daß der Marxismus oder das, was im Anschluß an ihn gedacht worden ist, *kein „System“ im strengen Sinne ist.* Die Denkform von Marx, die des dialektischen Materialismus, ist ebensowenig wie die „Totalität“ der Verhältnisse je „systematisch“ erfaßbar, sondern ist *immer „nach vorn offen“*. Sie kann gar nicht steril werden, diese Art zu denken, weil sie nicht an ein fixes System gebunden ist, sie ist immer wieder locker und unbefangen gegenüber den sich wandelnden Situationen des geschichtlichen Ablaufs. Marxismus ist gerade im Kern seines Denkens *nie mechanistisch gewesen* und damit über das pure Kausaldenken seiner eigenen Epoche hinausgestoßen. Er schaut den Gesellschaftsprozeß an als rhythmischen Ablauf von Formen, die gerade in ihrem „Umschlag“ von einer Form in die andere nicht allein kausal erklärt werden können. Durch das Hereinkommen eines irrationalen Elementes schlägt „Quantität“ in „Qualität“ um. Marx hat damit sagen wollen, der dialektische Umschlag einer Lebensform in die andere (Kapitalismus in Sozialismus) ist gerade zu sehen als ein „schöpferischer“ Moment, als die „offene Situation“, Revolution, in die ein *Irrationales* hineinschießt; gerade er umschreibt den revolutionären Akt als Umschlag des in sich kausal quantitativ Zusammenhänglichen in das Qualitative.

Wenn sich der Gesellschaftsprozeß als Ganzes, als schöpferischer Ablauf der Lebensformen vollzieht, zeigt er sich nicht als ein Kausalsystem; ebenso ist das marxistische Denken nie in sich hermetisch abgeschlossen. Es gibt da kein „System“, das angenommen oder abgelehnt werden müßte, der Marxismus ist als Denkform grundsätzlich und wesentlich offen für qualitativ vollkommen neuartige Einschläge, die mit der veränderten historischen Gesamtsituation kommen . . .

* aus: Ruppert/Wittig, Hrg., Adolf Reichwein – Ausgewählte Pädagogische Schriften, a. a. O., S. 86–93. Auslassung von R. R.

[1] An der Diskussion unter dem Titel „Mit oder gegen Marx zur Deutschen Nation“ (1932) beteiligten sich neben Reichwein noch Wilhelm Rößle (Tatkreis), Otto Straßer (NSDAP), der Leuchtenburgkreis. Vgl. die Druckfassung der Diskussionsbeiträge im Anschluß an das Referat Reichweins, an der sich Eichelbaum, Borinski und Otto Straßer beteiligten, im Lit.-Verzeichnis. Reichwein erklärte im Verlauf der Diskussion nach seinem Referat, man habe erkannt, daß Karl Marx „da und dort . . . Erkenntnisse aufweist, deren Wahrheit bisher unbestritten ist und von der Geschichte immer wieder erhärtet wurde“, a. a. O., S. 23. – Zur Diskussion vgl. ferner Walter Meyer, Das Bollwerk Marxismus. In: Neue Blätter für den Sozialismus, 4/1933/H. 1, S. 102–106. – Anm. von Ruppert/Wittig.

Wir Sozialisten[2] also „retten“ nicht den Marxismus – eine Vokabel, die wir von bestimmten Fronten stets zu hören bekommen, die uns aber gar nicht trifft. Wir stehen selbstbewußt und sicher in unserem *eigenen* Denken. Wir haben aus dieser Sicherheit die Kühnheit, Marx, wenn wir es für nützlich und produktiv finden, *neu* durchzudenken, ihn vor allen Dingen daraufhin wieder *durchzulesen.* Ich persönlich habe es getan. Ich habe gefunden, daß viele Menschen, vor allem die Gegner, über Marx und Marxismus gesprochen haben, die ihre Kenntnisse nicht von Marx hatten. Daraufhin habe ich ihn gelesen, ebenso wie Kant und Nietzsche, und das Ergebnis war, daß ich bei ihm klare kristallene Sätze fand, die sich mir in meiner eigenen Gegenwart als richtig bestätigten. Ich fand also, daß, was dieser Mann gedacht hat, sei brauchbar zur persönlichen Auseinandersetzung mit *meiner* Gegenwart. Ich habe das Jahre hindurch getrieben und habe gefunden, daß sich gewisse Dinge bewährt haben. So habe ich das Gesamtbild von Marxens Denkart, das ich vorhin schon kurz beschrieb, gefunden: Die Kernstücke seiner Lehre reichen über seine Zeit hinaus, andere mehr peripherische sind zeitgebunden und fallen ab, wenn wir ihn aus unserer Gegenwart betrachten.

Es ist gesagt worden, daß die Ausprägung der marxistischen Ideenwelt in der deutschen Arbeiterbewegung praktisch nicht mehr „Marx“ sei. Es ist sogar gesagt worden, daß die deutsche Arbeiterbewegung ihre „Praxis“ in der Partei und in den Gewerkschaften nicht *mit* Marx, sondern *gegen* Marx gefunden habe. Das ist historisch nicht haltbar, wenn man unter Arbeiterbewegung das versteht, was sich gesammelt hat in Debatten, Versammlungen, Kinderfreunden, S. A. J. usw. . . . Wenn diese vielen Gruppen auf das untersucht werden, was in ihnen geistig lebendig ist, so ist es zweifellos auch Gedankengut von Marx. Es ist hier eine Anschauung von Staat und Gesellschaft lebendig geworden, die konsequent marxistisch fundiert war. In diesen Gruppen hat sich das humanitäre Denken niedergeschlagen, das von dem bürgerlich-nationalistischen Denken als staatsfeindlich gekennzeichnet worden ist. Die deutsche Arbeiterschaft hat in den Jahren der Sozialistengesetze ihre eigenen staatsfeindlichen Antriebe, die ihr aufgezwungen wurden durch die Sozialistengesetze, die sie vom Staat ausschalteten, bei Marx ideologisch begründet gefunden, weil bei Marx eine ganz bestimmte Auffassung von Staatsschicksal ausgesprochen ist: Eine Vorausschau auf die Auflösung des Klassenstaates in der klassenlosen Gesellschaft. In einem Klassenstaat lebten und litten sie tatsächlich, und so glaubten sie auch an Marx' Folgerung, daß er sich auflösen müsse. Die Arbeiter haben tatsächlich in dieser Ideologie gedacht. Ich möchte diesen Vorgang an drei Sätzen verdeutlichen, die uns entgegengestellt wurden:

[2] Wie stark Reichwein auch bei theoretischen Diskussionen die Wirklichkeit des politischen Lebens in den Blick nahm, beweist sein Beitrag in der folgenden Diskussion, in welcher er sich eindeutig als „Sozialist“ bezeichnete. Reichwein vertrat in dieser Diskussion die Menschen, welche „die marxistische Analyse des Kapitalismus als richtig anerkennen. Mit dem Schlagwort: Nieder mit dem Marxismus! sollen die lebendigen Männer der Arbeiter-Kampforganisation unschädlich gemacht werden. Es soll jungen Menschen in ihrem Kampf um ihre Daseinsberechtigung eine Waffe der Erkenntnis entrungen werden, deren sie notwendig bedürfen“. Ebd., S. 23. – Anm. von Ruppert/Wittig.

1. Die Vereinfachung der Klassengegensätze in der modernen Gesellschaft gegenüber der mittelalterlichen wird angezweifelt.
2. Ebenso die Identität von Proletariat und Sozialismus.
3. Ebenso der Gegensatz von Proletariat und Kapitalismus.

Zu 1) Es wurde gesagt, daß diese Art, „totale Wirklichkeiten" zu „durch"denken, verglichen werden könne mit künstlichen Querschnitten, wo doch Wirklichkeit eine Form sei, die man ganz niemals mit einem solchen Querschnitt erfassen kann. Die „Vereinfachung der Klassengegensätze": Man könne ebensogut von einer außerordentlichen Vereinfachung im Mittelalter sprechen, wie von einer Vermannigfachung gerade in der Gegenwart. . . .

Dazu ist von sozialistischer Seite Folgendes zu sagen: Bei Marx hat sich alles Interesse auf das verlagert, was seiner Meinung nach das *Entscheidende* gewesen ist. Die Situation, aus der er gedacht hat, war nach seiner Meinung: Zuspitzung der Klassengegensätze zwischen Besitzern der Produktionsmittel und Nichtbesitzern. Wir behaupten, obwohl wir anerkennen, daß es eine gesellschaftliche Differenzierung und gerade heute noch gibt, daß es einen Mittelstand gibt, der in seiner sozialen Funktion seit Marx bedeutsamer und differenzierter geworden ist, nicht zuletzt durch das erwachende Bauerntum als lebendiges Glied dieses Mittelstandes: unabhängig von diesen *sekundären* Scheidungen hat sich, sagen wir, seit Marx der primäre Klassengegensatz nur noch mehr zugespitzt, ja wir sind der Meinung, daß er seit Marx lawinenartig gewachsen ist. Die „D.A.Z." hat hellhörig formuliert bei der letzten Papenschen Notverordnung, dies sei die letzte Offensive des Kapitalismus. Wenn Goebbels sagt: „auf unserem breiten Rücken ist Papen zur Herrschaft gekommen", so heißt das: Wir haben der Reaktion in den Sattel geholfen. Also erhalten wir vom Gegner die tägliche Bestätigung unserer sozialistischen Anschauung. Wir haben in zwölf Jahren verschiedene Prognosen für den Mittelstand bekommen, sie haben irgendwie gestimmt in der jeweiligen Situation. Aber dies sagt nichts gegen unsere richtige Grundanschauung, daß seit Marx von Jahrzehnt zu Jahrzehnt die Mächtigkeit der gesellschaftlichen Kräfte und Konflikte mit den Produktionsmitteln nur noch gewachsen ist. In der Tonnenzahl der geförderten Kohle zeigt sich eine Vervielfältigung des mechanischen Kraftapparates, zeigt sich die ungeheure Massierung der wirtschaftlichen und politischen Macht, die über diese Kohle verfügt. Die ständische Gliederung kann in verschiedenen Bildern gesehen werden, aber das ändert nichts daran, daß im Zeitalter der Anhäufung der Produktionsmittel alles übertönt wird von dem großen Gegensatz zwischen denen, die über diese ungeheuer geballten Produktionsmittel verfügen, und den anderen, die diese Produktionsmittel nur bedienen.

Zu 2) Es wird gesagt: Identität von Proletaritat und Sozialismus entspreche nicht der Wirklichkeit. Das wäre ein echter Einwand, wenn nachgewiesen werden könnte, daß für Marx diese Identität bestanden hat. Wir jungen Sozialisten interpretieren aber Marx an dieser Stelle so: Proletariat ist *Vorhut* der sozialistischen Revolution. Selbstverständlich sind auch gesellschaftliche Gruppen, die nicht Proletariat sind, Objekt dieser Revolution. Marx hat geglaubt, daß der gesellschaftliche Umformungsprozeß so aussehen werde, daß sich auf der einen Seite rein proletarische Existenzen sammeln werden, wachsend, wachsend, wachsend – dagegen immer kleiner und immer mehr zusammenschrumpfend das Häuflein der Kapitalisten, die über die Produktionsmittel verfügen. Marx hat ausgesprochen *„industriell“* gedacht und hat durch dieses Denken einen *Teilprozeß* überbetont. Bei seiner Art zu sehen, hat er seine Überlegungen konzentrisch auf den nach seiner Meinung entscheidenden Punkt gelegt, die *Industriewelt.* Im gesellschaftlichen Umformungsprozeß der kommenden Epoche, heißt das, wird die „Industrie“ als derjenige Teil, der neu in die Geschichte hineingekommen ist, führend sein, und den anderen das Gesetz diktieren, als das vital, geistig, technisch führende Element. Wir sagen heute: Marx hat darin recht gehabt. Das *industrieweltliche* Denken durchdringt heute auch die *anderen* Schichten. Und darum die Ansicht, daß das Proletariat die *Vorhut* des Sozialismus sei, nicht die Trägerschicht des Sozialismus schlechthin. Die Welt der großen Industrie ist das Feld, auf dem die *Entscheidungsschlacht* geschlagen wird. Sie ist das Feld, in dem die Eigentumsfrage radikal gestellt werden kann, weil sie dort einfach zu stellen ist. Sie ist das Feld, in dem allein ausgefochten werden kann, ob das BGB mit seinem römischen Eigentumsbegriff abgeschafft wird oder nicht. Die Auseinandersetzung zwischen Industrieproletariat und Kapitalismus schafft *noch nicht* die neue Lebensform, aber *ohne* diese Entscheidung sind alle anderen Entscheidungen zu einer neuen Lebensform und Volksordnung nicht möglich. Aus dieser Wirklichkeit, in der Arbeiter seit Generationen gelebt und gelitten haben und immer noch kämpfen und leiden, erwächst die Gefahr, daß die im Existenzkampf stehenden einzelnen ihr „Spezialfeld“ als das „Ganze“ ansehen. Daher wird in der *Vulgäranschauung* dieser „Teilcharakter“ umgefälscht in einen „Totalcharakter“. Der Vorhutskampf wird leicht als das *gesamte* Volksschicksal angesehen. Das stellen wir richtig, *nicht im Gegensatz zu Marx, sondern ihn ergänzend. Das Proletariat ist der Vortrupp für den Kampf um den Sozialismus.*

Zu 3) Zu dem Gegensatz von „Proletariat“ und „Kapital“: Es sei kein echter Gegensatz, wird gesagt. Proletariat wie Kapitalismus seien nur Abbilder *desselben* Systems, die sich gegenseitig bedingten, zu *einer* Welt gehörten. Es wird behauptet, daß es einen Interessengegensatz zwischen Proletariat und Kapitalismus nicht gebe. Wir antworten: der Gegensatz, wie wir ihn von Marx her sehen, wird nicht „psychologisch“ genommen, sondern „wirtschaftlich“. Die Mechanik des kapitalistischen Systems, wie der Prozeß der Arbeit und die Umsetzung von Arbeit durch das Kapital in politische Macht vor sich geht, die Mehrwertlehre von Marx, das sind alles Entdeckungen, die wir heute noch für unantastbar richtig halten. Marx geht von der Erfahrung aus, daß die Konkurrenz die Konkurrenz frißt und die um die Wette laufenden Produzenten einen Wettkampf austragen, bei dem der Stärkere siegt. Das wirkt sich so aus, daß der Unternehmer in sein Unternehmen Mittel steckt, die sich rentieren müssen und um so rentabler sind, je mehr es dem betreffenden Unternehmer gelingt, mit denselben Produktionsmitteln zu produzieren. Diese innere und unausweichliche Verflechtung der freien Konkurrenz führt zu dem Bestreben, den eigenen Betrieb zu vergrößern. Er kann seinen Gegner auf dem Markte schlagen, wenn er bei größerer Stückzahl den Unternehmergewinn für das einzelne Stück vermindern kann. Dieses notwendige Vergrößerungsbestreben führt zu der zweiten Konfliktstufe auf dem Markte: Fülle der Produkte, die nicht mehr abgesetzt werden können, Kampf um den Markt durch immer weitere Senkung der Preise, am Ende bleiben nur die Kräftigsten übrig. Diese

Anschauung von der „Mechanik“ der kapitalistischen Funktion ist heute bewahrheitet durch die Erfahrung von 80 Jahren deutscher Geschichte. Es ist außerdem richtig gedacht, daß mit fortschreitender Verschärfung des Wettkampfes der Unternehmer auf den letzten Bestand zurückgreifen müsse, den er hat, auf die *Arbeiter.* Er muß sie „helotisieren“, um aus dieser letzten Reserve herauszuholen, was noch herauszuholen ist, nachdem alle anderen Möglichkeiten erschöpft sind. Dieser vitale Gegensatz zum Arbeiter führt zwingend zu dem gedanklichen Bilde, daß ein *Interessengegensatz* besteht. Solange innerhalb der Industriewelt dieser Gegensatz nicht ausgetragen ist, kann man nicht sagen, daß beide: der gegen den Gegensatz rebellierende Proletarier und der diesen Gegensatz mit Notwendigkeit zu erhalten strebende Kapitalist – Gegenbilder des *gleichen* Systems seien. Der Proletarier trägt *nicht* das System, er will aus diesem System *heraus.* Er weiß, daß dieser Gegensatz kein „persönlicher“ ist, es gehört zur achtzigjährigen Arbeiterbewegung, daß sie als Objekt ihres Angriffs nicht die Träger dieses Systems ansieht, sondern das *System selbst.* Seinen Trägern wird ja ihr Handeln von diesem System selbst aufgezwungen. Der Arbeiter in der geschulten Arbeiterschicht erlebt sich als etwas *außerhalb* dieses Systems. Diese Tatsache, die seit 80 Jahren besteht, kann man nicht wegwischen, man kann die Aussagen und Dokumente nicht wegleugnen. Er, der Arbeiter, ist selbst ein solches Dokument: ich bin der Feind dieses Systems, der Gegensatz dazu, aber *nicht in menschlicher* Richtung, sondern in *sachlicher.* Damit ist Stellung genommen zu den drei *mechanistisch-konstruktiven Vereinfachungen,* die Grundsätze unserer Anschauung in Zweifel setzen und deshalb setzen *können,* weil sie ihnen eine *falsche* Form geben.

II. Ich möchte nun, unmittelbar an das Gesagte anschließend, zum Thema selbst noch folgendes kritisch sagen: Für Marx bestand ein Gegensatz von *„Interesse“ und „Idee“.* Idee war für ihn nur insoweit verwirklichungsfähig, als sie mit den Kollektivbewegungen der Interessen, die wirtschaftlich bestimmt seien, kongruent laute. Diese Unterscheidung war *rein rationalistisch.* Es ist inzwischen weiter gedacht worden, und wir wissen heute, daß diese formalistische Scheidung von Idee und Interesse nicht möglich ist. Wir wissen, daß sich die Bildung der Ideen nicht nur in dem abgezirkelten Raum der abstrahierenden Vernunft vollzieht, sondern daß sie auch vom Unterbewußten genährt werden, daß auch unkontrollierbare Elemente in unserer Ideenbildung einfließen. Wir wissen auch, daß die Interessen nicht nur gebildet werden aus den ökonomisch bedingten kollektiven Massenbewegungen, sondern daß sie mitbestimmt werden durch die Ideenbildung. Die *formal-rationalistische* Gegensatzunterscheidung von Idee und Interesse besteht nicht, sondern beide sind *gemeinsam* verwurzelt in *einer unterbewußten Schicht.* Wir haben wirklich etwas *dazugelernt,* wenn wir das heute wissen. Wir können darum, weiterhin sich bewahrheitende neue Prozesse, besser verstehen als Marx. *„Marxismus“ ist vorwärtstreibender konzentrischer Angriff auf die Industriewelt,* andere Prozesse werden unterbewertet. Wir wären *Banausen,* wenn wir bei Marx *stehengeblieben* wären und nicht das, was drei Generationen aus der Erforschung der *nicht* industriellen Formenwelt hinzugelernt haben, mit hereinnähmen.

Die Anlage einer sozialistischen Politik kann nicht geschehen aus dem isolierten Ansatz der Industriewelt allein, vielmehr muß von vornherein mit aufgenommen werden *alles,* was außerhalb der Industriewelt noch *um* uns und *in* uns ist. Nehmen wir mit auf, was im deutschen Volk durch seine Arbeiter, Bauern, Bürger, Unternehmer wirkt, führen wir diese Verschiedenartigkeit zu einer neuen politischen Form. Wenn wir das tun, stoßen wir *über den im engen Sinne proletarischen Sozialismus von Marx weit hinaus.* Wir sind nicht in einer Verteidungsstellung, in der wir sterben, sondern *wir sind im Marsch, im Vorstoß.* Wir haben bereits *neue* Stellungen. Wir jungen Sozialisten wissen aus der geistigen und realen Erfahrung der letzten Generation, daß das konzentrische Bemühen von Marx sich auf einen Teilprozeß beschränkte, und nicht zureichte, den gesamten Weg des Volkes zur Nation deutlich zu machen, ihn im Bilde des Gedankens auszuprägen. Es wurde die Vorstellung von „Eigentum" und „Besitz" nur für die Industriewelt durchgedacht. Wir haben auf Grund der seelischen Erfahrungen von drei weiteren Generationen gelernt, daß in unserem Volke auch andere Vorstellungen wirksam sind, historisch gewordene, die nicht ausgeschaltet werden dürfen. Ihre Ausschaltung bedeutete eine unerhörte Verengung der menschlichen Existenz der Deutschen.

Das ist kein Gegensatz zu Marx, sondern ein offensiver Vorstoß über Marx hinaus. Wir stehen breiter da als Marx und wissen, daß zwischen „Ideen" und „Interessen" eine Wechselwirkung besteht, daß also die Bildung von Interessen nicht nur geschieht aus der wirtschaftlichen Lage, sondern mitbestimmt wird aus der jeweiligen Ideenwelt. Weil wir das alles wissen, schätzen wir die seelisch-geistige Qualität jedes *Einzelmenschen* und der in Schichten organisierten Menschen höher, sehen sie „deutlicher", als es Marx getan hat. Wir haben lebendig mit dem, was wir von ihm gelernt haben, anderes verbunden. Wir sehen *„Volk"* anders, als Marx es getan hat. Wir sehen neben der Industriewelt die Welt des Bauern als *Eigenwüchsiges.* Und alle Industriearbeiter, Bauern und Bürger umschließt die *Nation.* Wir sehen anders als Marx, weil er die Durchdenkung, die „Vergeistigung" des Gesellschaftsprozesses in der bewußt beschränkten Weise sauber und exakt vorgenommen hat und das, was darüber hinausliegt, gewissermaßen im Schatten gelassen hat. Wir holen es ans Licht, so daß die gesamte Struktur des deutschen Volkes im Tageslicht vor uns liegt. Wenn innerhalb des Industrialismus die Entscheidungsschlacht geschlagen worden ist (Eigentumsfrage gelöst, der „Arbeiter" herrscht), erst dann wird die Zeit reif zur organischen Eingliederung der Industriewelt ins *Ganze.* Die Machtkämpfe müssen erst entschieden sein, ehe die Mächtigkeit einer neuen herrschenden Schicht die Möglichkeit schafft, die „Industrie" dem Rhythmus des Menschen anzupassen. Dies zu sagen ist nötig, um dem Einwande zu begegnen, daß notwendig einander Fremdes von uns „zusammengestückt" werde.

Wenn man von hier aus zurückgeht, ergibt sich noch einmal, daß die „Nation" für uns das „Konkrete" ist, in dem sich unsere Existenz in letzter Form verwirklicht. Aber wir sind auch der Meinung, daß die Verwirklichung der Nation in der nächsten Zukunft nicht möglich ist über irgendeine temporäre Verkleisterung der echten Gegensätze.

Weil wir jungen Sozialisten wissen, daß wertvolle Kampfformationen, wie die Gewerkschaften, – in Generationen aufgebaut – allzu leicht zerstört werden können und schwer wieder neu zu bauen sind, arbeiten wir in diesen Formationen. Darum sehen wir in den „Parteien" Lebensgemeinschaften von Menschen, Organismen, die benutzt werden für politische Machtkämpfe. Zusammenschluß aller Sozialisten ist gewiß notwendig, aber darum geben wir nicht unsere Organisation auf – obwohl wir die Nation wollen und fernerhin wollen, daß *alle* sozialistischen Kräfte zusammenströmen zu einer Arbeits- und Kampfgemeinschaft.

Wir sind nicht der Meinung wie die „Tat", daß der neue Mittelstand die Vorhut der Neugestaltung der Nation ist – diejenige Schicht etwa, die in sich verkörpert die Spontaneität des Unternehmungsgeistes und die konservative Sitte des Verwalters von Gut. Die Vorhut, der unser leidenschaftlicher Einsatz gilt und all unser Denken, ist: die Arbeiterschaft der Industriewelt – *um der Nation willen.*

Auszüge aus Briefen:

„Auch solche eigenen Erlebnisse können mich nicht zum Kommunisten bekehren: ich kann nicht glauben, daß man einfach eine neue Kultur durch Umgestaltung der Verhältnisse ‚machen' kann; ich glaube vielmehr, daß Kultur ein Produkt aus überlieferten Werten und neuem Formwillen ist; ich glaube nicht, daß Wissen Religion ersetzen kann, vielmehr scheint mir Religion die ursprünglichste und vollkommenste Form menschlicher Erlebnismöglichkeit zu sein. (Ich könnte mich also am ehesten wohl zur Gruppe der religiösen Sozialisten rechnen; . . .); außerdem scheint mir Gewalt zur Durchsetzung von Kulturgehalt, der allemal nur wächst, wie Kultur überhaupt ihre Parallelform in der organischen Natur hat, höchst ungeeignet. Es scheint mich also doch manches von den Kommunisten zu trennen; . . ." (An den Vater, 15. 9. 1922)

„Die Würde der Person ist heute nicht gegen die Sozialisten und ihren Kollektivismus zu verteidigen; brauchte eigentlich – das wollte ich Dir immer schon einmal sagen – ernsthaft nie gegen dort verteidigt zu werden. Der ökonomische Kollektivismus war sogar immer – bei Lassalle und Fr. Engels sogar ausgeprägt – als die Rettung der geistigen Form Individuum gemeint. Verteidigt werden muß die Person heute aber mit allen Mitteln gegen den neuen, lebensgefährlichen Kollektivismus der Blutjünger, für die Blutverehrung und Blutvergießen gleichermaßen Ersatz für Geist und Religion ist. Wir wissen, daß die Position des Geistes schwach ist in diesem irdischen Kampf, der nun anhebt. Vital sein ist billiger als wissend sein; und verlockender für die Kreatur. . . . Obwohl ich hier keine Politik machen will, werde ich doch sehr angegriffen, weil ich ökonomischer Sozialist bin; d. h. also zugleich, daß ich kämpfe." (An Ernst Robert Curtius, 28. 11. 1931)

„Als wir im Spätsommer in Berlin die Aktivierung der Blätter innerhalb der Partei und gegen die Partei beschlossen haben, fanden wir, daß zur Stärkung unseres Angriffs zum engeren tragenden Kreis nur Parteimitglieder gehören sollten. Ich war angesichts unsrer Pläne auch *dieser Meinung und bin es heute noch!* Mir *wurde damals aufgetragen, mit Fritz Klatt darüber zu verhandeln; es war ein Eilauftrag, weil wir in jener Besprechung vorgenommen hatten, auch den Titel der Zeitschrift in ‚Sozialistische Aktion' umzuwandeln, und das neue Titelblatt für das nächste Heft schnell in Druck gehen sollte. Ich stellte Klatt also die kameradschaftliche Frage, entweder in die Partei einzutreten oder aus dem engeren Herausgeberkreis der Blätter auszuscheiden. Das war notwendig so. Das war hart – vielleicht; aber nicht ohne Freundschaft."* (An Bettina Israel, 2. 12. 1932)

Bemerkungen zu einer Selbstdarstellung (1933)*

Das, was unser Wesen eigentlich will, was – uns selbst nur halb bewußt – hinter unserem Handeln steht, soll nicht ausgesprochen werden. Es gehört zu dem Geheimnis, dessen wirkende Kraft gerade aus der Verschlossenheit kommt. Es wird überhaupt nicht leicht, etwas über uns selbst auszusagen, weil wir heute befürchten müssen, es könnte uns als eine Art Rechtfertigung vor der weltlichen Macht ausgelegt werden, wo wir doch nur unserem Gewissen verpflichtet sind. Wir wissen zwar auch, wem unser Gewissen gehorsam ist, aber wir sprechen nicht davon in einem Schreiben, von dem wir nicht wissen, wer es lesen wird.

Für mein ganzes Leben entscheidend ist, daß ich von den armen Bauern des Westerwaldes abstamme und meine Jugend bis zum Eintritt in das Kriegsheer auf dem Dorfe verlebt habe. Daß ich mich von Jugend auf einer volkstümlichen Erziehung widmete, deren Spuren ich bis in mein 16. Lebensjahr zurückverfolgen kann, war begründet in dem Stolz, aus dem „Land der armen Leute" zu kommen, wie mein Landsmann Wilhelm Heinrich Riehl die Heimat meiner väterlichen Familie genannt hat. Für mich war immer wegweisend die tiefgründige Unterscheidung Riehls zwischen der „natürlichen" und der „proletarischen" Armut. Die „natürliche Armut" hat mich während meiner ganzen Jugend begleitet, ja ich habe aus der Bedürfnislosigkeit des ländlichen Daseins die Zwingkraft, wie ich hoffe, für mein ganzes Leben gewonnen; aber auch die „proletarische Armut" hat meine Jugenderfahrung mitgestaltet, denn in dem ärmlichen Landlehrerhaushalt meines Vaters, der zwei Söhne in die Stadt zur Schule schickte bei einem Monatsgehalt von 150,– bis 170,– Mark, war inmitten fruchtbarer Felder das Brot beschränkt und, angesichts eines täglichen Umgangs mit Kühen und heranwachsenden Rindern, auf dem Tisch der Mutter die Butter durch Margarine ersetzt. Fleisch gab es nur einmal in der Woche, vielleicht nicht zum Schaden unserer Gesundheit.

Mein Vater war im Jahr 1904, als ich im 6. Jahre stand, auf seinen eigenen Wunsch von Bad Ems nach einem hessendarmstädtischen Dorf versetzt worden. Die Lebensart des Kurortes behagte ihm nicht, und ich kann ihm dankbar sein, daß er mir die ländliche Jugend gerettet hat. Obwohl ich mich nun tagein tagaus in den vertrauten Feldern und Wäldern tummeln konnte und außerhalb der Schulzeit mehr in den Bauerngehöften und -winkeln meiner kleinen Kameraden als zu Hause lebte, waren doch die ganz großen Zeiten dieser Jugendjahre die Ferien, die ich zum größten Teil in der westerwäldischen Bauernwirtschaft meines Großvaters verbrachte. Zwar wäre es zuviel, wenn ich sagte, daß mir die Verrichtung des Frühjahrsbestellung, des Heuens und der Ernte wichtiger gewesen wären als die Schule, aber ich kann wohl behaupten, daß der Stall mir ebenso lieb war wie die Schulklasse, und daß ich das Klettern nicht an den Tauen des Turnsaals, sondern in den Eichen und Buchen meiner hessischen Heimat gelernt habe.

* aus: U. Schulz, Hrg., Adolf Reichwein. Ein Lebensbild . . ., a. a. O., S. 253–262.

Als ich 8 Jahre alt war, nahm ein junger Lehrer unseres Dorfes mich mit auf meine ersten Wanderfahrten. Wir trafen uns sonntags oder für ganze Wochenenden mit einer befreundeten Gruppe aus der nächsten Stadt, zu der wir uns gehörig fühlten und mit der wir das städtische „Nest" im Burgtor teilten. Wir gehörten mit Stolz zu der großen Bewegung des Wandervogels und empfingen aus ihr das erste knabenhafte Bewußtsein deutschen Volkstums. Dieses Heranwachsen in und mit der Jugendbewegung hat mein Leben bis zum Kriege auf Innigste mitbestimmt, ja mein ländliches Dasein auf die rechte Weise ergänzt, in einem gewissen Sinne vollendet. Nicht nur die Pfade der Heimat, sondern auch die Wege und Straßen des ganzen Vaterlandes in Süd und Nord zu kennen, gab mir sogleich die große Anschauung des ganzen Volkes in seiner eigenartigen landschaftlichen und stammlichen Gliederung, in seiner eindrucksvollen Schichtung von ländlichem und städtischem Leben: dies alles dem jugendlichen Wanderer so unmittelbar, farbig und kräftig vor Augen gestellt, daß er von dort her ein unvergeßliches Bild seines Volkes und seiner Volksheimat besitzt. War die immerwährende Rückkehr in den Bannkreis heimatlichen Kirchturms und zu dem heimatlichen blauen Rauch der dörflichen Fachwerkhütten für mich die Gewähr einer unlöslichen Verwurzelung im Boden und einem natürlichen Dasein, so bewahrte mich das Wandern und Schauen schon meiner ersten Jugend vor der Verengung im bloß Lokalen und weitete wenigstens Anschauung und Blick, wenn nicht den Gedanken schon, so doch die Empfindung für das Ganze des Volkes und sein gemeinsames Schicksal. Ja, ich erinnere mich, daß es mir als Zwölfjährigem tiefen Eindruck machte, wenn die Älteren, die Studenten unter uns, an Nestabenden und bei Treffen davon sprachen, daß wir die Kluft zwischen Gelehrtentum und Volk, zwischen Arbeiter und Bauer, zwischen Volk und Staat nicht durch künstliche Überbrückung weniger spürbar machen sollten, sondern durch ein neues Leben und eine neue Lebensform wirklich überwinden.

Als der Krieg ausbrach, meldete sich mein Vater sofort freiwillig an die Front. Nach zwei Winterfeldzügen in Rußland brach seine Gesundheit zusammen, und er kehrte in sein Lehreramt zurück. Ich selbst wurde in den ersten Kriegstagen, als ich mich ebenfalls bei der benachbarten Truppe meldete, wegen meiner Jugend zurückgewiesen. Meine unmittelbare Beteiligung am Kriege begann also erst im Jahre 1916, und der aktive Dienst endete in der Tankschlacht von Cambrai im Dezember 1917. Damals wurde ich bei einem Angriff auf die englischen Stellungen durch eine Handgranate schwer verwundet und mußte den Rest der Kriegszeit bis ins Jahr 1919 hinein im Lazarett verbringen. Außer dem, was jeder Frontsoldat, der mit offenem inneren und äußeren Blick den Krieg erlebt hat, an Erfahrung gewann, brachte mir die Kriegszeit noch eine persönliche und ganz wichtige geistige Begegnung: mit Grundtvig und seinem Werk, der dänischen Volkshochschule. In der Champagne kam mir 1917 Hollmanns ausgezeichnetes Buch über die dänische Volkshochschule in die Hände, durch das ich zugleich die Persönlichkeit Grundtvigs kennenlernte. Das Buch bedeutete eine Wendung für mich. Ich entschloß mich, den mir sehr teuer gewordenen Plan meiner Jugend, Architektur zu studieren, aufzugeben und nach dem Kriege mich der volkstümlichen Bildung zu widmen. Dörfliches Leben, Jugendbewegung, Frontkameradschaft waren die drei Wurzeln, aus denen ich diese Idee näherte. Die Verwirklichung der Volksgemeinschaft durch volkstümliche Erziehung, so wie Grundtvig sie bezeugt hatte, schien mir auch der Weg des künftigen Deutschland, auf dem wir jungen Krieger voranzugehen hätten. Ich begann vom Lazarett aus mein Studium auf der Universität und richtete es sofort auf die künftige Aufgabe volkstümlicher Bildung aus, studierte deutsche Geschichte, Sprache und Kunst und ergänzte dieses Studium von Volkswirtschaft und Soziologie her. Die Umwälzung nach dem Kriege stellte mich unmittelbar vor die sozialen Gegenwartsfragen Deutschlands, und ich begann zu lernen, daß die Verwirklichung der Volksgemeinschaft eins sei mit der Verwirklichung der sozialistischen Nation.Das Erlebnis der heimatlichen Scholle und einer volksbewußten Jugend, die Erfahrungen des Frontsoldaten und des rechtsbewußten Studenten flossen zusammen zu dem ersten entscheidenden Anstoß meines beruflichen Lebens.

Im Dezember 1920, bald nach dem Abschluß meines Universitätsstudiums und nach meinen ersten Versuchen als Lehrer an hessischen Erwachsenenschulen holte mich Robert von Erdberg nach Berlin in die mit der Abteilung U 5 des Kultusministeriums verbundene „Vereinigung der deutschen Volksbildungsvereine". Meine Arbeit in diesem Verbande bestätigte meine Überzeugung, daß fruchtbare volkstümliche Bildung nur bodenständig gedeihen könne, und vor allem auch nur „lebensnah", wie wir damals zu sagen anfingen. Es wurde mir immer deutlicher, daß bei der naturgegebenen Mannigfaltigkeit deutscher volkstümlicher Bildung, jedenfalls in ihrem Jugendalter, eine bloß zusammenfassende Organisation keine eigenen schöpferischen Kräfte entfalten könne und ich schied darum mit der Krise des Verbandes im Jahre 1923 gern, und doch dankbar für die gewonnene Reifung meiner Vorstellungen und den mir sehr willkommenen Überblick über die geistigen Kräfte und die Praxis dessen, was sich damals deutsche Volksbildung nannte, aus diesem Dienste aus.

Es entsprach ganz meinen Wünschen, als ich nun an die unmittelbare Front der Volkshochschularbeit nach Thüringen gerufen wurde. Die thüringische Arbeit brachte mich vor allem mit dem an vielen Orten noch halb ländlichen, im wesentlichen kleinstädtischen Arbeiter in Berührung. In diesen Jahren 1923–1925 lag mir das Amt eines Leiters der Volkshochschule Thüringen ob. Mein Bemühen galt vor allem einer Vereinfachung der Verwaltung und dem Einsatz meiner ganzen Tatkraft bei den einzelnen örtlichen Schulen im Lande, denen ich dadurch am besten zu dienen glaubte, daß ich auf meinen Reisen die Dinge lehrte, die mir besonders am Herzen lagen: Volksgeschichte und die staatliche Verantwortung des einzelnen. Die Erfahrung dieser Jahre war, daß ich einen noch engeren Kreis wählen müsse, um zu einem geschlossenen Einsatz meiner Kräfte zu kommen. Ich gab darum im Frühjahr 1925 die Leitung der Volkshochschule Thüringen auf und übernahm die Leitung der Volkshochschule Jena. Hier an einem festen Ort, bodenständig in der Stadt der Zeisswerke und zugleich im Zentrum der damaligen thüringischen Volkshochschul-Bewegung, in unmittelbarer Nachbarschaft des Verlagshauses Eugen Diederichs ergab sich mir, herausgewachsen aus grundlegenden Erfahrungen, ein klar umzirkelter, deutlich übersehbarer Aufgabenkreis. Diese Bildungsgemeinschaft mit den Arbeitern der Zeiss- und Schottwerke war immer ausgerichtet auf das Bild einer wirklichen Volksgemeinschaft, die ich mir nur vorstellen konnte unter der Obhut einer gerechten Volksordnung. Meine Jenenser Arbeit wurde sowohl von der sozialdemokratischen wie der kommunistischen Partei mit äußerstem Mißtrauen betrachtet, von der kommunistischen Presse bei hervorstechenden Gelegenheiten aufs Schärfste bekämpft. Da mir das Wohl der ganzen

Belegschaft am Herzen lag, habe ich mich selbstverständlich bemüht, ohne selbst einer Partei anzugehören, auch und gerade den organisierten Arbeiter als das aktivste Element für meine Schule zu gewinnen. Der äußere Aufschwung der Volkshochschule Jena, unter deren Obhut sich schließlich 1300 Menschen in etwa 60 Gruppen sammelten, verschloß mir nie die Sicht auf das wertvollste Ziel: nämlich die echte Bildungsgemeinschaft der kleinen Gruppe, die zugleich volks- und staatsbewußte Erziehungsgemeinschaft sein sollte. Um diesem Bemühen eine sichtbare und in gewissem Sinne vorbildliche Form zu geben, begründete ich im Herbst 1925 ein Jungarbeiterheim, das als Heimschule der äußere und innere Kern aller Volkshochschularbeit in Jena sein sollte und sich auch bald zu solchem wirksamen Mittelpunkt entwickelt hat. Es kam mir vor allem darauf an, durch diese Tatgemeinschaft mit den jungen Arbeitern, die wir übrigens in spartanischer Form ganz und gar aus eigenen Mitteln trugen, für die große Gemeinschaft darzutun, daß persönliche Bildung erst durch den tat- und opferbereiten Einsatz füreinander geadelt wird, daß Bildung durch Erziehung gestrafft, gerichtet und der Gemeinschaft dienstbar wird. Das Leben in unserem kleinen Staat war aufs Engste durch Führung und Gehorsam, durch selbstgesetzte Ordnung und freiwillige Zucht geregelt, es trug – zwar äußerlich gering und klein – die Züge eines kämpferischen soldatischen Ordens. Spötter sprachen damals von unserem „Zuchtideal". Sie bestätigten mir damit nur, daß ich an meinem Teile das, was man damals „Arbeiterbildung" nannte, auf den rechten Weg gebracht hatte, denn ich wußte ja, daß gerade die Menschen, die in „proletarischer Armut" leben mußten, notwendiger als andere Vollksschichten durch eine neue Idee der „Bindung" und durch die selbsterzieherische Tat zu einem inhaltsvollen persönlichen Leben zurückgeführt werden mußten. Ich wußte, daß die „Veränderung der Verhältnisse" – wenn sie nicht ein Traum bleiben sollte – persönlichkeitsstarke und willenskräftige, anspruchslose und opferbereite Menschen, echte Pioniere, voraussetzte. Ich befand mich mit dieser Auffassung und mit dem, was ich zu seiner Verwirklichung tat, in direktem Gegensatz zu der damals weitverbreiteten und auch in den Arbeiterorganisationen vielfach übernommenen „liberalen" Bildungsidee. In ungezählten Gesprächen mit jungen Arbeitern war ich bemüht, sie zu einem verantwortungsbewußten, auf eigene Kraft und Zucht gebauten Leben hinzuführen, und ich konnte sie immer hinweisen auf das Beispiel, das wir mit unserem Heim zu geben versuchten.

Nach einer mich sehr bedrückenden Katastrophe in meiner engsten Famile bestellte ich mir für meine Jenenser Arbeit einen Vertreter und begab mich auf eine größere Reise. Das Unternehmen – zunächst aus dem Wunsch geboren, Abstand zu gewinnen und in einem ganz neuartigen Tun Frieden zu finden – bekam unter der Hand größere Gestalt. Die Notgemeinschaft der Deutschen Wissenschaft finanzierte mir eine Reise nach Nordamerika, die dem Studium der dortigen Rohstoffwirtschaft dienen sollte. Auf diese Weise wurde mir Gelegenheit gegeben, Untersuchungen zu vertiefen, an denen ich seit Jahren als einem Spezialgebiet arbeitete. Die Reise begann im Frühsommer 1926 und dauerte bis in den Sommer des Jahres 1927. Durch eine sparsame Verwendung meiner Mittel und eine – wenn es unauffällig geschehen konnte – primitive Lebensweise gelang es mir, den Radius meines Unternehmens weiter zu spannen als ursprünglich vorgesehen. Mit Hilfe meines kleinen Autos, das ich als „fahrendes Hotel" eingerichtet hatte, konnte ich bis in die einsamsten Täler des nordamerikanischen Kontinents, den ich in großem Zickzack durchquerte, vordringen und mir dadurch ein wirklich gründliches Bild des Landes verschaffen. Trotz zweimaliger schwerer Autounfälle – einmal wurde ich von einem schweren Wagen gerammt und eine Böschung hinabgeworfen, ein andermal stürzte ich in den unwegsamen „bad lands“ von Montana so unglücklich ab, daß mein erster Wagen in Trümmer ging – kam ich doch wirklich zu dem pazifischen Hafen von Seattle, wo ich den Entschluß faßte, meine amerikanische Reise zu unterbrechen.

Ich arbeitete mich als amerikanischer Matrose nach Japan, China und nach den Philippinen durch, lernte so nebenbei die amerikanische Seefahrt kennen und hatte vor allem Gelegenheit, meine Studien in Ost- und Südasien zu verbreitern und zu vertiefen. Nachdem ich auf dieselbe Weise wieder nach Amerika zurückgekehrt war, nahm ich meinen Wagen zur Hand und befuhr die pazifischen Küstenländer bis zur mexikanischen Grenze hinab, reiste dann mit einem japanischen Schiff nach dem mexikanischen Hafen Manzanillo. Von hier aus begann ich die Durchquerung des Landes, kam durch die damals aufständischen Staaten Colima und Jalisco, konnte aber trotz einiger Fährnisse auch Mexiko in einiger Ruhe studieren, um dann mit einem Frachtdampfer die Heimreise nach Deutschland anzutreten. Unterwegs förderte ich die schon vorher begonnenen Arbeiten zu meinem Buche „Die Rohstoffwirtschaft der Erde“, das ein Jahr später als wissenschaftliches Ergebnis meiner Reise bei Gustav Fischer in Jena erschienen ist.

Nach meiner Rückkehr übernahm ich sofort die Leitung der Volkshochschule Jena und des Heims und blieb bis zu meiner Berufung nach Berlin im April 1929. In dieser Zwischenzeit fügte ich als neue Züge meiner Erziehungsarbeit Auslandsfahrten mit Arbeiter- und Studentengruppen ein, die allerdings mehr den Charakter von Expeditionen trugen. Stamm beider Unternehmungen der Jahre 1928–29 waren ausgelesene Gruppen der jeweiligen Besatzung des Heims. Durch äußerste Sparsamkeit konnten Arbeiter und Studenten während des Vorbereitungsjahres einen Teil der Kosten selbst zurücklegen und sich auf diese Weise die Teilnahme an der Reise selbst verdienen. Der Rest wurde durch Stiftungen aufgebracht. Meine Absicht dabei war, eigene Erfahrungen auf einen größeren Kreis zu übertragen, die von mir geleistete Erziehungsarbeit in der jungen Industrie-Generation, die auf Bereitschaft und Kameradschaft zielte, um eine Stufe zu steigern, und die jungen Arbeiter in den fremden Ländern Deutschland durch den Vergleich tiefer erkennen und lieben zu lehren.

Beide Expeditionen wurden selbstverständlich mit Rucksack und Zelt durchgeführt und streckenweise, wie zum Beispiel in dem menschenleeren Lappland, lebten wir „vom Lande“. Jede der beiden Unternehmungen dauerte etwas über zwei Monate und wurde nicht nur als Abschluß, sondern als Krönung der Heimarbeit empfunden. Es gehörte zum Stolz der Gruppen, in der Fremde eine unverbrüchliche deutsche Kameradschaft zu sein, und nach meinen Erfahrungen sind diese gemeinsamen Leistungen für alle Teilnehmer schlechthin lebensbestimmend geworden.

Die erste Reise führte durch die skandinavischen Länder und hatte ihren Höhepunkt in der Durchquerung Lapplands von der Grenze Russisch-Kolas bis nach Schweden hinüber. Die zweite wurde in fünf Gruppen durchgeführt, die, die deutschen Dörfer und Kolonien als Richtpunkte nehmend, alle Balkanländer durchquerten, um sich in Warna am Schwarzen Meer wieder zu treffen. Die von mir vorbereitete Reise wollte ich eigentlich im Flugzeug begleiten, konnte aber leider – da die Maschine nicht rechtzeitig startfertig wurde – den Gruppen nur über die Alpen bis Venedig entgegenfliegen. Diese Balkanreise ist meines Wissens bis heute das einzige Unternehmen geblieben, jungen Menschen derjenigen Schicht, die schicksalsmäßig die loseste Verbindung zum Volkstum hat, nämlich der Arbeiterschaft, nach gründlicher wissenschaftlicher Vorbereitung aus eigener ergiebiger Anschauung eine Vorstellung von auslandsdeutschen Gruppen in einem größeren Raum zu geben; die Karpatenländer, Albanien, Südslavien, Bulgarien, Rumänien wurden durchquert.

Da ich des Glaubens war, daß die so in ihrer Richtung gesicherte Jenenser Arbeit durch eine Nachfolge aufgegriffen und sinngemäß fortgeführt werden könne – wie sich später leider herausstellte, ein irriger Glaube – nahm ich im Frühjahr 1929 einen Ruf in das Preußische Kultusministerium an. Sachlich reizte mich dabei, an der staatlichen Arbeit, die ich seither nur von außen gesehen hatte, von innen her teilzunehmen. Die „Verwirklichung des Volkstums in einem volkstümlichen Staat" war ja seit meiner Jugend im Bewußtsein das notwendige Gegenstück einer volkstümlichen Erziehung. In der verhältnismäßig unabhängigen Stellung eines Pressereferenten hatte ich während eines Jahres Gelegenheit, das Kräftespiel des staatlichen Lebens zu studieren. Beim Abschied des Ministers C. H. Becker, der mich berufen hatte, bat ich sofort auch um meine eigene Entlassung; das war im Frühjahr 1930. Als ich unmittelbar danach durch das Ministerium als Professor für Geschichte und Staatskunde an die neu begründete Pädagogische Akademie in Halle berufen wurde, zögerte ich einen Augenblick, denn der dortige Lehrkörper war von Direktor Frankenberger bereits ohne mich zusammengestellt worden, und bei meiner Achtung vor der Idee des „geschlossenen Lehrkörpers" hatte ich eine gewisse Hemmung, von außen „einzudringen". Aber diese inneren Schwierigkeiten wurden überwunden durch die Freude, wieder unmittelbar an die Erziehungsfront gerufen zu sein und durch den Willen, meine Erziehungserfahrungen mit jungen 20jährigen Menschen im Rahmen der Junglehrererziehung einzusetzen. Daß ich für Geschichte und Staatskunde berufen wurde, erschien mir besonders sinngemäß, denn schließlich galt ja meine ganze Erziehungs- und Bewußtseinsbildung an jungen Menschen der Verwirklichung geschichtlicher Notwendigkeit und war ausgerichtet auf den Staat, in dem das Volk zu Haus ist. Ich war auch der Meinung, daß es nützlich sein könnte für eine Pädagogische Akademie, in ihrem Lehrkörper einen Mann zu haben, der die Erziehung erwachsener Jugend aller Volksschichten aus eigener ausgiebiger Praxis kannte und die Verantwortlichkeit des späteren Lehrers über das Schulische ins Volkserzieherische hinauszuspannen vermöchte. Während der drei Jahre, die mir vergönnt waren, auf einer neuen Stufe meine erzieherische Tätigkeit aus- und weiterzubauen, lag es mir besonders am Herzen, die Studenten sowohl auf dem Weg der Lehre zur Verantwortlichkeit gegenüber der Nation als auch ihre Kräfte durch das eigene Beispiel zum Einsatz für das Ganze zu ermuntern. Gerade in diesen Jahren war mir immer besonders gegenwärtig, daß Wissenschaft und Leben im Einklang sein müssen, und die echte akademische Gemeinschaft zwischen Lehrer und Studenten war ja eine Selbstverständlichkeit. Da ich davon überzeugt bin, daß jede Lehre erst dann erzieherisch voll wirksam werden kann, wenn sie durch Beispiel oder praktische Anwendung gültig oder versuchsweise ausgeprägt wird, habe ich in das Leben der Akademie Halle zwei Unternehmungen eingeführt, die zu Einordnung und

Disziplin, zur Entsagung und zur Freude des gemeinschaftlichen Lebens erziehen sollten: die Winter- und Sommerlager und die Landschulpraktika in Form des Zeltlagers. Skilager in den Bauden des Riesengebirges und Zeltlager an der sommerlichen See zielten auf Straffheit und Härtung durch anspruchsloses Leben. Den gleichen Sinn hatte das Zeltlager, das die Landschulpraktikanten vereinigte. Wenn ich in diesen Jahren, dank äußerster Einschränkung meiner sonstigen Bedürfnisse, die Haltung meines Flugzeuges durchhielt, so geschah dies nicht nur zu dem selbsterzieherischen Zweck, mich selbst in Form zu bringen, sondern ebenso aus dem Willen, der mir anvertrauten studentischen Jugend durch das Beispiel zu zeigen, daß hinter jedem Wort der Lehre die Tat stehen sollte.

Ich habe mich in diesen Bemerkungen gleichmäßig über mein ganzes bisheriges Leben verbreitet, weil ich weiß, daß jedes Stück dieses Lebens gleich wichtig und den anderen Stücken gleichwertig ist und weil ich damit ausdrücken wollte, daß dieses Leben sich mir als eine Einheit darstellt. Seine Gliederung bis heute wird seine Glieder in der Zukunft bestimmen. Vor allem aber wollte ich mit diesem Versuche dartun, daß ein so eigenwüchsiges Leben sich niemals unter ein Joch beugen wird, daß vielmehr seine Entscheidungen wie seither so auch in Zukunft nur aus eigenen Antrieben fallen können.

In dieser kurzen Darstellung ist eine Episode nicht erwähnt worden, die wichtig genommen werden könnte, aber von mir nicht wichtig genommen wird, weil sie nicht – wie die mitgeteilten Dinge – notwendig zu meinem Leben gehört. Auf der anderen Seite habe ich nicht das Geringste von dieser Episode zurückzunehmen, sondern bejahe sie heute noch wie damals, als ich mit all den Einschränkungen, die aus meiner Art stammmen, in sie eintrat. Das ist meine Zugehörigkeit zur Sozialdemokratischen Partei Deutschlands im Oktober 1930 bis März 1933. Für meinen Eintritt war als Voraussetzung entscheidend, daß ich meinen ganzen Berufsweg einschließlich meiner Berufung nach Halle bewußt und ausgesprochen ohne „Parteibuch" gemacht hatte, und zweitens, daß im Herbst 1930 durch den Eintritt in diese Partei gewiß nichts mehr zu „gewinnen" war. Warum trat ich trotzdem ein? Weil ich – in einer Arbeiterstadt wie Halle lebend – nicht mehr mitansehen konnte, wie die organisierte Arbeiterschaft ohne zeitgemäße geistige Führung war. Wäre ich in erster Linie „Politiker" gewesen, so wäre ich vielleicht damals in eine andere Partei eingetreten, aber da ich immer und in erster Linie Erzieher war, ging ich dorthin, wo mir erzieherischer Einsatz am dringendsten schien. Daß ich diesen Entschluß gerade im Herbst 1930 faßte, ist darin begründet, daß ein bestimmtes Ereignis die vielfachen Hemmungen, die ich immer gegen den Eintritt in die SPD gehabt hatte, beseitigte: nämlich das Bündnis der Nationalsozialistischen Deutschen Arbeiterpartei mit Dr. Hugenberg. Ich war der Meinung, daß die in diesem Bündnis zusammenkommenden Gegensätze, nach den Äußerungen der Führer der beiden Parteien selbst, unversöhnlich seien, und daß es darum Pflicht sei, ohne Rücksicht auf die politischen „Chancen" dort zu helfen, wo ich eine Bedrohung des ständischen Selbstbewußtseins und der eigenwüchsigen, von unten her getragenen kulturellen Organisation befürchtete, bei der Arbeiterschaft. Wenn ich aber den erzieherischen Dienst an der gewerkschaftlichen Jugend, der Jugend der Naturfreunde und ähnlicher um eine eigene neue geistige Existenz damals ringender Gruppen aufnehmen wollte, brauchte ich das Vertrauen dieser „Organisierten", ich mußte selbst „organisiert“ sein. Darum bin ich an die erwähnte Partei eingetreten; nicht zu politischen, sondern zu ausgesprochenen Bildungszwecken. Ich habe während meiner Mitgliedschaft nur Dinge getan und gesagt, die meiner Anschauung entsprachen und häufig genug der offiziellen Parteimeinung zuwiderliefen. Aber gerade zu diesem Punkte möchte ich nicht ausführlicher sein, weil sonst der Eindruck entstehen könnte, daß ich mich „rechtfertigen“ wolle, und dazu habe ich keinen Anlaß.

Adolf Reichwein
10. Juni 1933

Auszüge aus Briefen:

„Am 3. Mai, am Abend vor den Reichstagswahlen, spreche ich vor der Leipziger Jugend über ‚Die politische Entscheidung der Jugend‘. . . . Mir persönlich wird es schwer, in diesen politischen Kampf einzugreifen, denn unsere eigene Position können wir doch noch nicht beziehen, aber es muß schon sein, daß wir uns wenigstens für das kleinere Übel einsetzen.“ (An Rolf Gardiner, 24. 4. 1924)

„Lieber ERC, einen herzlichen Gruß! Ich schwanke und schwanke zwischen Heidelberg und hier. Das ‚Soziale‘ hält mich wie ein Panzer fest. Ich müßte ihn zerbrechen, um mich für eine Weile meines Lebens ganz zur ‚Individualität‘ zu begreifen. Wenn ich doch nur für mich, den Freibeuter, zu entscheiden hätte!“
(An Ernst Robert Curtius, 25. 1. 1928)

„Innerlich nehme ich intensiver an den Dingen der Welt teil wie je. Meine Freunde wollen mich in die Politik drängen. Aber ich will nicht; vielleicht richtiger: noch nicht. Heute wird alles zerstampft, was dort sich aufhält. Aber vielleicht werden wir mit zerstampft? Dann aber wenigstens anständig sterben (was übrigens ein echter Politiker niemals sagen würde).“ (An Ernst Robert Curtius, 25. 11. 1931)

„Keßler! Das ist ein tapferer Kämpfer. Und darum hat er meine Sympathie. Was kann man tun? Jeder steht auf seinem Posten und weiß vae victis, aber das ist nicht erschrecklich für ihn. Leben, Kämpfen bis zum letzten, vielleicht anständig sterben. Das ist wieder alles. Weitere Worte überflüssig. Nur noch in Gedanken ein Händedruck für die an der Front; auch für Keßler.“ (An Bettina Israel, 2. 12. 1932)

„Obwohl es mir erbittert zu Mute ist, in dieser traurigsten Zeit Deutschlands, hoffe ich noch genügend Heiterkeit aufzubringen, ‚um zu erzählen und vergnügt zu sein‘, wie Sie schreiben. . . .
Ich bitte, mir in Briefen nicht mehr Politisches zu schreiben. Gründe brauche ich Ihnen wohl nicht anzugeben. Wir leben 1833. (sic!)“
(An Bettina Israel, 4. 3. 1933)

„Nun bin ich beurlaubt und werde wohl demnächst – ohne Pension übrigens – entlassen. Es ist schon ein merkwürdiges Schicksal bei solcher Leidenschaft für Wirken an der Jugend, an Volk und Nation. Aber der totale Staat macht ganze Arbeit. Wir sind bei alledem aber beide heiter und gelassen. Ich spüre mächtiger denn je, was sittliche Gewißheit und gutes Gewissen einem bedeuten können, wieviel Kraft einem von da kommen kann.“
(An Ernst Robert Curtius, 3. 5. 1933)

Wilfried Huber

Adolf Reichwein – Pädagoge im Widerstand

Eine biographische Skizze*

Der federnd gespannte Bogen eines mit 46 Jahren jäh abgebrochenen Lebens, das der unter dem Nationalsozialismus bedrohten Zukunft Deutschlands unter europäisch-weltweitem Blickwinkel galt, ist hier mit seinen zeitgeschichtlich exemplarischen Zügen zu vergegenwärtigen. Zugleich wird der zusammenfassende Blick auf Person und Lebensleistung ermöglicht, wenn nun der Weg vom hessischen Dorfschulhaus im Wilhelminischen Deutschland über die Weltkriegsteilnahme und das Studium in Frankfurt und Marburg zur Erwachsenenbildung in Berlin und Jena, über das Zwischenspiel im preußischen Kultusministerium weiter zur Lehrerbildung in Halle und 1933 dann zur Landlehrerstelle im märkischen Tiefensee skizziert wird, der schließlich zur Museumspädagogik und zugleich in den planenden und konspirativen Widerstand im Berlin der Kriegsjahre führte.

1. Jahre der Durchbildung 1898–1923

1.1 Jugend, Kriegsdienst, Studium und Lehrjahre der Erwachsenenbildung

Kindheit und Jugendzeit hat Reichwein in Hessen erlebt, besonders gern in der Bauernwirtschaft des Großvaters in dem nicht ohne Stolz als „Land der armen Leute“ apostrophierten Westerwald. Aus dessen Handwerker- und Bauernschichten stammend, war der Vater Volksschullehrer in Bad Ems geworden. Dort ist Reichwein am 3. Oktober 1898 geboren und wuchs seit 1904 in Ober-Rosbach am Rande der Wetterau auf, wo der Vater bald nicht nur ein pädagogischer und kultureller Mittelpunkt des Dorfes war, sondern auch in dem traditionell bäuerlich dominierten Gemeinderat der neuen Schicht der Arbeiterpendler früh zu einer angemessenen Gemeindevertretung verhalf. Rückblickend schätzte Reichwein den Wert dieser ländlichen Jugendzeit hoch ein, wo das Streifen durch Wald und Feld, das Beobachten und Mithelfen bei Dorfhandwerkern und Bauern ebenso wichtig gewesen seien wie die Schule.[1]

Ergänzung und Ausweitung des Blicks brachte die Freizeit in der Wandervogelgruppe: den Achtjährigen schon nahm ein junger Kollege des Vaters in dieser ersten Phase der Jugendbewegung mit auf Wanderungen, zu denen man sich sonntags oder für ganze Wochenenden mit der befreundeten Friedberger Gruppe traf, vor allem aber in den Ferien zu großen Fahrten durch Deutschland bis ins benachbarte Ausland

* aus: Adolf Reichwein – Museumspädagogische Schriften, a. a. O., S. 10–28 mit Dank an den Autor und an das Museum für Deutsche Volkskunde Berlin für die Erlaubnis des Nachdruckes. Auslassungen von R. R. Anstelle der einleitenden Quellenbelege des Autors folgen Literaturverweise des Herausgebers im Text.

[1] Vgl. hierzu und zum Folgenden: A. Reichwein, Bemerkungen zu einer Selbstdarstellung, in dieser Gedenkschrift. Anm. von R. R.

aufbrach. 1909 erfolgte der Wechsel zu der auf Naturwissenschaft und moderne Sprachen orientierten Realschule in Friedberg, nach der Mittleren Reife, die 1914 abgelegt wurde, zunächst zur Oberrealschule in Bad Nauheim, während die Reifeprüfung dann seit 1915 sehr zielstrebig zu Hause vorbereitet und aus der militärischen Ausbildung heraus 1917 als Externer abgelegt wurde.

Als Kriegsfreiwilliger schätzte er sowohl in Polen als in Frankreich das Zusammensein und den Gedankenaustausch mit den „Kriegswandervögeln" hoch, nahm nach der schweren Verwundung im Dezember 1917 vom Lazarett aus wieder Verbindung zu den hessischen Wandervögeln auf und hielt lebenslang an dort gewonnenen Freundschaften fest.

An der Westfront, von wo die Kriegsbriefe bald eine erstaunlich nüchterne und weitgespannte Beurteilung der sozialkulturellen, politischen und militärischen Lage zeigten,[2] war sein Entschluß gereift, den Jugendtraum eines Architekturstudiums zugunsten der Vorbereitung auf eine Tätigkeit in der Erwachsenenbildung aufzugeben. Die Lektüre über Grundtvig, den Begründer der dänischen Volkshochschule, hatte ihn tief beeindruckt und in der Auffassung bestärkt, „daß tiefgreifende soziale Reformen mit umfassender Volksbildung" zu verbinden seien.

Reichwein, der damit eine damals breit empfundene Notwendigkeit ernst nahm, suchte sich auf diesen „Beruf ohne Berufsbild und Studienordnung" zunächst von 1918–1920 in Frankfurt in Geschichte, Kunstgeschichte und Literatur, Volkswirtschaft und Philosophie vorzubereiten. Die gärenden Monate vor und nach dem Novemberzusammenbruch 1918 stellten ihn massiv vor die sozialen Gegenwartsfragen. Sie brachten unter anderem die Beziehung zu dem Internationalen Jugendbund um Leonhard Nelson und zu Alfons Paquet von der „Frankfurter Zeitung", aber auch zu dem Hochschullehrer Franz Oppenheimer, Soziologe und Vater des Kibbuzgedankens, sowie zu dem Arbeitsrechtler Sinzheimer, der damals maßgeblich an der Auseinandersetzung um die Anwendung des Rätegedankens auf Politik und Wirtschaft beteiligt war.

Auch wenn die Beziehung zum sozial-wirtschaftlichen und staatlichen Bereich blieb, so trat doch in der abschließenden Marburger Studienzeit 1920–1921 der menschlich-gesellige und geistig-kulturelle Akzent stärker hervor.

Neben der Studentenehe war vor allem der Einfluß der Marburger „Akademischen Vereinigung" groß und persönlich folgenreich durch die dort geknüpften lebenslangen Freundschaften, zum Beispiel zu Wolfgang Schuchhardt, die 1938/1939 für den Wechsel ins Staatliche Museum für deutsche Volkskunde bedeutsam wurde. Er beteiligte sich an ihrem Bestreben, eine Synthese von Wissenschaft und Leben unter dem Motto „Wissen und Gewissen" zu praktizieren, wobei die geistige Intensität dieser Gruppe durch ihre Kontakte zu Paul Natorp, Rudolf Bultmann, Ernst Robert Curtius, Nicolai Hartmann und Martin Heidegger illustriert ist. Das Streben der Gruppe nach Erneuerung des Studentenlebens aus dem Geist des Wandervogels machte die Idee der Selbsterziehung in der Gemeinschaft wichtig, die Bejahung musischer Geselligkeit sowie die Prinzipien der Toleranz und der weltanschaulich-politischen Neutralität in

[2] Siehe die Briefe in: U. Schulz, Hrg., Adolf Reichwein. Ein Lebensbild . . ., a. a. O. Anm. von R. R.

der Bildungsgruppe. Letzteres wollte Reichwein durch das Prinzip der Erziehung zur Entscheidung begrenzt wissen. Es entstand auch ein interessiert-distanziertes Verhältnis zu dem George-Kreis um den Literaturhistoriker Friedrich Wolters, bei dem Reichwein über das weitgespannte kulturgeschichtliche Thema der Beziehungen Chinas und Europas im 18. Jahrhundert promovierte.

Kann man sehr wohl 1921 beim Übergang vom Studium zur angestrebten Tätigkeit in der Volksbildung schon von einem weltweiten Blickwinkel und Grundlinien einer pädagogischen Konzeption sprechen – die Dissertation und die vierwöchige Arbeitsgemeinschaft von Arbeitern und Studenten in dem Taunusdorf Bodenrod zeigen dies deutlich –, dann folgte doch in den Jahren der Inflation und der beginnenden Stabilisierung noch eine Zeit der Anregungen, des mehr tastenden Suchens, Erarbeitens und Ausreifens, die dann zwischen 1923–1924 zu einer ersten ausgeprägten Form der Welt- und Aufgabensicht führte.

Von 1921–1923 war er Geschäftsführer des „Ausschusses der deutschen Volksbildungsvereinigungen" bei Robert von Erdberg, der zugleich Erwachsenenbildungsreferent des preußischen Kultusministeriums war. An dieser Gelenkstelle zwischen staatlicher Kulturverwaltung und Bildungseinrichtungen freier Trägerschaft drängte er und ließ er sich von Berlin aus in die pädagogisch-kulturpolitischen Aktivitäten der frühen zwanziger Jahre hineinziehen. So organisierte er z. B. eine reichsweite Kampagne für die Jugendschutzgesetzgebung und beteiligte sich am jugendpolitischen Programm zum 10. Jahrestag des „Hohen Meißner", gewann Kontakt zu Fritz Klatt und Hellerau, ebenso zur Arbeiterbildung um Paul Hermberg und Gertrud Hermes in Leipzig. In den „Sozialistischen Monatsheften" übernahm er die Rubrik „Nationale Bewegungen". Er arbeitete an der von Hermann Hesse und Richard Woltereck herausgegebenen Zeitschrift „Vivos voco" mit ihrer international angelegten Kinder- und Jugendhilfe mit, die ihn wohl nach Auflösung des „Ausschusses der deutschen Volksbildungsvereinigungen" 1923 zu einer kurzen Tätigkeit beim deutsch-amerikanischen Kinderhilfswerk führte. Zäh verfolgte er das Projekt einer Werklandschulgründung in Waldeck, das eine regionale und europäische Dimension pädagogischer Zusammenarbeit verband und schon werk- und kunstpädagogische Akzente der späteren Schul- und Museumspädagogik andeutet. Über die Zwischenstation einer Tätigkeit als Volkshochschullehrer für Wirtschaftsfragen und Geschäftsführer der Volkshochschule Thüringen in Jena ab 1923, hoffte er dieser selbständigen pädagogischen Tätigkeit näher zu kommen.

1.2 Weltbild und Aufgabenperspektive 1923/24

An dieser Stelle ist bereits ein biographischer Rückblick und Ausblick möglich. Während der Jahre der Durchbildung wurden Charakter und handlungsorientiertes Weltbild aus fünf Quellenbereichen gespeist:

- das Elternhaus vermittelte Stilelemente der Einfachheit der äußeren Lebensgestaltung, des Willenstrainings und der verantwortungsbewußten Einstellung zu den Aufgaben der Dorfgemeinschaft und darüber hinaus;
- das Leben in der Wandervogelgruppe war ein Erprobungsfeld von Kameradschaft und Selbsterziehung, gab eine Anschauung des nationalen Lebens und ließ den

Gedanken einer Überwindung sozialer Klassengegensätze in Deutschland lebendig werden; beide Lebensfelder haben die Aufgeschlossenheit für ein Naturerleben Goethischer Art, für ein angemessenes Verhältnis zur Natur und ihrem Formenreichtum bleibend angeregt;

- das Erlebnis des Ersten Weltkrieges und der Frontkameradschaft hatte die Idee der Eigenverantwortung des Einzelnen für sich und die Gesellschaft ebenso genährt wie die Überzeugung einer notwendigen Neuordnung unter der Idee der „Volksgemeinschaft" und mit dem Beitrag der Volksbildung; dazu kam die aufwühlende Erfahrung des Todes, die den Gedanken der Hochachtung des menschlichen Lebens im politischen, wirtschaftlichen und erzieherischen Bereich zur festen Überzeugung machte;
- die Studienzeit vertiefte in Frankfurt besonders den ökonomisch-staatlichen Aspekt und die sozialspolitischen Impulse mit planetarischer Tendenz, während in Marburg die aus dem Geist der Jugendbewegung erneuerte und im Interesse der Selbsterziehung politisch-weltanschaulich „neutrale" Bildungsgruppe und ihre tragenden Prinzipien nachhaltig erfahren und durch das Prinzip der Erziehung zur Entscheidung relativiert und ergänzt wurde;
- die Lehrjahre der Erwachsenenbildung in Berlin sowie die erste Jenaer Zeit verstärkten insbesondere den bildungspolitischen sowie den gesellschafts- und wirtschaftsstrukturellen Aspekt seines kulturphilosophisch zentrierten Denkens. Zwei durchgehendere Linien des Einflusses auf zentrale Seiten des Charakters kommen hinzu: die künstlerisch-handwerklich-musische Linie von der häuslich-dörflichen Feiergestaltung, dem Zeicheneifer der Wandervögel und der studentischen Geselligkeit bis zum Berliner Kunstleben und etwa den musischen Aktivitäten in Hellerau; die ethisch-kontemplativ-religiöse Linie des Einflusses von der Atmosphäre in Elternhaus und Wandervogel, dem Umgang mit Dichtung bis zur Auseinandersetzung mit ethischen und religiösen Auffassungen, etwa Ernst Troeltschs 1917/20 oder der Religiösen Sozialisten 1923 in Berlin.

Die Grundlinien der erarbeiteten Position mit ihrer für die folgenden zwei Jahrzehnte vielfach bestimmend gebliebenen Welt- und Aufgabenperspektiven können nun skizziert werden: In ihrem Zentrum stand die Frage, wie eine weltoffene nationale Kultur unter den Bedingungen von Technik, Industrie und Weltwirtschaft gelingen könnte – und zwar im Anschluß an die ihm wertvollen, aber schwindenden Reste vorindustrieller Kultur. Ihn leitete die Überzeugung, daß man neue Kultur nicht einfach durch Umgestaltung der Verhältnisse „machen" könne. Sie müsse ein Produkt aus überlieferten humanen Werten und neuem Formwillen sein, wobei Wissen Religion nicht ersetzen könne, und sie verlange, immer auf sittlichen Bezügen beruhend, zum Gelingen auch der neuen gemeinschaftsbildenden Institutionen. Weil er den Menschen von selbstzweckhaften Wirtschafts- und Machtprozessen sowie von den Mechanismen des Kapitalmarktes bedroht sah, entschied er sich persönlich für einen undoktrinären personalen Sozialismus, von dem er eine Bändigung dieser Prozesse zugunsten einer anzustrebenden Industriekultur erwartete, die ihr Maß am Menschen finden und jeweils als „Volkskultur" die soziale und kulturelle Zerrissenheit überwinden müsse. Er sah sich, den ersten Weltkrieg als eine epochale Zäsur und europäische Krise erlebend, in eine Umbruchszeit gestellt, in welcher der Wissende zu besonderer Verantwortung und Leistung verpflichtet sei, ihre „Lehren" zu verstehen und zur Geltung zu bringen. Mit dieser Position fühlte er sich den „Religiösen Sozialisten" um Karl Mennicke, Eduard Heimann und Paul Tillich besonders nahe und wollte von einem stark ethisch zentrierten Menschenbild her Pädagogik und Politik trotz aller Spannungen in Theorie und Praxis miteinander verbinden.

Europa sei aus den beiden Tendenzen der Wirtschaftseinheit und nationalen Vielfalt heraus zur sozialen Neuordnung nach innen, aber auch zur Neubestimmung seines Verhältnisses zu den sich verselbständigenden ehemals kolonialen Wirtschaftskontinenten außerhalb Europas genötigt, um eine deutsch-französische Montanzusammenarbeit zu gruppieren und als industrielles Gebiet der Rohstoffergänzung bedürftig, für die sich besonders das eurasiatische Rußland anbiete. Damit habe es sich im Rahmen einer planetarischen Perspektive ökonomisch in eine großräumig gegliederte Weltwirtschaft mit den Wirtschaftsgroßräumen Nord- und Südamerika, Britisches Commonwealth, Sowjetunion und Ostasien einzuordnen. Innerhalb und zwischen den Wirtschaftsgroßräumen komme es auf ein partnerschaftlich offenes und ergänzungsfähiges Verhältnis nationaler Kulturen, vor allem auch im europäischen Rahmen an. Die Problemzonen zwischen Kulturnation, Staat und Minderheitenrecht wurden dabei gesehen. Für Deutschland komme es in dieser Situation darauf an, die wirtschaftlich-politischen Beengungen nach 1918 bei dem notwendigen nationalen Neubau im Rahmen der Republik durch die Erprobung der produktiven Gedanken der pädagogisch-wissenschaftlich-künstlerischen Schicht zu beantworten, durch intensivierte Erziehung nach Maßstäben einer „universellen Bildung", aber nun auch in Wirtschaft und Politik.

2. Die Jahre pädagogischer Gestaltung in der Weimarer Republik

Diese durchgeformte Perspektive verhärtete eigentlich nie dogmatisch, sondern blieb gespeist von einer sensiblen und sachbezogenen Offenheit, Lernbereitschaft und Achtung gegenüber dem Konkreten. Sie wurde gerade zu dem Zeitraum erreicht und drängte mit Gleichgesinnten der Kriegsgeneration zum Mitgestalten am nationalen Neubau, als die Jahre des wirtschaftlichen Aufschwungs der deutschen Wirtschaft und der Versuch einer Sanierung des Weltwirtschaftssystems begannen und zwischen 1924 und 1929, in einem politischen Kräftefeld zwischen den Polen eines nationalen Versailles-Revisionismus und der kollektiven Friedensordnung im Genfer Völkerbund, das in Deutschland mit dem Namen Stresemann verbundene „Zwischenspiel der Verständigung" brachten.

2.1 Volksbildung von Jena aus – bis 1929

Dies ist der Gestaltungsspielraum für die Aktivitäten der Volksbildung, die Reichwein als ein in seiner heimatlich-regionalen und nationalen Kultur verankerter „europäischer Planetarier" bis 1929 auf drei Hauptlinien von Jena aus entfaltete: einer bildungs- und wirtschaftspolitisch akzentuierten Linie gesellschaftsstrukturellen Denkens, einer wissenschaftlich-publizistischen und einer pädagogischen. Die Übergangszeit von der überörtlich koordinierenden Volkshochschule Thüringen zur Nachfolge Wilhelm Flitners in der Geschäftsführung der Volkshochschule Jena akzentuierte noch die erste Linie: Im Kreis um Fritz Klatt arbeitete er zum Jahreswechsel 1924/25 mit an einer Denkschrift zu Lehrplan und Organisation der Pädagogischen Akademie, die damals in Ausführung der Weimarer Verfassungsbestimmungen als neue Form der Volksschullehrerbildung im preußischen Kultusministerium vorbereitet wurde. Er vertrat das Konzept auf einer Arbeitstagung, zu der das Ministerium im Februar 1925 Vertreter aus Verwaltung, Wissenschaft und Jugendbewegung ins Zentralinstitut für Erziehung und Unterricht eingeladen hatte.

Der „Politisch-pädagogische Kongreß“, zu Ostern 1925 von Reichwein organisatorisch vorbereitet, galt mit seinem reichsweiten Teilnehmerkreis, der viele geistig bedeutend gewordene Namen enthielt, dem Versuch, die für die nationale Erneuerung notwendige Übertragung der produktiven neuen Gedanken in Wirtschaft und Erziehung gemeinsam mit Praktikern der Kriegsgeneration koordinierter in Gang zu bringen.

Die deutsch-skandinavische Zusammenkunft vom Herbst 1925 sollte die Zusammenarbeit der jungen deutschen Volksbildungsbewegung mit der älteren im neutral gebliebenen Skandinavien nach den Einengungen der Inflationszeit fördern. Gehörte sie in ein breiter angelegtes Konzept partnerschaftlicher internationaler Kooperation, so galten auf der programmatischen Arbeitstagung der „Religiösen Sozialisten“ um Paul Tillich und Eduard Heimann im Sommer 1926 in Thale, an der er sich beteiligte, die Überlegungen einer langfristig angelegten ideologischen Entkrampfung der Arbeiterbewegung in Deutschland, für die unter anderem die spätere Zeitschrift „Neue Blätter für den Sozialismus“ ins Auge gefaßt wurde.

Bei diesem vielfältig zukunftsbezogenen, gesellschaftsstrukturellen Denken überrascht es nicht, daß auch Reichweins pädagogische Stoßrichtung, die insgesamt der „intensiven Volksbildung“ des Hohenrodter Bundes verwandt ist und ein sachlich-solides „Lehrgut“ der Volkshochschulen betonte, oft modell- und pionierhafte Züge hatte. – Hervorzuheben ist der nach den Erfahrungen der Leipziger Arbeiterbildung im Kreis um Gertrud Hermes unternommene Versuch, Jungarbeiterwohnheime in die Verhältnisse einer Mittelstadt zu übertragen. An ihren Erörterungen beteiligte er sich mit Fritz Borinski über Jahre, wie ja die Bildung der Arbeiter, die aus ihrer damaligen gesellschaftlichen Abseitsstellung und Abgeschlossenheit vom geistigen Leben der Nation herausgeführt werden sollten, ein Schwerpunkt seines volksbildnerischen Ansatzes seit Bodenrod war. So bildete er von 1926–1929 mit etwa einem Dutzend junger Arbeiter, meist der Jenaer Zeiss-Werke, eine einjährige Lebens- und Bildungsgemeinschaft, die intensive Wirtschafts- und Lebenskunde an drei Abenden der Woche mit selbstverwalteten Gemeinschaftsleben verband und darauf zielte, die am Tage Berufstätigen für eine einsichtsvolle Aktivität in ihren konkreten Berufsgruppen und -vertretungen auszurüsten. Abschließender Höhepunkt dieser Lehrgänge „Am Beutenberg“ und Bewährung zugleich waren mehrwöchige Reisen, thematisch und kontaktmäßig sorgfältig vorbereitet, weit gespannt bis nach Lappland oder der Türkei, und menschlich bisweilen das Letzte fordernd. Hier gelang es ihm, junge Arbeiter, ohne ihren politischen Einsatzwillen zu gefährden, aus der Verkrampfung zukunftsfixierten klassenkämpferischen Denkens zu lösen und zu gelassener Offenheit für die Gegenwart und ihre Geschichte zu verhelfen.

Seine Jungarbeiterreisen waren allerdings nur der damals auffallendste Teil seiner Pädagogik des Reisens. Das in der Nachkriegszeit zunehmende Interesse an ihnen deutete er als Ausdruck des wachsenden Empfindens, wechselseitig weltweit voneinander abhängig zu sein. Er sah dazu die Chance, gerade durch wechselseitige Einladung von Volkshochschule zu Volkshochschule ein immer dichter werdendes Netz persönlich verläßlicher Beziehungen quer durch Nationen und Staaten zu knüpfen, und zwar – von Jena aus besonders nach Skandinavien und England hin – durch arbeitsteiliges Kennenlernen der Lebensverhältnisse in den einzelnen Ländern und durch anschließenden Erfahrungsaustausch innerhalb der Volkshochschule. So war er, selbst ein genialer Reisender dieses Stils, überzeugt, an einer verbreiterungsfähigen menschlichen Basis für die internationale Zusammenarbeit zu bauen, die dann die wechselseitigen Lebennotwendigkeiten partnerschaftlicher respektieren und so die Welt mehr zur Menschenheimat machen könne. Aus diesem Blickwinkel beteiligte er sich auch früh mit Gruppen Jenenser Jungarbeiter an den mehrwöchigen Kursen überschaubarer und nach Beruf und geistigem Standort gemischter Gruppen im Volkshochschulheim Fritz Klatts in Prerow an der Ostsee. Als Konzept und erste Erfahrungen dieser Freizeitpädagogik 1929 als Programmschrift der „Deutschen Schule für Volksforschung und Erwachsenenbildung" erschienen, legte Reichweins Beitrag im Grundsatzteil Wert und Funktion solcher Freizeit dar: das humane Zielbild und die humane Substanz der Jungarbeiter sei durch die Beugung unter den Zwang des politischen Kampfwillens im Banne politischer Nahziele in Gefahr, unter Haß, Bitterkeit und Abwehrhaltung verschüttet zu werden. Einmal im Jahr wenigsten seien die darauf fixierten Gedanken freizumachen. Nur dann könne das humane Ziel wirklich festgehalten, könnten Organisationen und politischer Kampf Mittel bleiben. Geradezu beschwörend wies er auf das Humanisierungspotential von Natur und mitmenschlicher Offenheit hin sowie auf die Gefahr der Selbstausschließung durch zweckrationale Verkrampfung. Nicht nur Erholung, sondern „Richten der Gedanken auf das Wesentliche" und „Verwandlung in Eurer ganzen Menschlichkeit" zu erfahren und „mit geklärten Gedanken zurückzukehren in den Raum der Arbeit", gäbe der Freizeit ihren Stellenwert im Rhythmus ihres Lebens.

Auf zahlreichen ähnlichen „Frei-Zeiten", die mit ihren auflockernden Komponenten einen didaktischen Gegenpol zum Ausbau der Veranstaltungen der Jenaer Abendvolkshochschule bis hin zu den zweijährigen Kursen der „Wirtschaftschule" bildeten, war Reichwein gerade auch bei Gruppen der Jugendbewegung weithin ein gefragter Referent für Wirtschaftsfragen. So variierte er den Grundansatz seiner erwachsenenpädagogischen Tätigkeit: in kleinen Gruppen freiwilliger menschlicher Bindung sollte vielfältige und nicht nur kognitive Wirklichkeitserfahrung und Weltkenntnis verbunden sein mit der Selbsterziehung einer eben nur so ermöglichten „breiten Natur" zu persönlicher Entschiedenheit, Liberalität gegenüber begründeten anderen Auffassungen und zu gelassener Ausdauer, um das in Gesellschaft und Politik als notwendig Erkannte in der rechten Weise mitzugestalten. Ablehnung parteilicher und weltanschaulicher Festlegung der Bildungsarbeit und eine dem Wert- und Gruppenpluralismus der Gesellschaft möglichst entsprechende Zusammensetzung der Gruppe gehören zu diesem „Konzept der offenen pädagogischen Gruppe". Ein Höhepunkt war hierbei im Frühjahr 1928 die führende Mitarbeit auf einer in weitgespannte

Bestrebungen regionaler Strukturverbesserungen eingebetteten „Frei-Zeit": dem ersten „Löwenberger Arbeitslager" von jungen Arbeitern, Bauern und Studenten, das die aktiven jungen Kräfte aus den vielfach in sich verschlossenen und mißtrauisch verfehdeten Gruppen der niederschlesischen Notstandsregion für drei Wochen zu gemeinsamer Handarbeit, geistiger Arbeit und Geselligkeit zusammenführte.

Von Eugen Rosenstock-Hussey gedanklich im Rahmen der „Deutschen Schule für Volksforschung und Erwachsenenbildung" vorbereitet, vom jungen Helmuth Graf Moltke angestoßen und zusammen mit der „Schlesischen Jungmannschaft", einer sozial aufgeschlossenen Gruppierung der Jugendbewegung, organisiert, waren in der „Löwenberger Arbeitsgemeinschaft" sozialistische und christliche Arbeiterschaft, Textil- und Montanindustrie, Großgrundbesitz, Geistlichkeit, Lehrerschaft und Jugend in ihrer repäsentativen Generationsschichtung und -spannung zu einer gemeinsamen Einsicht in das für die Region Notwendige zusammengeführt und die sozialpolitische Integration, „Volksbildung", prozeßhaft auf einer ethischen Basis in Gang gebracht worden. Überzeugt und davon beflügelt, daß „dieses rückständigste Gebiet Europas" die allgemeine deutsche Situation besonders konzentriert widerspiegelte, stellte man sich parallel zu der wirtschaftlichen Sanierung wissenschaftliche, sozialpädagogische und publizistische Aufgaben und packte eine Reihe von Projekten an, z. B. die Errichtung von Wohnheimen für junge Arbeiter in zentralen Industrieorten der Region nach dem Jenaer Modell. Dieser konzeptionell auf paradigmatische „Industrievolk-Bildung" angelegte Versuch zersplitterte und erlahmte zwar in den Spannungen der Weimarer Krisenjahre, wurde aber methodisch und personell Grundkonstellation der Kreisauer Widerstandstätigkeit.

Mit der „Schlesischen Jungmannschaft" und ihrem Grenzvolkshochschulheim „Boberhaus" hielt Reichwein Verbindung, als sich die Arbeitslagerbewegung – Vorläufer von Peace Corps und Entwicklungsdienst – aus der schlesischen Region über Deutschland und seine Grenzen hinaus ab 1929–1930 ausbreitete. Er unterstützte den Aufbau eines Freiwilligen Arbeitsdienstes nach dem sozial-integrativen Volksgruppenmodell der Löwenberger Arbeitslager und übernahm manche Komponenten in die Konzeption der Pädagogischen Akademie Halle.

Wenn in der didaktischen Konzeption des Arbeitslagers, horizontal-weltwirtschaftliche Verflechtung und vertikal-geschichtliche Dynamik der regionalen Sozialstruktur zu einer Standort- und Aufgabenklärung der zusammenlebenden sozialen Gruppen zu verbinden, Reichwein den weltwirtschaftlichen Aspekt eindrucksvoll vertreten konnte, dann befähigte ihn dazu auch der Ausbau seiner wissenschaftlichen Arbeitslinie seit 1924: Eine von der „Notgemeinschaft der deutschen Wissenschaft" ermöglichte einjährige Weltreise, die ihn aus einer tiefen persönlichen Krise im Gefolge vom Tod des Kindes und der zerbrechenden Ehe 1926/27 durch die USA bis Alaska und nach Japan, China und den Philippinen, auf der Rückreise quer durch Mexiko führte, hatte der weiteren Erforschung der rohstoffwirtschaftlichen Zusammenhänge gedient. Der vielfältige Ertrag wurde 1928 vor allem in einer umfassenden „Rohstoffwirtschaft der Erde" vorgelegt und führte zur Konzeption einer nach den Wirtschaftsgroßräumen der Erde gegliederten weltwirtschaftlichen Publikationsreihe. Ihre Betreuung in den folgenden Jahren brachte ihn dem Heidelberger Kreis um Alfred Weber und Ernst Robert Curtius mit seinen deutsch-französischen Verständigungsbestrebungen näher und war von länderkundlichen Arbeiten begleitet, insbesondere über Mexiko, in dessen Problemen er die europäische Problematik von Kulturnationen und notwendigem übernationalen Wirtschaftsgroßraum gespiegelt sah.

2.2 Lehrerbildung und Vorwärtsverteidigung der Republik 1929–33

Schufen diese wissenschaftlichen Arbeiten zugleich eine der Voraussetzungen für seine Tätigkeit in der Lehrerbildung, so wurde beides zunächst bereichert durch den Wechsel 1929 in das Amt des Persönlichen Referenten bei C. H. Becker. Bei diesem letzten großen preußischen Kultusminister, vor seiner kulturpolitischen Tätigkeit Orientforscher und Wissenschaftsorganisator großen Stils und damals gerade die Verhandlungen zum preußischen Konkordat von 1929 zum Abschluß bringend, konnte Reichwein die staatlichen Möglichkeiten in der Kultur- und Bildungspolitik abschätzen lernen, auch die Notwendigkeit und Problematik der „positiven Kompromisse" im kulturpolitischen Bereich, da Becker Mitarbeiter an seinen Überlegungen intensiv zu beteiligen pflegte.

Die besondere Aufmerksamkeit galt den Vorbereitungen einer zweiten Gründungswelle Pädagogischer Akademien, die den 1925 vorgetragenen Ideen aus der Jugendbewegung stärker entsprechen sollte. Er wurde dann selbst Professor für Staatsbürgerkunde und Geschichte an der neu eröffneten Pädagogischen Akademie in Halle/Saale, als Becker Anfang 1930 aus dem Amt schied – dies selbst schon Zeichen zunehmender Gefährdung des innenpolitischen „Zwischenspiels der Verständigung".

Die Hallenser Jahre 1930–1933 sind denn auch von einer Gesamtsitutation bestimmt, in der sich zukunftsweisende Folgerungen aus dem Zusammenbruch von 1918 mit der Abnahme der internationalen kollektiven Sicherheit, der Weltwirtschaftskrise und der Krise der Weimarer Republik so vermischen, daß sie dem Rückblick als beginnende Vorgeschichte des Zweiten Weltkriegs erscheinen. Für Reichwein, den „fliegenden Professor" – er hatte 1929 ein Sportflugzeug erworben, das ihn noch beweglicher machte und seinem Welterleben eine intensiv genossene neue Dimension eröffnete – waren sie wohl äußerlich der strahlende Höhepunkt seines Wirkens. Drei Schwerpunkte seien hervorgehoben: das pädagogisch-wissenschaftliche Engagement an der Pädagogischen Akademie; der bildungspolitisch-publizistische Einsatz für diese Konzeption; die Mitarbeit bei einer gesellschaftspolitischen Vorwärtsverteidigung der Weimarer Republik.

Zunächst wurde das in der Erwachsenenbildung erprobte Konzept der „offenen pädagogischen Gruppe" aufgabenbezogen für die Lehrerbildung variiert – in einem dafür aufgeschlossenen Kollegium und in einer dafür konzipierten Institution. Reichwein baute insbesondere eine soziologisch-wirtschaftswissenschaftlich fundierte pädagogische „Gegenwartskunde" auf. Seinen persönlichen Beitrag sah er darin, die Verantwortlichkeit der zukünftigen „Volks-Lehrer" über das Unterrichtliche und Schulische in das Volkserzieherische hinaus zu spannen. Dazu wurde die wissenschaftliche Arbeit und die Theorie als Mittel der Praxisbewältigung in die umfassendere Aufgabe einer anthropologisch breit angelegten „Personalentfaltung der Lehrerstudenten" im Sozialgefüge der Hochschule und unter dem Aspekt ihres zukünftigen Praxisfeldes eingeordnet. So zielte gerade Reichwein mit seinen Praxisformen über das

Kognitive hinaus auf die notwendige entscheidungsstarke „breite Natur" der zukünftigen Lehrer: z. B. durch Exkursionen zu wirtschaftlich und sozial exemplarischen Betrieben, die wöchentlichen Diskussionsabende, die Aufnahme der Lager- und Wandererziehung der Jugendbewegung etwa in Landschulpraktika vom Zeltlager aus, aber auch die krisenbewußte Anregung und Koordination von vollshochschulartigen Arbeitsgemeinschaften der Studenten mit den zahlreicher werdenden Arbeitslosen. Indirekt und direkt setzte er sich dabei auch mit Schlagworten und Scheinlösungen auseinander, die in den Krisenjahren wucherten und auch im Hochschulbereich die Besonnenheit, das Ziel des „geistig und sittlich mündigen Lehrers" gefährdeten.

Dieses Ziel sah er, als er die Pädagogischen Akademien 1931 auch publizistisch gegen den drohenden Abbau verteidigte, mit der zentralen politisch-pädagogischen Aufgabe verbunden, daß „ein Volk im Stadium entfalteter Verkehrswirtschaft und weit differenzierter Produktion nicht mehr autoritär regiert werden kann, sondern nur noch aufgrund autonomer Verantwortung jedes einzelnen zu führen ist".[3] Daraus habe – ebenso wie Politik und Wirtschaft – die Erziehung aller Stufen und Bereiche die Konsequenzen zu ziehen. Geistig und sittlich mündige Lehrer seien die Voraussetzung für Schulen, die zu dieser Verantwortlichkeit erziehen könnten. Die Pädagogische Akademie als die dafür erfundene Institution wäre das Kernstück in einer auf freiheitliche Demokratisierung zielenden Bildungspolitik. Das Gelingen einer solchen Erziehung sei nämlich dafür entscheidend, daß „die Pflege der Maschinen, die Exaktheit des materielltechnischen Gefüges, das Wachstum von Genossenschaftssinn und genossenschaftlicher Organisation, die verantwortungsvolle Haltung aller Einzelnen zu Volk und Staat, die Fähigkeit, politisch zu wählen und zu gehorchen," zukünftig gesichert und „daß die zu erwartenden sittlichen, seelischen und geistigen Beanspruchungen der nächsten Jahrzehnte als Volk" bestanden würden.

Krise und Ende der Weimarer Republik ließen dafür keine Zeit, drängten aber Reichwein, von der pädagogisch-politischen Zentralaufgabe ausgehend, zum verstärkten Einsatz im politischen Bereich. Seine Mitwirkung bei der Vorwärtsverteidigung der Weimarer Republik erfolgte im Kreis der „Religiösen Sozialisten". 1929 war es zur Gründung der „Neuen Blätter für den Sozialismus" gekommen. In ihren Beirat trat er ein, gab nach dem Durchbruch der NSDAP in den Reichstagswahlen vom 14. September 1930 seine bisherige Zurückhaltung gegenüber einer Parteimitgliedschaft auf, beteiligte sich am Eindämmen des barbarisch werdenden politischen Kampfstils und wurde Mitglied der SPD. Im Herbst 1932, als die politisch-wirtschaftliche Krise sich zuspitzte, beteiligte er sich an dem verzweifelten Versuch, von den freiheitlichen Gewerkschaften bis zu Gregor Strassers Flügel innerhalb der NSDAP einen politischen Damm gegen Hitler zu errichten, und engagierte sich für die Umwandlung der „Neuen Blätter . . ." zur „Sozialistischen Aktion".

Dabei war für Reichwein und seine Freunde etwa folgende Situationsanalyse und politisch-programmatische Lösung handlungsleitend: Die Arbeiterbewegung sollte die Vielfalt der sozialen Struktur in Deutschland, insbesondere das Streben der Bauern und der handwerklichen Mittelschichten nach unabhängiger Existenz und Sicherung ihrer

[3] Vgl. hierzu: A. Reichwein, Pädagogische Akademien – Gefahr im Verzug, in dieser Gedenkschrift. Anm. von R. R.

Rechte anerkennen und auch programmatisch positiv werten im Rahmen eines freiheitlich-personalen Sozialismus, der „die Rettung der geistigen Form Individuum" wolle. Dazu müßten sich die Arbeiterparteien ideologisch entkrampfen, insbesondere die Marxsche Zweiklassentheorie relativieren[4], die diesen selbständigen Mittelschichten auf dem blickverengend gesehenen Wege vom Kapitalismus zur umfassenden sozialistischen Planwirtschaft kein Existenzrecht mehr gab. Die Arbeiter sollten ihre Sozialisierungsforderungen auf den Bereich der Großindustrie beschränken und auf den vorliegenden Totalanspruch gesellschaftspolitischer Gestaltung verzichten. Dies würde Bauern und gewerblichem Mittelstand die Existenzängste nehmen, sie aus dem Sog nationalsozialistischer Versprechungen herausholen und den Arbeitern in einer programmatisch so volksparteiartig reformierten SPD erlauben, mit den politisch von Großgrundbesitz und Unternehmertum emanzipierten Bauern und anderen mittelständischen Gruppen ein Bündnis zu schließen. Wirtschaftskrise und Arbeitslosigkeit könnten so mit einer politischen Mehrheit überwunden werden. Die rechtzeitige Vorwärtsverteidigung der Weimarer Republik scheiterte damals. Die sozialintegrative Komponente dieses gesellschaftspolitischen Einsatzes und die Bereitschaft zum Revidieren überholter Positionen führen aber hinüber zu dem großen Anlauf der ‚Neuordnung im Widerstand'.

3. Die Jahre unter dem Nationalsozialismus und die Stufen des Widerstandes 1933–1944

3.1 Entscheidung zum Bleiben und die Stufen des Widerstandes bis 1944

Als Hitlers Bewegung in den ersten Monaten nach dem 30. Januar 1933 den Staat eroberte, hatte sich Reichwein für das „System" exponiert. Mit den ersten „unerwünschten Hochschullehrern" wurde er vom „Gesetz zur Wiederherstellung des Berufsbeamtentums" schon am 24. April 1933 mit zahlreichen anderen Kollegen Pädagogischer Akademien getroffen. Bis zur endgültigen Entscheidung mit sofortiger Wirkung beurlaubt, verließ er Halle zur Hochzeitsreise nach Italien und versuchte dann im Sommer 1933 die persönlichen Konsequenzen der neuen politischen Lage gründlich zu prüfen. Die schleppende Behandlung seines Falles gab ihm Zeit. So verzichtete er auf eine Professur in Ankara und nahm die Stelle eines Landschullehrers in Tiefensee bei Berlin an. Er wollte sich nicht vom Schicksal seines Volkes trennen, und die Verhandlungen im Ministerium hatten einen zu nutzenden Spielraum für den Versuch einer pädagogischen Insel eröffnet – ein Versuch, so schien es, der zwar den einen oder anderen Kompromiß erzwingen könne, aber erlauben würde, vorbereitet zur Stelle zu sein, wenn das Regime in vermutlich nicht allzu ferner Zeit abgewirtschaftet habe.

Diese Entscheidung für durchhaltendes Abwarten konnte sich damals darauf stützen, daß es unter dem Mantel der offiziellen Gleichschaltung und Durchdringung

[4] Vgl. hierzu: A. Reichwein, Mit oder gegen Marx zur deutschen Nation?, in dieser Gedenkschrift. Anm. von R. R.

der Lebensbereiche mit dem „Geist der nationalsozialistischen Revolution" auch im Bildungswesen zunächst, bei dem Mangel an verwaltungskonformer Konzeption und der anfänglichen Verbindung mit der nationalen Rechten, noch oft sehr großen Spielraum gab. Erst in Etappen und Krisen, die auch andere Möglchkeiten enthielten, gelang dann zunehmend die nie ganz erreichte Durchsetzung des nationalen Lebens vom politischen und weltanschaulichen Totalitätsanspruch des Nationalsozialismus her. . . .

3.2 Schulpädagogik in Tiefensee und die Stufen des passiven Widerstandes

Als Reichwein im Oktober 1933 die Arbeit in Tiefensee nach einer Konzeption aufnahm, die sich in Halle geformt hatte, ging es ihm in dem märkischen Dorf 40 km östlich von Berlin zunächst um das „Ankämpfen gegen das Verraten" alles dessen,

Als Landschullehrer mit seinen Schülern auf einer Wanderung, Tiefensee 1936/37

wofür er bisher menschlich, pädagogisch und politisch eingestanden war. Über die 30 Kinder der Einklassenschule gewann er allmählich auch den Zugang zu den Erwachsenen, die dem als „politisch unzuverlässig" avisierten Professor gegenüber zunächst zurückhaltend waren. Er bezog sie in das, die formenreiche Arbeitswelt und Landschaft, Schulgarten, Gewächshaus und Werkraum als Erfahrungs- und Eroberungsfelder nutzende Schulleben als Fachkundige ein. Wenn die Eltern zu einem der zahlreichen Besucher dann sagten, der Professor habe ihre Kinder „frei" gemacht, dann ist

Reichwein offenbar trotz der ideologischen Einflüsse im Gestaltungsspielraum seiner Dorfschule das ‚heimliche Modell einer freien Ordnung' damals gelungen.[5] In dem reichhaltigen Schulleben kamen in der für ihn charakteristische Weise die Dimensionen von Heimat und Welt, von Vergangenheit und Zukunft, von Aktivität und sinnoffener Kontemplation, nach einem vielgliedrigen Zeitplan elastisch wechselnd, in der jeweils intensiv ergriffenen Gegenwart zur Geltung. Die Spannungen zwischen kindlicher Eigenart und den Leistungs- und Verhaltensanforderungen aus der geschichtlichen Lage wurden nicht einseitig aufgehoben. Sie wurden konkret produktiv gemacht in einer wohldosierten Folge von Sachanforderungen und persönliche Zuordnungen, welche die Kinder behutsam und fordernd zugleich aus ihrer personalen Mitte heraus tätig werden und lernen ließ, sich „selbstbewußt, an sich und ihre Fähigkeiten gewöhnt", gelassen und unbefangen in wechselnden und immer wieder neuen Situationen aus freiem Antrieb einzusetzen. Diese kindliche Vorform zielte – ähnlich wie vorher in Erwachsenen- und Lehrerbildung – auf eine gesamtmenschlich breit fundierte „Entscheidungsstärke", auf die es in Umbruchzeiten ankomme und die weitsichtig jeweils entweder Überkommenes zu bewahren oder Neues zu wagen wisse. Es ist deutlich, daß mit einer solchen „Pädagogik für Krisenzeiten" das Gegenteil einer Erziehung zu emotionaler, durch ideologische Stereotypen gestützter Führerbindung praktiziert wurde.

Der pädagogische Gestaltungsspielraum reichte über die Landschule hinaus. Das war möglich, weil alte, nicht nationalsozialistsiche Freunde und Bekannte noch tätig waren – so in der Reichsstelle für den Unterrichtsfilm – und dann, weil unter den neuen Beamten auch solche waren, bei denen ideologische Festlegung mit einer relativen Offenheit für pädagogische Fragen gemischt war. Hier konnte Reichweins natürlicher, mit Ideenreichtum und offener Direktheit gepaarter Charme wirken. So gelang manches im Bereich des Unterrichtsfilms als eines damals neuen Lehrmittels,[6] hier mit einer deutlichen Betonung auf den weltwirtschaftlichen, dem völkischen Autarkiedenken entgegenlaufenden Zusammenhängen. Auch der werkpädagogisch-volkskundliche Aspekt ist deutlich. Dagegen wurde der weit gediehene Versuch, die Offenheit mancher NS-Stellen zu nutzen und die Tiefenseer Arbeit seit 1938 zum Modell einer ländlichen Mittelpunktschule auszubauen, fallengelassen, als ihn zu große politische Auflagen zu belasten drohten.

Zeigt sich hier eine spezifisch pädagogische Variante des inneren Widerstandes, praxisimmanent die geistige Selbstbehauptung des Erziehenden und den auf Wahrhaftigkeit und Vertrauen ruhenden Umgang mit den Heranwachsenden im Vollzug geistesgegenwärtig zu sichern sowie die ideologischen Verzerrungen möglichst zu neutralisieren, so kam bald eine zweite Variante hinzu. –

Als das Regime nun nicht, wie zunächst erwartet, zerfiel, sondern seine Positionen festigte, wurde das gastliche Tiefenseer Schulhaus der Rahmen für das zielstrebige Sammeln und Verbinden der Gleichgesinnten aus dem weiten Freundes- und Bekanntenkreis. Viele Gespräche galten dem unmittelbar praxisbezogenen Bedenken der pädagogischen Möglichkeiten, um diese gewissensorientierte Selbstbehauptung und

[5] Vgl. zum Folgenden: A. Reichwein, Schaffendes Schulvolk, a. a. O. Anm. von R. R.
[6] Vgl. hierzu: A. Reichwein, Film in der Landschule, a. a. O. Anm. von R. R.

Verantwortung für die Kinder durchzuhalten. So bildete Reichwein den Mittelpunkt eines ungewöhnlich weitreichenden Kreises in dem Netz informeller Gruppierungen, die aufgebaut auf Freundschaft und persönlichem Vertrauen, Deutschland damals durchzogen. Soziologisch gesehen haben sie ja den Widerstand aller Stufen erst ermöglicht.

Im publizistischen Bereich versuchte er den geistigen Horizont gegen ideologische Verengung früh offenzuhalten, als er beispielsweise 1933 eine Würdigung Grundtvigs dazu benutzte, um indirekt die nationalen Impulse in ihrem begrenzten Recht aufzufangen, und als er 1936–38, beim Übergang zum 2. Vierjahresplan und seinem prinzipiellen Autarkiestreben, Aufsätze zu weltwirtschaftlichen und außerdeutschen sozialen Problemen veröffentlichte, und zwar in der von Rudolf Pechel überlegt als Forum geistigen Widerstands geführten „Deutschen Rundschau". Die als anregende Beispiele 1937/38 publizierten Berichte über die Schularbeit widersprachen teilweise auch explizit der nationalsozialistischen Erziehungsideologie und bilden mit ihrer klugen Vertretung seines der Reformpädagogik verpflichteten Erziehungsdenkens auf der Ebene des öffentlichen ideologischen Widerstandes im pädagogischen Bereich eine stark praxisbezogene Variante.

In den Tiefenseer Jahren ist Reichwein auch Mitwisser aktiver Widerstandstätigkeit geworden. Wie weit seine Kenntnis von der gleich 1933 einsetzenden Untergrundarbeit organisierter sozialistischer und kommunistischer Widerstandsgruppen allerdings über deren Agitationsmaterial hinausging, ist unbekannt. Um die Gruppierungen in Wehrmacht und Verwaltung, die sich seit 1937/38 zum Sturze Hitlers bildeten, hat er früh gewußt – vor allem durch Helmuth Graf von Moltke, der seit 1938 mit Reichwein wieder zusammentraf.

3.3 Museumspädagogik in Berlin und die Stufen des aktiven Widerstandes

Der Entschluß, im Frühjahr 1939 an das Staatliche Museum für deutsche Volkskunde in Berlin zu gehen, wurde aus dieser Mitwisserschaft heraus davon mitbestimmt, ins Zentrum der Entscheidungen zu kommen und aktiv bei der Überwindung des in seiner Maßlosigkeit von ihm früh als selbstzerstörend empfundenen Regimes mitzuarbeiten. Vor die Entscheidung stellte ihn aber die Initiative im Staatlichen Museum für deutsche Volkskunde, das unter seinem Direktor Konrad Hahm schon längere Zeit dem Verhältnis von Museum und Schule seine Aufmerksamkeit gewidmet hatte. Ein Mitarbeiter, der alte AV-Freund Wolfgang Schuchardt, machte auf die werkpädagogisch-volkskundlichen Aktivitäten in Tiefensee aufmerksam, und die Museumsleitung konnte, nach einem offensichtlich eindrucksvollen Besuch in der ländlichen Schulwerkstatt, Reichwein als Leiter der neu aufzubauenden Abteilung „Schule und Museum" gewinnen. Die zentrale Bedeutung, die man diesem Impuls, die Bestände des Museums für die pädagogische Arbeit fruchtbar zu machen, beimaß, zeigte sich in der direkten Zuordnung Reichweins zu dem im Reichserziehungsministerium für Grundsatzfragen und Schulversuche zuständigen „Amt Erziehung".

Wenn sich in Berlin auch die Akzente auf die planende Sorge um die politische Zukunft und die Teilnahme schließlich an der Konspiration selbst verlagerten, so suchte Reichwein doch auch im neuen Tätigkeitsgebiet zunächst wie in Tiefensee, seine konkrete pädagogische Arbeit von ideologischen Verzerrungen und Vernachlässigungen freizuhalten. Diese Arbeit verband museumspädagogische mit kunst-, sozial- und werkspädagogischen Aspekten.[7] Die Bestände des Museums machte er als Beispiel materialgerechten, zweckmäßigen formschönen Werkens nicht nur für die Schulen fruchtbar und arbeitete so dem Ziel einer „neuen gegenständlichen Kultur" zu. Er setzte dabei stark auf die Tendenzen einerseits zum formschönen Gebrauchsgegenstand in der Industrie, andererseits innerhalb der Jugend zur produktiven Mitgestaltung ihrer persönlichen Lebenssphäre. Bezogen auf den Kernpunkt „gestalterischer Freiheit auf dem Boden technischen Könnens" sah er in den Resten handwerklich-bäuerlicher Tradition noch Ansatzpunkte und Anregungen. Die solcherweise gegenwarts- und zukunftsbezogene ‚Gestaltungspädagogik' begründete er in einem kulturphilosophischen Horizont anthropologisch: Die Kräfte der Phantasie seien durch sie gezielt zu wecken und zu fördern, weil die Einseitigkeit der logisch-technischen Kultur diese zentrale menschliche Möglichkeit verkümmern lasse; sie liege also im Interesse des Menschen und zugleich im Interesse der neuen technisch-industriellen Kultur, da diese doch anthropologisch und in ihrer Formgebung ausbalanciert sein müsse. Deshalb galt seine Aufmerksamkeit der handwerklich-industriellen Nachwuchserziehung ebenso wie dem Industriedesign.

In diesem Sinne wirkte er zielstrebig und geschickt in Lehrerschaft und Jugendführung, Jugendorganisation und Schulen, aber auch in Kreise von Industriedesign und Berufsausbildung hinein, gewann von Ostpreußen bis Thüringen und Süddeutschland auf zahlreichen Reisen zu Vorträgen und Kursen ein Netz von Mitarbeitern und setzte sich für die schließlich verbindlich gemachte Einführung des Werkunterrichts ein, so daß er im Frühjahr 1944 feststellen konnte: „Es war meine Taktik, die verantwortlichen Herren im Ministerium . . . durch regelmäßige Besuche und Berichte anzuregen und in meine Richtung zu bringen; außerdem bestimmte Präsidenten und Regierungen (in der Verwaltung, d. Verf.) zu gewinnen, die notwendige konkrete Arbeit zu ermöglichen. Beides ist, das darf wohl heute gesagt werden, durch jahrelange Kleinarbeit gelungen, und damit ist weiterer fester Grund gelegt für etwas Künftiges auf diesem Feld . . ." Damit führte er im „gegenständlichen Bereich der Ausdruckspädagogik" bewußt die kulturkritische Linie der Reformpädagogik fort und nutzte zugleich den Spielraum, der in der damaligen, durch ein ideologisches Hochschätzen des Brauchtums verzerrten Situation, für sein souveränes Können und seinen klaren Blick noch lag. Darüber hinaus nahm er manche andere Gelegenheit pädagogischer Wirksamkeit wahr: im Schulfunk, und, aus alter literaturpädagogischer Neigung, im Bereich der Jugendliteratur und der Beratung der zentralen Wehrmachtsstelle für Soldatenbüchereien und Tornisterschriften.

Der politischen Neuordnung des pädagogisch-kulturellen Arbeitsfeldes galt die heimliche Arbeit Reichweins. Zu ihr konnte er sein auf Gespräch und offene Auseinandersetzung gestimmtes Wesen nur widerwillig zwingen. Sein Dienstzimmer im Prinzessinnenpalais wurde dann aber zwischen 1940/41 und 1944 rasch zu einem Treffpunkt der Widerstandskräfte. Seine persönlichen Kontakte in diesen Jahren reichten dabei von kritisch gewordenen Nationalsozialisten über Konservative, wie dem an der

[7] Vgl. hierzu: A. Reichwein, Museumspädagogische Schriften, a. a. O. Anm. von R. R.

Arbeit des Volkskundemuseums interessierten preußischen Finanzminister Popitz, bis zu Angehörigen des Goerdelerkreises und von Widerstandsgruppierungen verschiedener Stufen in Wehrmacht, Verwaltung und Kirchen schließlich bis zu den Vertretern der kommunistischen Gruppen. Die beiden Schwerpunkte seines eigenen Engagements waren aber die Gruppe um den Gewerkschaftsführer Leuschner und den früheren SPD-Abgeordneten Julius Leber, vor allem aber der Kreisauer Kreis.[8]

1939 stellte er schon die Verbindung Moltkes mit den beiden jungen Arbeiterführern Carlo Mierendorf und Theodor Haubach her, die ihm aus dem Beirat der „Neuen Blätter für den Sozialismus" bekannt waren. Insofern 1942 dann insbesondere Mierendorf die Verbindung zu Leuschner und Leber herstellte, hat Reichwein die personelle Voraussetzung für den Einbau der Arbeiterschaft in die Kreisauer Planungen geschaffen, die schon 1940 auf einem Höhepunkt Hitlerscher Macht im Frankreichfeldzug einsetzten. Hier wurde aus freundschaftlicher Nähe herauswachsend, im Arbeitsstil der Löwenberger Arbeitsgemeinschaft und ihrer „Industrievolk"-Intentionen, der Versuch unternommen, die für eine geistige Überwindung des Nationalsozialismus und eine politische Neuordnung wesentlichen Gruppen, Kräfte und Standpunkte – insbesondere aus der freien Arbeiterschaft und den Kirchen – zusammenzuführen und einen für die bevorstehenden Aufgaben qualifizierten, gesinnungsmäßigen Konsens und eine inhaltlich-programmatische Verständigung zu erarbeiten, die alte überholte Vorstellungen und Frontstellungen, besonders aus der Weimarer Republik, für die Zukunft vermeiden sollten.

Reichwein gehörte gleich zum Kern dieses Kreises, der die thematisch und organisatorisch weit gespannte Arbeit trug und die meist nicht persönlich einander bekannten Arbeitsgruppen zu Einzelfragen und Teilbereichen der politischen Planung – Staatsaufbau, Innen- und Außenpolitik, Wirtschaft sowie Bildung, Kirchen und Kultur – koordinierte. Für das erste der drei großen Kreisauer Treffen in Kreisau zwischen Mai 1942 und Juli 1943 hat Reichwein das Exposé zum Schulwesen verfaßt. Die „Grundsätze der Neuordnung" vom August 1943 sind ein Höhepunkt der Planungsarbeit, doch sind die Positionspapiere auch in den folgenden Monaten, entsprechend dem auf Integration der Gruppen und Standpunkte gerichteten Arbeitsverfahren, immer wieder unformuliert und nie endgültig abgeschlossen worden – auch nicht, als nach der Verhaftung Moltkes im Dezember 1943 die ‚Kreisauer' nach anfänglichen Bedenken in das Aktionsfeld Stauffenbergs gerieten, der seit Spätherbst 1943 in den Mittelpunkt der Widerstandsgruppen gerückt war. Dadurch wurde die Beziehung zu Julius Leber enger, der angesichts der generalstabsähnlichen Planungsarbeit von Beck und Goerdeler sich um einen gleichgewichtigen sozialistischen Diskussionsstandpunkt bemühte und mit Stauffenberg in ein rasch sich entwickelndes Freundschaftsverhältnis trat.

Wie andere erwog Reichwein, daß ein Attentat falsch sei, weil es die allgemeine Einsicht in die Notwendigkeit eines nationalen Neuanfangs mit einer ‚Dolchstoßlegende' verderbe. Ethische und religiöse Gründe, ein elementar geistiges Verabscheuen jeglichen Tötens ließen ihn noch Anfang 1944 diese Lösung ablehnen, doch scheint er

[8] Vgl. hierzu und zum Folgenden: G. von Roon, Neuordnung im Widerstand, a. a. O. und W. Huber, Museumspädagogik und Widerstand 1939–1944, in: W. Huber/A. Krebs, Hrg., Adolf Reichwein 1898–1944, a. a. O., S. 303–377. Anm. von R. R.

im Wissen um die ungeheuren Verbrechen und die fortschreitende Zerstörung schließlich doch das Attentat bejaht zu haben. Die Kontaktaufnahme mit kommunistischen Gruppen kurz vor dem Attentat am 20. Juli 1944 gehört in den Zusammenhang der Innen- und Außenpolitik verschränkenden Sondierungen der um Beck und Stauffenberg zusammenwirkenden Widerstandsgruppen nach der angloamerikanischen Invasion vom 6. Juni 1944. Man wollte sich vor dem Staatsstreich absichern, daß die kommunistischen Gruppen stillhielten, und sehen, wie weit etwa nationalkommunistische Kräfte an der Aufbauarbeit beteiligt werden könnten. Dazu sollte zunächst der Grad möglicher programmatischer Übereinstimmung geklärt werden. Reichwein, der in diesen Kontakten zusammen mit Leber die erarbeitete Programmatik, die bis in die Befehlsplanung Stauffenbergs hinein Elemente der Kreisauer Gedankenarbeit enthielt, vertreten sollte, hatte diesen Schritt lange befürwortet. Am 22. Juni 1944 kam es, nicht zuletzt durch den Jenaer Volkshochschulfreund Fritz Bernt vermittelt und vorbereitet, zu dem wegen der Spitzelgefahr bis zum Vorabend umstrittenen ersten Kontaktgespräch mit Saefkow und zwei anderen Mitgliedern der innerdeutschen kommunistischen Kaderleitung, die ihrerseits den von Heer und Verwaltung her betriebenen Umsturz zwar beschleunigen, aber sich in der Hauptsache auf eine zweite Phase vorbereiten wollte.

Durch Verrat auf dem Weg zum zweiten Gespräch am 4. Juli verhaftet, endete der Versuch tragisch, zeigt aber eine zentrale und in ungewöhnlichem Maße auf Überwindung der Isolierung zwischen Gruppen und Denkweisen zielende Stellung Reichweins im Kräftefeld des konspirativen und planenden Widerstandes.

Die doppelte Funktion dieser Planungen war ja, ein durchdachtes Zielbild, für das sich zu arbeiten lohne, und zugleich eine programmatische Basis für Kabinett und Verwaltung zu erstellen.... Die von Reichwein auf der Suche nach person-und sachgerechten Prinzipien für die Strukturierung der einzelnen Lebensbereiche mitvertretene Konzeption kann nur in einigen Hauptpunkten, besonders ihres bildungspolitischen Teils, skizziert werden:

Zwischen einer Ebene von Grundrechten und -prinzipien mit Verfassungsrang einerseits und Gestaltungsprinzipien der Teilbereiche andererseits wurde ein Zusammenhang beachtet. Er zeigt sich etwa beim Grundrecht auf Glaubens- und Gewissensfreiheit, das im Recht der Eltern, „die Kinder nach den Grundsätzen des christlichen Glaubens und nach den Forderungen ihres eigenen Gewissens zu erziehen", für den Bildungsbereich konkretisiert wird. Die dahinterstehende „Anerkennung der unverletzlichen Würde der menschlichen Person" führt weiter zum Recht des Kindes auf eine seiner Pesonwerdung gemäße Erziehung, die auch von der Schule zu wahren sei, aber auch zum Grundrechtspostulat der im Sinne eines Gleichgewichts von Rechten und Pflichten verantworlichen Mitwirkung zur „tätigen Mitgliedschaft . . . in Familie, Beruf, Volk, Gemeinde, Staat, Kirche". Dem entsprechen Gestaltungsprinzipien des Bildungsbereichs:

- in Abkehr vom totalen Erziehungsanspruch des Nationalsozialismus soll für das Verhältnis der Erziehungsträger Familie, Schule und Kirche der Grundsatz der Kooperation leitend sein; als Schulträger betrachtete man nach Kriegsende weiterhin den Staat, entsprechend der Hochschätzung des Subsidiaritätsprinzips dachte man auch an nichtstaatliche Schulträger wie die Kirche oder wirtschaftliche Selbstverwaltungsorgane, etwa an paritätische Wirtschaftskammern für die Berufsfortbildung.

- Die Bildungsaufgabe der Schule, der eine Schutzfunktion für das Kind gegen unbillige Ansprüche aus der Erwachsenenwelt zugewiesen wird, wird zweipolig umrissen: altersstufengemäße Vermittlung von Wissen und Können und Charaktererziehung, wobei das Lernen zugleich der sittlichen Erziehung und „der Vorbereitung auf das tätige Leben" zu dienen habe und das Prinzip wachsender Mitverantwortung der Schüler dafür betont wird.
- Die knapp formulierten Grundsätze zur Organisation des Bildlungswesens ließen viel Kompromißspielraum und betonten eine inhaltlich-didaktische Kontinuität: Höhere Schulen und Fachschulen sollten „in lebendiger Fortführung der Volksschularbeit" auf der Volksschule oder ihre Grundstufe aufbauen, während dann auf Fachhochschulen Reichsuniversitäten mit universell gerichteter Forschung und Lehre folgen sollten. – Die Volksschule sollte neunjährig, die Lehrzeit dafür auf zwei Jahre verkürzt werden – dies in Übereinstimmung mit Leuschner, der wie Reichwein den Umbau des Bildungswesens in Richtung gleicher Bildungschancen anstrebte und erst nach einer neunjährigen Schulstufe mit der allen möglichen mittleren Reife die Bildungswege sich gabeln lassen wollte.

Die Frage blieb offen, ob die Lehrerbildung in Fachschulen oder Fachhochschulen, die Reichwein wieder als Pädagogische Akademien anstrebte, erfolgen sollte. In der schwierigen Frage der konfessionellen Schulform wollte man weder formal-liberal noch formal-christlich verfahren, sondern suchte für die im Zusammenbruch der NS-Zwangsorganisation freiwerdende ethisch-religiöse Substanz in Bevölkerung und Lehrerschaft schulpolitisch die optimale Form zu finden. Die „christliche Schule" mit konfessionell gemischter Lehrerschaft schien auch Reichwein dafür geeignet, während die von anderen favorisierte Wiederherstellung der Konfessionsschule auch den notwendigen Ausbau des ländlichen Bildlungswesens behindern würde.

Auch hier blieb der Dissens. Einigkeit bestand aber in dem Erziehungsziel, das dem Ideal des „Herrenmenschen" und fanatischen Rassenkämpfers gegenübergestellt wurde: Unter dem soziologischen Aspekt der selbstverantwortlichen „tätigen Mitgliedschaft" im Sozialgefüge stellte es die Verbindung zu dem geselllschaftspolitischen Ansatz her, die menschliche Würde durch gestufte Mitverantwortung in den wesentlichen sozialen und politischen Existenzfeldern zu sichern, während unter dem anthropologischen Aspekt das Zielbild eines „anständigen Menschen religiöser Grundhaltung" differenzierter entfaltet wird. Es stellt den Zusammenhang zwischen innerer Verfaßtheit der Subjekte und politischer Neuordnung her, verbindet persönliche Gewissensfreiheit und ernsthafte Auseinandersetzung mit weltanschaulich-religiöser Sinnvergewisserung und stellte auch den Religionsunterricht unter die Kategorie des „Ermöglichens religiöser Beziehung in pädagogischer Freiheit".

. . . .

Es muß Vermutung bleiben, wieweit diese oder eine andere Programmatik des Widerstands bei einem Neuanfang im Zusammenbruch bildungspolitisch realisierbar gewesen wäre. Sicher hing die Chance nicht zuletzt von den Personen ab, die sie politisch vertraten. Reichwein hat an der Personalplanung, die zeitlich der programmatischen Planung zum Teil parallel liegt, mitgewirkt: auf der ministeriellen Ebene offenbar insbesondere für den Bereich der Personalreferenten der Schulverwaltung und für die Lehrerbildung. Auf der Regierungsebene stand seine Person selbst in engster Wahl. Neben dem ehemaligen Württembergischen Staatspräsidenten Eugen Bolz und dem ehemaligen Österreichischen Kanzler Schuschnigg wurde er als möglicher Reichskultusminister einer Regierung nach Hitler genannt. Die weitere Entwicklung ging über diese Vorschläge hinweg. Auf dem Weg zum zweiten Treffen mit der kommunistischen Kaderleitung ist Reichwein, der in jenen Tagen in Erwartung des bevorstehenden entscheidenden Schlages Siegeszuversicht ausstrahlte, dann am 4. Juli von der Gestapo verhaftet worden, noch ehe der Versuch des 20. Juli scheiterte. Grauenhafte Verhöre, die Reichweins Schweigen um den Kern der Verschwörung nicht brechen konnten, eine makabre Verurteilung vor dem Volksgerichtshof unter Freisler am 20. Oktober 1944 und die Hinrichtung am Abend des gleichen Tages folgten. . . .[9]

In der „Volksgerichtshof"-Verhandlung unter Vorsitz von Freisler (im Vordergrund von hinten) am 20. 10. 1944

[9] Es folgt ein zusammenfassender Abschnitt über Werk und Person Reichweins, der im Original nachzulesen ist. Anm. von R. R.

Aus Briefen Reichweins von 1937–1944

„Ich selbst stehe unentwegt in der Erziehungsfront; unter anderen Umständen, mit anderen Aufgaben wie in Jena – als wir uns kennen lernten, aber vielleicht darf ich stolz darauf sein, daß ich heute wie damals aus einem Gusse stehe, so wie ich gewachsen bin, und ohne daß ich neuer künstlicher Glieder bedürfte, um rege zu sein und meinen Weg zu gehen. In den nächsten Tagen wird eine Schrift über meine hiesige Arbeit erscheinen: ‚Schaffendes Schulvolk'. Ich will den Jungen damit Mut machen – den sie brauchen – und zeigen, wie jede Arbeit, wenn sie ganz getan wird, zur Quelle froher Zuversicht wird."

(An Walter G. Oschilewski, 4. 11. 1937)

„Aber der Marsch auf Corinth bedeutet, daß draußen Engländer, ‚strong silent men', auf verlorenem Posten sterben. Das gehörte zum 5. Akt der Tragödie. Es kann (!) ein gewaltiger Akt in diesem Drama werden. Vielleicht die Krönung und Weise eines Halbjahrtausends britischer Geschichte. Und doch grausig zu denken –."

(An Rolf Gardiner, 9. 11. 1937)

„Die Bücher haben gewisse Wirkungen gehabt. Wenn ich beflissener wäre, sie zu nutzen, könnte manches sich schneller wandeln. Aber ich sehe die Zeit echter kulturpolitischer Einsätze noch nicht gekommen. Umso wichtiger aber sie vorzubereiten. Darin bin ich nicht müßig. Und pflege mit Bedacht die von Reichsnährstand und Hitlerjugend aufgenommenen Verbindungen. Viel wäre noch zu sagen." (An Paul Hensel, 6. 11. 1938)

„Wenn ich Eure Schulreform verfolge, wie sie durch die beiden Reports von 1926 und 1938 geführt wird, kann ich nicht neidlos bleiben angesichts der Stetigkeit solchen Aufbaus; wie stark die Einwände auch sein mögen. Wir sehnen uns nach solcher Stetigkeit; könnte man nur mal 10 Jahre mit kulturellen Dingen – in der Erziehung etwa – so bauen, wie in weniger wichtigen Bereichen, z. B. in Plätzen und Prachtfronten gebaut wird." (An Rolf Gardiner, 1. 2. 1939)

„Mein Arbeitseinsatz geht munter weiter. Je mehr Schule und jegliche unmittelbar auf den Menschen gehende kulturelle Arbeit versacken, um so mehr reizt es mich, das Meinige wo immer möglich bis zum Letzten zu tun."

(An den Schwiegervater Ludwig Pallat, 3. 12. 1940)

„Meine Arbeit zieht immer weitere Kreise, was in ruhigen Zeiten eine reine Freude sein könnte; jetzt wird auch das zur Last und zehrt – dank zahlloser täglicher Hemmungen – an der Kraft." (An Ludwig Pallat, 26. 11. 1941)

„Aber ich denke: ist der Preis auch hoch, den wir hingegeben haben, in der Tat die Frucht eines mühsamen und fleißigen Gemeinschaftslebens, so wird er doch – wenn auch nicht für uns, so doch fürs Ganze – seinen Lohn und seine Frucht tragen, als Opfer und Einsatz für das Kommende."

(Nach der Ausbombung an Ehepaar Dexel, 4. 9. 1943)

Briefe aus dem Gefängnis

„Daß meine Gedanken auch immer wieder um das eigene Leben kreisen, brauche ich kaum zu sagen. Aber darüber läßt sich kaum jetzt schreiben, so wohltuend es wäre. Das eine drängt sich beim Überfliegen der Jahrzehnte auf: wie reich und schön diese Zeiten für mich gewesen sind. Das Schwere, etwa des vorigen Krieges, tritt ganz dahinter zurück. Umso stärker strahlt die ländlich gesunde ungebundene Jugend, die 10 Jahre im ‚Wandervogel' mit den weiten und nahen Fahrten, die Jugendfreundschaften, die glückliche Studentenzeit in Frankfurt und Marburg mit neuen unzertrennlichen Freundschaften, dann das mit Begeisterung erfüllte Berufsleben in der Volksbildung, die seltenen Lebensgeschenke meiner Reisen in Europa, Amerika, Ostasien, die 4 Jahre Fliegen und Welt aus der Vogelperspektive, dazwischen die wissenschaftlichen Arbeiten, die Nächte wie Tage kosteten und schließlich das Schönste und Reichste: die 12 Jahre mit Dir und den Kindern. Wieviel Anlaß dankbar zu sein. –" (An Rosemarie Reichwein, 16. 10. 1944)

„Wisse überhaupt, daß Wandern eine unerschöpfliche Quelle der Lebensfreude ist. Erwandere Dir in jungen Jahren Deutschland, wie ich es getan habe. Man kann gar nicht früh genug damit anfangen; aber man soll immer sehen, daß man ältere, in allen Dingen erfahrenere Kameraden bei sich hat, die einen beschützen und führen.
Sei auch Du hilfsbereit, wo immer Du Gelegenheit hast. Denen, die es brauchen, zu helfen und zu geben, gehört zu den wichtigsten Aufgaben im Leben. Je stärker man ist, je mehr Freude man hat, je mehr man gelernt, umso mehr kann man helfen." (An die Tochter Renate, 16. 10. 1944)

Berlin-Plötzensee, den 20. Oktober 1944

Liebe Romai, die Entscheidung ist gefallen. Zum letzten Male schreibe ich Deinen mir so teuer gewordenen Namen. In meiner letzten irdischen Stunde sind meine Gedanken noch einmal mit besonderer Innigkeit bei Dir und den vier Kindern, die Du mir geschenkt hast und die mir Jahre – die mir viele scheinen – so viel Freude, Aufrichtung und Erbauung waren.
Diese drei Monate sind für mich trotz aller Qual auch von großer innerer Bedeutung gewesen; sie haben vieles klären und hoffentlich auch läutern helfen, was man gerne in seiner letzten Stunde geklärt und geläutert hat. Ich scheide ruhig, weil ich die Kinder in Deiner Hut weiß.
Seit dem 5. Juli war mein tägliches Gebet das Vater Unser, dem sich die Fürbitte für Dich, die Kinder und die Eltern anschloß. Ich verdankte diesem Gebet tägliche Stärkung.
Möge Gott Euch stärken, das Schwere zu überwinden und das Leben in Stärke fortzusetzen. Die Kinder, in eine Zukunft hineinwachsend, seien Dir Trost und später Freude. Dank Deinen Eltern, Geschwistern, Freunden für alles Gute!
Dir mein ganzes Herz! *Dein Edolf*

Literaturverzeichnis

1. Originalliteratur von Adolf Reichwein*

1.1 Monographien, Beihefte, Beiträge in Sammelbänden u. a.

China und Europa. Geistige und künstlerische Beziehungen im 18. Jahrhundert, Berlin: Osterheld 1923.

Die Rohstoffe der Erde im Bereich der Wirtschaft. Herausgegeben von der Werkgemeinschaft der Volkswirtschaftsschulen des Landes Thüringen, Weimar: Thüring. Staatsverl. 1924.
Dass., 2. Auflage. Jena: Frommannsche Buchhandlung 1924.

Die Rohstoffwirtschaft der Erde. Jena: Fischer 1928.

Jungarbeiter-Freizeit. In: Fritz Klatt, Freizeitgestaltung. Grundsätze und Erfahrungen zur Erziehung des berufsgebundenen Menschen, Stuttgart 1929, S. 27–30. – (APS – 1.5).

Blitzlicht über Amerika. Jena: Urania 1930.

Erlebnisse mit Tieren und Menschen zwischen Fairbanks, Hongkong, Huatusco. Jena: Urania-Verlagsgesellschaft 1930.

Mexiko erwacht. Leipzig: Bibliogr. Inst. 1930.
Dass., Übers.: Es despertar de mejiko. Trad. del aleman por E. Sadia (Mexiko erwacht. Spanische Übers. von E. Sadia). Madrid: Ed. Cenit 1931.

Mit oder gegen Marx zur Deutschen Nation. Diskussion zwischen Adolf Reichwein, Halle (SPD). Wilh. Rößler (Tatkreis), Otto Straßer, Berlin, und dem Leuchtenburgkreis. Leipzig: Lindner 1932. – (APS – 3.5).

Handgedrucktes Bauernleinen, Stuttgart: Kohlhammer 1935. – Beihefte der Reichsstelle für den Unterrichtsfilm, F. 40.
Dass., Neubearbeitung, Stuttgart-Berlin: Kohlhammer 1939. – Beihefte der Reichsstelle für den Unterrichtsfilm, F. 40.
Dass., Bonn: Dümmler 1948. – Beihefte des Instituts für Film und Bild in Wissenschaft und Unterricht, 40.

Kokosnußernte in Columbien. Stuttgart-Berlin: Kohlhammer 1936. – Beihefte der Reichsstelle für den Unterrichtsfilm, F. 111.

Maisernte in Mexiko. Stuttgart-Berlin: Kohlhammer 1936. – Beihefte der Reichsstelle für den Unterrichtsfilm, F. 110.

Schaffendes Schulvolk. Stuttgart-Berlin: Kohlhammer 1937.
Dass., Neu herausgegeben von seinen Freunden, Braunschweig-Berlin-Hamburg-Kiel: Westermann 1951, 2. Aufl. 1955.
Dass., 3. Aufl., Braunschweig: Westermann-Taschenbuch (Theorie und Praxis der Schule, S/3) 1964

Film in der Landschule. Vom Schauen zum Gestalten. Stuttgart-Berlin: Kohlhammer 1938.
Dass. (Film in der Schule), Neu herausgegeben von H. Lenzen, Braunschweig: Westermann-Taschenbuch (Theorie und Praxis der Schule, S/8) 1967.

* Ergänzte Auswahl aus der Bibliographie in Ruppert/Wittig, Adolf Reichwein. Ausgewählte Pädagogische Schriften, a. a. O., hier abgekürzt APS.

Abenteuer mit Mensch und Tier. Aus den Geschichten Adolf Reichweins, Holzschnittinitialen von Alfred Zacharias. Nachwort der Freunde: Carl Rothe, Harro Siegel, München: Jugendverlag 1949.
Dass., Mit Bildern von Eva Schwimmer: Mit einem Nachwort der Freunde Carl Rothe, Harro Siegel, Berlin: Dreßler 1954.
Blitzlicht über fernem Land. Mit Bildern von Eva Schwimmer. Nachwort Hellmut Becker, Berlin: Dreßler 1955.
Bemerkungen zum Plan der AV-Schule (Aus: Ockerhäuser Blätter, 1925). In: Wolfgang Kruog, Sein zum Tode. Gedanke und Bewährung, Lebensbilder im Kampfe gebliebener Mitglieder der Akademischen Vereinigung Marburg, Bad Godesberg 1955, S. 130–131.
Das Volkshochschulheim am Beutenberg in Jena. Aus einem Bericht über die Arbeit des Heimes der Carl-Zeiss-Stiftung. In: Ursula Schulz und Hans Jessen (Hrsg.), Ein Jahrhundert Arbeiterbildung in Deutschland. Bekenntnisse, Wege, Ziele. Düsseldorf-München 1964, S. 102–104.

1.2 Beiträge in Sammelbänden und Zeitschriften

Ferienarbeit im Taunus. In: Ockerhäuser Blätter. Zeitschrift der Akademischen Vereinigung Marburg, Nr. 17/April 1921. – Teilw. Nachdruck in J. L. Henderson, Adolf Reichwein, Stuttgart 1958, S. 49–50.
Arbeitsgemeinschaft im Taunus. In: Vivos voco. Zeitschrift für neues Deutschtum, Leipzig 2/1921–22, S. 338–341. – (APS 1.1).
Deutsche Auslandsschulen: Die Verhältnisse im südslawischen Staat. In: Vivos voco, 2/1921–22, S. 411–416.
Um die Notverfassung der deutschen Studentenschaft. In: Vivos voco, 2/1921–22, S. 634.
Volksbildung in Rußland. In: Vivos voco, 2/1921–22, S. 682–688. – Nachdruck in: Pädagogik und Schule in Ost und West, 16/1968/10, S. 296–301. – (APS 2.1).
Schule und Kino. In: Vivos voco, 2/1921–22, S. 697–698.
Hochschule. Die Berliner Hochschule für Politik. Deutscher Studentenbund. Tagungen und Kurse. In: Vivos voco, 2/1921–22, S. 700–701.
Die junge Generation und die Weisheit des Ostens. In: Vivos voco, 2/1921–1922, S. 714–719. – Nachdruck in: Pädagogik und Schule in Ost und West, 16/Januar 1968/1, S. 3–5; Februar 1968/2, S. 39–42. – (APS – 2.2).
Eine Arbeitsgemeinschaft. Eine Erinnerung. In: Die Arbeitsgemeinschaft. Monatsschrift für das gesamte Volkshochschulwesen, Leipzig, 3/1922, S. 260–265.
Das Bildungswesen in Sowjet-Rußland. In: Volksbildungsarchiv. Organ des Ausschusses der deutschen Volksbildungsvereinigungen, Frankfurt, 9/1922, S. 120–121.
Bauernvolkshochschulen. In: Vivos voco, 3/1922–23, S. 52–53.
Frankreich und wir. In: Vivos voco, 3/1922–23, S. 332–336.
Rußland, das Heute und wir. In: Vivos voco, 3/1922–23, S. 403–404.
Kartellierung. In: Werkland, Leipzig, 4/1924, S. 180–181.
Pädagogik und Politik (Vortrag in Marburg, Pfingsten 1924). In: Ockershäuser Blätter, Nr. 19/Mai 1924, S. 1. – Dgl. in: Martin Stallmann (Hrsg.), Bildung zur Politik, Marburg 1924.
Arbeit und Bildung. In: Blätter der Volkshochschule Thüringen, Gotha, 6/1924–25, S. 11.
Ein Brief (vom Fichtelgebirge). In: Blätter der Volkshochschule. Neue Folge der „Blätter der Volkshochschule Thüringen", Gotha, 6/1924–25, S. 35. – Nachdruck (u. d. Titel des Schwerpunktheftes „Volk – Völker – Heimat – Welt") in: Pädagogik und Schule in Ost und West, 15/April 1967/4, S. 115–117.
Gewalt oder Gewaltlosigkeit. Grundgedanken einer Arbeitsgemeinschaft, September 1924 in

Pößneck. In: Volkshochschulblätter. Neue Folge der „Blätter der Volkshochschule Thüringen und Sachsen", 6/1924–25, S. 71–73. - (APS - 3.2).
Die Gilde. Ein Weg zur Einheit von Bildung und Arbeit. In: Blätter der Volkshochschule, 6/1924–25, S. 15–17. - (APS - 1.2).
Deutsch-Nordische Hochschulwoche in Meißen. In: Archiv für Erwachsenenbildung, 2/1925, S. 253–259.
Die Lage in Indien. In: Blätter der Volkshochschule, 6/1924–25, S. 75–76.
Probleme der deutsch-französischen Verständigung. In: Sozialistische Monatshefte, 31/1925/Bd. 62, S. 11–18.
Schicksal der Naumburger-Woche. In: Blätter der Volkshochschule Thüringen, 6/1924–25, S. 29–31.
Wirtschaftskunde. Anregung zu einer Arbeitsgemeinschaft. In: Blätter der Volkshochschule, 6/1924–25, S. 55–57. - (APS - 1.3).
Weltwirtschaft. Eine Studie. In: Gewerkschafts-Archiv, Bd. 4/1926, S. 193–208, Bd. 5/1926, S. 1–10.
Japans Arbeiter- und Bauernbewegung. In: Sozialistische Monatshefte, 33/1927/Bd. 65, S. 533–540.
Aufruf! Zur Gründung eines Volkshochschulheimes. In: Blätter der Volkshochschule Jena, 1/1926–27/3, S. 1.
Die Jugendvolkshochschule. In: Blätter der Volkshochschule Jena, 1/1926–1927/1, S. 4.
Das erste Heim in Jena. In: Blätter der Volkshochschule Jena, 1/1926–27/3, S. 7–8.
Sommerblick - Rückblick. An Bord der „Columbus", 31. Juli 1926. In: Blätter der Volkshochschule Jena, 1/1926–27/4, S. 2–4.
Ursprünge, Wandlungen und Tendenzen amerikanischer Arbeiterbewegung. In: Sozialistische Monatshefte, 33/1927/Bd. 65, S. 808–815.
Der Volkshochschul-Bau. In: Blätter der Volkshochschule Jena, 1/1926–27/3, S. 2–6.
Die Wirtschaftsschule. In: Blätter der Volkshochschule Jena, 1/1926–27/3, S. 6–7.
Der reichste Berg der Welt. In: Koralle. Magazin für alle Freunde von Natur und Technik, 3/1927–28, S. 192–196.
Erwartung als Wirklichkeit. Aus einer Ansprache bei der weihnachtlichen Zusammenkunft der Volkshochschule Jena. In: Blätter der Volkshochschule Jena, 2/1927–28/4, S. 1–3.
Kleinbauern und Arbeiterbewegung in Dänemark. In: Sozialistische Monatshefte, 34/1928/Bd. 67, S. 774–777.
Über die soziale Situation und die Arbeiterbewegung Norwegens. In: Sozialistische Monatshefte, 34/1928/Bd. 67, S. 865–869.
Wo stehen wir? In: Blätter der Volkshochschule Jena, 2/1927–28/1, S. 1–4. - (APS - 1.4).
Ein Arbeitslager. Bericht über das schlesische Lager in Löwenberg, 14. bis 31. März. In: Volkshochschulblätter für Thüringen, 10/1928–29/1, S. 14–19.
China bei der Arbeit. In: Reclams Universum, Leipzig, 45/1928–29, S. 141–142.
Bei den japanischen Bauern. In: Reclams Universum, 45/1928–29, S. 513–514.
Das mittelstädtische Heim. In: Volkshochschulblätter für Thüringen, 10/1928–29/1, S. 4–10.
Jungarbeitererziehung. Aus einem Radiovortrag. In: Volkshochschulblätter für Thüringen, 10/1928–29/März, S. 28–30. - (APS - 2.4).
Zehn Jahre unser Weg. In: Volkshochschulblätter für Thüringen, 10/1928–1929/April, S. 1–3.
Über Reisen. In: Volkshochschulblätter für Thüringen, 10/1928–29/4, S. 1–6. Nachdruck in: Pädagogik und Schule in Ost und West, 15/1967/10, S. 333–336.
Reise zum Norden. In: Volkshochschulblätter für Thüringen, 10/1928–29/4, S. 10–17; H. 5, S. 8–13; H. 6–7, S. 23–28. - (APS - 2.3).

Brückenland Mexiko. Das Spannungsfeld zwischen Anglo- und Latein-Amerika. Aus dem Buche „Mexiko erwacht". In: Ibero-Amerika. Mitteilungen über Mexiko, Mittelamerika, Westindien, Berlin 1930, S. 1–8, 22–23.
Pädagogische Akademien - Gefahr im Verzug. In: Sozialistische Monatshefte, 37/1931/Bd. 74, S. 988-993. - (APS - 3.4).
C. H. Becker. Anl. eines Vortrages von C. H. Becker über Nationales Selbstbewußtsein und internationale Verständigung Zürich 1931. In: Der Lesezirkel. Blätter für Literatur, 18/1930–31, S. 97–102. Nachdruck unter dem Titel „C. H. Becker, Siegelbewahrer des Humanen", in: H. H. Schaeder (Hrsg.), Carl Heinrich Becker. Ein Gedenkbuch, Göttingen 1950, S. 5–12.
Bevölkerungsdruck in Ostasien. In: Archiv für Sozialwissenschaft und Sozialpolitik, Tübingen Bd. 86/1933, S. 1–37.
Grundtvig. Aus Anlaß der 150. Wiederkehr von Grundtvigs Geburtstag am 8. September 1933. Von Peter Rosbach. In: Pädagogisches Zentralblatt, Langensalza 13/1933, S. 342–364. - (APS - 1.6). - Peter Rosbach = Pseudonym von A. Reichwein.
Film und Landschule. Bedenken, die zu überwinden sind. In: Film und Bild in Wissenschaft, Erziehung und Volksbildung. Zeitschrift der Reichsstelle für den Unterrichtsfilm, Berlin-Stuttgart 1/1935/Nr. 7, S. 132–135.
Anschauung in der Geschichte. Aus Anlaß des Films „Deutsche Westgrenze I". In: Film und Bild, 2/1936/8, S. 255–259. - (APS - 4.2).
Märchen und Film. Ein Beitrag zum Thema „Wort und Bild". In: Film und Bild, 2/1936/4, S. 114–118. - (APS - 5.1).
Rohstoffe im Kräftespiel der Zeit. In: Deutsche Rundschau, Berlin, 62/1936, S. 208–219.
Film und Sprache. Zum Märchenfilm „Tischlein deck dich". In: Film und Bild, 3/1937/3, S. 69–73.
Filmeinsatz in der ländlichen Berufsschule. Betrachtungen zum Film vom Flachs. In: Film und Bild, 3/1937/7, S. 174–178.
Umschwünge in der Wirtschaft. In: Deutsche Rundschau, Berlin, 63/1937/Bd. 251, S. 98–104.
Warum kämpft Japan? In: Deutsche Rundschau, 64/1937/Bd. 253, S. 161–165.
Amerikanischer Horizont. In: Deutsche Rundschau, 64/1938/Bd. 254, S. 106–113.
Ein Film gibt einen Sonderauftrag. Zum RdfU-Film „Verkehrsflugzeug im Flughafen Berlin". In: Film und Bild, 5/1939/4, S. 97–99.
Arbeit und Formerziehung. Wege zu guten Gegenständen täglichen Gebrauchs. In: Die Werkbücherei, 1940/7, S. 7–9.
Schule und Museum. In: Deutsches Schulverwaltungs-Archiv, Berlin,Bd. 38/1941, S. 3–12. - (APS - 5.3).
Volkskundliche Schulung. Vom erzieherischen Auftrag des Museums. In: Der deutsche Erzieher, Berlin. Beilage. Mitteilungsblatt des NSLB, Gauverwaltung Berlin, 1940–41, S. 2–3.
Der Werkstoff formt mit. In: Die Werkbücherei, Berlin, 1941/Folge 2, S. 35–39. - (APS - 4.6).
Grenzer gegen Indianer. Wie der Revolver erfunden wurde. In: Atlantis, Berlin-Zürich, 14/1942, S. 280–282.
Schrifttum zum Handwerk. Werkstoff Holz. Werkstoff Eisen. Werkstoff Ton. Werkstoff Faser. In: Wille und Macht. Führerorgan der nationalsozialistischen Jugend, Berlin, 10/1942/11, S. 35–37.
Das Volk formt und gestaltet. In: Die Werkbücherei, Berlin, 1942/Folge 2–3, S. 23–29.
Handwerksfilme der RWU volkskundlich gesehen. In: Film und Bild, Stuttgart-Berlin, 9/1943/3–4, S. 40–44. - (APS - 5.4).
Indianer lehren und signalisieren. In: Atlantis, Berlin-Zürich, 16/1944, S. 252–253.
Schulz, Ursula, Hrg.: Adolf Reichwein. Ein Lebensbild aus Briefen und Dokumenten. Ausge-

wählt von Rosemarie Reichwein unter Mitwirkung von Hans Bohnenkamp, München: Gotthold Müller 1974, 376 S.
Ruppert, H. E./Wittig, H. E., Hrg.: Adolf Reichwein. Ausgewählte Pädagogische Schriften, Paderborn: Schönigh 1978.
Adolf Reichwein. Museumspädagogische Schriften, mit Beiträgen von W. Huber und K. Fricke. Museum für Deutsche Volkskunde Berlin, Berlin-W. 1978.

2. Sekundärliteratur (Auswahl)

2.1 über Adolf Reichwein

Henderson, James L.: Adolf Reichwein. Eine politisch-pädagogische Biographie, hrsgg. von Helmut Lindemann, Stuttgart 1958.
Steinmann, Ulrich: Aus dem Leben Adolf Reichweins. Berichtigungen und Ergänzungen zu Hendersons Biographie. In: Forschungen und Berichte, Bd. 7. Kunsthistorische Beiträge. Hrsg. Staatliches Museum zu Berlin, Berlin-DDR 1965, S. 68–84.
Rach, Alfred: Reichwein, Adolf (1898–1944). In: A. Rach, Biographien zur deutschen Erziehungsgeschichte, Weinheim-Berlin 1968, S. 348f.
Adolf Reichwein (1898–1944) zum 70. Geburtstag am 3. Oktober in memoriam. Beiträge von A. Reichwein, H. Lindemann, A. Rach und W. Huber. In: Pädagogik und Schule in Ost und West, 16. Jg./1968/H. 10, S. 294–315.
Huber, Wilfried: Adolf Reichwein und das Erziehungsdenken im Deutschen Widerstand. In: Hamburger Mittel- und Ostdeutsche Forschungen, Bd. VII, Hamburg 1970, S. 76–128.
Bohnenkamp, Hans: Reichwein, Adolf. In: Lexikon der Pädagogik, Neue Ausgabe. Dritter Band, Freiburg-Basel-Wien 1971, S. 403.
Wittig, Horst E.: Adolf Reichwein und Ostasien. In: H. E. Wittig, Bildungswelt Ostasien. Pädagogik und Schule in China, Japan und Korea, Paderborn 1972, Uni-Taschenbuch (UTB) 78, S. 197–209.
Fricke, Klaus: Die Pädagogik Adolf Reichweins. Ihre systematische Grundlegung und praktische Verwirklichung als Sozialerziehung, Frankfurt/M. 1974.
Huber, W./Krebs, A., Hrg.: Adolf Reichwein 1898–1944. Erinnerungen, Forschungen, Impulse. Paderborn - München-Wien-Zürich 1981.
Wünsche, Konrad: 50 Jahre danach – Reichwein und Freinet. In: Neue Sammlung, 23. Jg./1983/ H. 1, S. 81–88.
Salzmann, Christian (Hrsg.): Pädagogik und Widerstand. Pädagogik und Politik im Leben von Adolf Reichwein, Sonderheft der Schriftenreihe des Fachbereichs 3 der Universität Osnabrück, Osnabrück Mai 1984.

2.2 über Reichwein im Widerstand

Rothfels, Hans: Die deutsche Opposition gegen Hitler. Eine Würdigung, Krefeld: Scherpe, 2. Aufl. 1951.
Zeller, Eberhard: Geist der Freiheit. Der 20. Juli, München 1952, 5. Aufl. 1965.
Leber, Annedore und Freya von Moltke: Für und Wider. Entscheidungen in Deutschland 1918–1945, Berlin-Frankfurt/M. 1961.
Gerstenmaier, Eugen: Die Kreisauer und der 20. Juli. In: E. Gerstenmaier, Reden und Aufsätze, Bd. II, Stuttgart 1962, S. 238–243.

Roon, Ger van: Neuordnung im Widerstand. Der Kreisauer Kreis innerhalb der deutschen Widerstandsbewegung, München 1967.
Melnikow, Danil: 20. Juli 1944. Legende und Wirklichkeit, 3. Aufl., Berlin-DDR 1967.
Hoffmann, Peter: Widerstand – Staatsstreich – Attentat. Der Kampf der Opposition gegen Hitler, München 1969, Nachdruck als Ullstein Taschenbuch Nr. 3077, Ulm 1974.
Finker, Kurt: Stauffenberg und der 20. Juli 1944, 3. Aufl., Berlin-DDR 1973.
Moltke, Freya von/Michael Balfour/Julian Frisby: Helmut James von Moltke 1907–1945. Anwalt der Zukunft, Stuttgart 1975.
Finker, Kurt: Graf Moltke und der Kreisauer Kreis, Berlin-DDR 1978.
Roon, Ger van: Widerstand im Dritten Reich. Ein Überblick, München 1979, 2. verb. Aufl. 1981.